# 창세기(성경, 이해하며 읽기)

Reading in understanding the Bible

## 창세기(성경, 이해하며 읽기)

**발 행** | 2023년 3월 6일 초판발행
**저 자** | 장석환
**펴낸이** | 장석환
**펴낸곳** | 도서출판 돌계단
**출판사등록** | 2022.07.27(제393-2022-000025호)
**주 소** | 안산시 상록구 이동 삼태기2길 4-16
**전 화** | 031-416-9301
**총 판** | 비전북 031-907-3927
**이메일** | dolgaedan@naver.com
**ISBN** | 979-11-979752-2-6

https://blog.naver.com/dolgaedan
ⓒ 창세기(성경, 이해하며 읽기) 2023

# 창세기

장석환 지음

# <개관 및 목차>

**성경, 이해하며 읽기 시리즈를 시작하며.**

성경은 하나님의 음성입니다.
말씀에는 하나님의 뜻(지)과 마음(정)과 힘(의)이 담겨 있습니다.
마음과 의미가 전달되지 않는 대화가 무의미하듯이
성경을 이해하지 않고 읽으면 성경을 읽는 것이 아닙니다.
뜻을 이해하며 읽으면 마음이 전달됩니다.
마음이 전달되면 행할 힘과 용기도 심어집니다.

모든 사람이 성경을 이해하며 읽을 수 있도록
너무 많지도 않고 적지도 않은 설명이 필요하다 생각하였습니다.

성경을 조금 더 능동적으로 읽으십시오.
하나님께서 왜 이런 말씀을 하셨을지를 생각하면서 읽어야 합니다.
그래서 짧은 주석 형식으로
구절 설명과 의미를 전달하고자 하였습니다.
단어의 의미와 문맥의 의미 그리고 배경 문화를 설명하였습니다.
능동적으로 생각하면서 읽으면
성경이 살아 움직이는 것을 느낄 것입니다.

매일 말씀을 준비하고 잠자리에 들때마다
가슴이 벅차서 잠이 제대로 오지 않았던 적이 많습니다.
설교를 들었던 믿음의 공동체와 내가 읽은 수많은 책의 저자들 모두
공동 저자입니다.
이 책이 하나님을 실제적으로 만나는 행복의 통로가 되기를.

하나님께 영광되기를 기도합니다.

# 창세기

# 꼭 성경과 함께 읽어야 한다. 성경을 읽고 해당 구절 설명을 읽으라. 이 책에 자신의 글을 많이 써서 책을 지저분하게 만들고 반복하여 읽으라.

## 1. 내용

세상의 시작과 사람, 죄, 믿음의 시작에 대해 이야기한다. 창세기는 이름 그대로 세상 모든 것의 시작에 대해 이야기한다. 시작을 알고자 한다면 창세기를 보아야 한다.

세상의 시작에 대해 짧지만 매우 굵은 진리를 담고 있다. 하나님의 창조를 몰랐다면, 하나님의 형상을 따라 창조된 인간에 대해 몰랐다면 우리는 길 잃은 사람이 되었을 것이다. 에덴동산의 파괴와 죄의 시작에 대해 몰랐다면 우리는 원망만 하고 살았을 것이다. 믿음의 역사를 몰랐다면 절망하였을 것이다.

창세기가 있어 우리는 많은 것을 알게 되었다. 그래서 가야 할 길을 알게 되었다. 창세기는 창조 역사보다 믿음의 역사를 더 많이 깊게 다루고 있다. 우리도 창조 역사를 넘어 믿음의 역사에 더 많은 관심을 가져야 한다. 우리가 구체적으로 이루어 가야 하는 것이기 때문이다.

창세기를 잘 알아 믿음을 가지고 창조주를 예배하는 사람이 되길 응원한다.

## 2. 중요 구절

창세기는 우리에게 익숙하다. 그래서 어려울 수 있다. 모르는 것을 배우기는 쉽지만 알고 있는 것을 바꾸기는 어렵기 때문이다.

"아브라함이 그 땅 이름을 여호와 이레라 하였으므로 오늘날까지 사람들이 이르기를 여호와의 산에서 준비되리라 하더라" (창 22:14) '여호와 이레'를 들어보지 않은 신앙인은 없을 것 같다. 그러나 이것의 뜻을 아는 사람은 드물다. '이레'는 흔히 아는 것처럼 '준비'가 아니라 '보다'는 뜻이다. 성경에 아주 많이 나오는 단어다. 오늘 본문만 개역개정은 '제공하다'는 의미로 의역하여 번역하고 있다. 다른 성경도 대부분 오늘 본문을 그렇게 의역하여 번역한다. 유대인 성경은 '보다'로 번역한다. 나도 '보다'로 번역하는 것이 훨씬 낫다고 생각한다. 그러면 '하나님께서 보신다'는 뜻이다. 무엇을 보셨을까? 아브라함의 믿음을 보셨다.

'준비되리라 하더라' 이것은 주어를 생략하고 번역하였다. 직역하면 '여호와가 보여지리라 하더라'이다. '여호와가 보여진다'는 것은 대체 무슨 말일까? 그래서 이것을 잘 번역하지 않는다. 여호와 대신 숫양으로 해석하여 '그것이 제공될 것이다'라고 번역하기도 한다. 그러나 가능하면 히브리어를 있는 그대로 번역하는 것이 좋다. 하나님께서 아브라함의 믿음을 보시고 자신을 보여주시며 미래의 놀라운 계획을 보여주시는 이야기다.

# 1장

1:1 7단어로 된 이 구절은 세상에서 가장 중요한 지식을 전해준다. 나의 경우 중3 때 이 구절이 삶에 빛을 주었다. **태초에.** 이 세상의 시작점에 대해 이야기한다. **하나님이 천지를 창조하시니라.** 수많은 신화가 난무하던 바벨론과 애굽의 신화에 익숙했던 모세는 그러한 잡다한 신들이 아니라 하나님이 세상을 창조하셨음을 말한다. '천지'는 시공간을 포함한 모든 기초적인 것을 말할 것이다. 우리가 살고 있는 이 세상이 없을 때에 하나님이 모든 것을 창조하셨다. 창조주이신 하나님 외에 모든 것은 창조라는 과정을 통해 존재하게 되었다. 하나님만 이 동사(바라)의 주어가 될 수 있다. 사실 이 동사는 오직 하나님만 주어가 될 수 있다. 다른 것이 주어로 나올 때는 수동태로 사용한다. 그가 이런 어마어마한 선포를 할 수 있었던 것은 하나님께서 그에게 말씀을 주셨기 때문에 가능했을 것이다. 1절을 어떻게 해석해야 하는지 학자들 사이에 다양한 의견이 있다. 1.제목설. 이후에 자세히 말씀하는 창조의 과정을 말하기 전 요약이자 제목으로 말씀하신 것이라는 것이다. 2.종속절설. '태초에'를 '~때'로 해석하는 경우다. 3.창조의 시작설. 2절에 보면 우주의 기초적인 땅과 물이 있는 것을 볼 수 있는데 그러한 우주의 시간과 공간을 포함한 근본을 창조하신 것으로 보는 경우다. 전통적인 해석은 3번이다. 칼빈이 그렇게 주장하고 Wenham, G. J.(WBC시리즈 창세기 저자)도 그렇게 주장한다. 제목설을 주장한다 하여 그것이 2절에 나오는 기초적인 것을 하나님이 창조하신 것이 아니라고 주장하는 것은 아니지만 3번이 자연스러운 해석이다. 하나님께서 만물의 기초적인 모든 것을 창조하심으로 2절에서 땅과 물이 있는 것으로 해석하는 것이 자연스럽다. 여하튼 중요한 것은 하나님께서 창조하셨다는 사실이다.

성경에서 나온 것이 아닌 다른 모든 것들 예를 들면 바벨론 신화나 오늘날 종교 등은 모두 '유에서의 역사'에 대해 이야기한다. 그러나 성경은 창세기만이 아니라 다른 본문에서도 하나님께서 무에서 창조하셨음을 말한다. 놀라운 진리를 들으면서도 사람들은 여전히 자기들이 창조주의 자리를 차지한 경우가 많다. 그래서 창조하신 하나님을 생각하지 않는다. 오직 자기 자신만 생각한다. 마치 스스로 존재하게 된 사람처럼.

**1:2 혼돈하고 공허하며 흑암.** 땅은 형태가 드러나 있지 않았고(혼돈) 땅에 있어야 할 것들이 있지 않다(공허). 땅은 많은 물로 덮여 있었다. 모든 땅은 물에 덮여 있었기에 물 위로는 흑암(어두움)만이 가득하였다. **하나님의 영은 수면 위에 운행하시니라.** 그 일에 '성령 하나님'이 함께 하고 계셨다.

**1:3 빛이 있으라.** 하나님께서 '빛이 있으라'하시니 빛이 있었다. 첫 하루는 빛이 없는 상태였다. 그리고 빛이 창조됨으로 있게 되었다. 그래서 첫 날은 저녁부터 시작되었고 빛이 비추다가 빛이 끝날 때 하루가 마쳤다.

**1:4 하나님이 보시기에 좋았더라.** 모든 창조에서 계속적으로 '보시기에 좋았다(토브)'는 구절이 나온다. 세상이 하나님의 말씀대로 창조됨으로 하나님께서 '좋은'으로 보셨다. 오늘 우리는 하나님 보시기에 좋을까? 많이 어긋나 있다. 하나님께서 본래 창조하신 것에서 어긋나 있다. 그래서 보시기에 좋지 못한 것들이 여전히 많이 있다. 우리는 말씀을 알아야 한다. 하나님의 뜻을 알아야 한다. 창조된 그 좋은 모습을 회복해야 한다.

**1:5 날.** '날'은 날, 과정, 기간 등을 의미하는 단어다. 24시간도 될 수 있고 만년이 될 수도 있다. 어떤 것을 말해도 전혀 이상하지 않다. 편의상 '날'이라 말하는 것이다. 어거스틴은 1000년으로 해석하였다. 그래서 날로 해석할 때 '젊은 우주론'과 긴 기간으로 해석할 때 '오래된 우주론'이 된다. 그런데 오늘 본문에서는 아침과 저녁을 말하는 것을 통해 볼 때 '하루'로 보는 것이 더 자연스러울 것 같다. 그리고 성경은 그것을 통해 말하려고 하는 것을 보는 것이 중요하다. 말하지 않는 정보를 들으려 하다 보면 오히려 억지가 되는 경우가

많다. 성경이 처음 전해지던 그 당시에 사람들은 젊은 우주론과 오래된 우주론에 대해 전혀 관심이 없었을 것이다. 이해도 못하고. 그렇다면 이 글은 그러한 것을 논증하기에는 적당하지 않다. 성경이 말하지 않는 것은 성경적 논의가 아니라 성경 외적 논의가 되어야 한다. 자주 변하는 그러한 과학적 지식 때문에 성경이 흔들리면 안 된다. **빛.** 창조의 첫 단계는 천지와 빛이다. 천지가 근원적인 것처럼 빛도 근원적인 것을 말한다.

창조의 첫 3단계는 배경 창조이다. 첫째 날 천지와 빛은 이후에 넷째 날의 일월성신의 배경이다. 둘째 날 궁창은 하늘이요 궁창 아래의 물은 바다다. 셋째 날에도 바다가 나오지만 땅이 중심이다. 바다 전체는 둘째 날의 창조다. 둘째 날은 다섯째 날의 새와 물고기의 삶의 배경이다. 셋째 날은 땅이다. 셋째 날은 여섯째 날의 짐승들의 삶의 배경을 창조하셨다. 이 모든 것은 사람의 삶의 배경이 된다.

하나님께서 창조하시는 것을 위해 미리 배경을 창조하여 주셨다. 하나님께서 창조하시는 것들이 잘 살 수 있도록 주시는 복이다. 또한 모든 것은 사람을 위하여 주시는 배경이다. 그러한 배경을 미리 준비하여 주신 것은 하나님께서 창조하시는 것을 사랑하시기 때문이다. 사랑하시기 때문에 필요한 것을 미리 준비하여 주신 것이다.

**1:9 하나님이 이르시되...그대로 되니라.** 말씀하심으로 창조하셨다. 말씀하신 대로 창조되었다. 모든 피조물 위에 하나님께서 절대 권위를 가지고 계심을 볼 수 있다.

**1:10 바다라 부르시니...하나님이 보시기에 좋았더라.** 하나님께서 창조하시고 이름을 주신다. 정체성을 주시는 것이다. 하나님께서 보시기에 좋은(토브) 모습이었다. 하나님께서 창조하신 이 모습을 간직해야 한다. 참으로 아름답고 존귀한 모습이다. 모든 피조물이 그러하다. 사람은 더욱더 그러하다. '보기에 좋

은 모습'은 하나님께서 창조하신 모습 안에 있을 때 그러하다. 창조하신 모습으로 있을 때 자유가 있으며 존귀가 있다. 물고기가 공중에 있거나 새가 바다 속에 있을 때 자유가 없고 창조된 곳에 있어야 하듯이 하나님께서 창조하신 모습 안에 있을 때 진정한 자유가 있다.

**1:14 하늘의 궁창에 광명체들.** 넷째 날 창조하신 것은 외우기 쉽다. '일월성신' 네 글자로 되어 있다. 넷째 날에 해와 달과 별들을 창조하셨다. 하나님의 창조는 사람들이 생각하는 난이도와 같지 않다. 다른 날에 창조하신 것과 비교할 때 넷째 날에는 어마어마한 것을 창조하신 것 같다. 태양이 그러하고 별들은 더욱더 그러하다. 우리는 우주에 별이 얼마나 많고 거대한지를 안다. 그러나 전능하신 하나님께는 태양과 별들의 많고 큼이 창조하실 때 전혀 문제가 되지 않았다. 하나님의 창조는 사람들이 생각하는 난이도와 같지 않다.

**1:16 두 큰 광명체.** 창세기가 쓰인 시대 사람들에게 일월성신은 대단한 경외의 대상이었다. 그것과 관련된 수많은 우상이 있었다. 하나님께서 일월성신을 만드셨음을 분명히 함으로 사람들이 그러한 것을 우상숭배하는 것이 얼마나 어리석은 일인지를 밝히 드러내고 있다. 오늘날에는 일월성신을 우상숭배하는 경우는 거의 없다. 일월성신이 무엇인지를 과학적으로 조금 알기 때문이다. 그런데 그렇게 조금 아는 것 때문에 다른 우상을 섬기게 되었다. 지식숭배 사상이다. 과학우상이기도 하다. 사람들은 일월성신이라는 것이 생명체가 있는 것이 아니라는 것을 알게 되면서 덩달아 하나님까지 무시하였다. 태양이 신이 아니었듯이 하나님이 신이 아닌 것처럼 생각한다.

별을 살펴보라. 사람들이 불빛으로 라도 존재를 알고 있는 별이 얼마나 되며 그 중에 가 본 별은 대체 얼마나 될까? 사람은 아직 어느 별에도 가보지 못하였다. 하나님께서 어느 별에 계신 것이 아니다. 그런데 어떤 별에도 가보지 못하고 하나님이 없다고 말하는 그 교만과 어리석음 때문에 하나님을 부인한다. 일월성신 우상에 빠져 있던 사람들은 하나님을 창조주로 받아들이지 못하였다. 또한 오늘날 지식숭배 우상에 빠져 있는 사람들도 창조주 하나님을 받아들이지 못하고 있다.

**1:21 큰 바다 짐승들과 물에서 번성하여 움직이는 모든 생물을...창조하시니.** '큰 바다 짐승들'은 '라합' '리워야단' 등과 같은 단어로 불리던 것으로 당시 아주 대단한 힘을 가진 신화적 바다 괴물 또는 악어나 용 같은 존재를 말한다. 이것은 사탄을 상징적으로 말할 때 많이 사용하기도 하였다. 그것이 상징이 아니라 진짜 사탄을 의미하여도 실제로 하나님께서 창조하셨다. 물론 처음부터 타락한 모습은 아니었지만 말이다. 결국 사람들이 사탄의 존재처럼 무서워하는 어떤 것이라도 사실 하나님의 창조를 벗어난 것은 어떤 것도 없다. 창세기 1장에는 창조하다(바라)라는 특별한 단어가 4번 나온다. 1절에서 한 번 그리고 27절에서 사람을 창조하실 때 2번 그리고 21절에서 생물을 창조하실 때 나온다. 그만큼 생물 창조는 중요한 순간이다. 첫 생명체 이기 때문일 것이다.

**1:22 하나님이 그들에게 복을 주시며.** 생명을 가진 이들이 이 땅에 살아갈 수 있도록 복을 주신다. 복을 주시기에 살아갈 수 있다. 과학자들은 우주에 지구와 같은 환경의 수많은 행성들이 있을 것이라 말하지만 나는 아마 그곳에 우리의 생물과 같은 생명체가 없을 것이라고 생각한다. 22절에서 말하는 하나님의 '복'이 그곳에 임하지 않았기 때문이다. **생육하고 번성하여...충만하라.** 바다와 하늘의 동물들에게 주신 명령이다. 바다나 하늘은 그들에게 결코 좁지 않다. 그들은 생육하고 번성하여 충만하게 되는 것이 하나님의 뜻을 이루는 것이다. 생명을 가진 존재는 자기 자신들에 대해 너무 교만하지 않도록 해야 한다. 그들에게 생명을 주신 분은 창조주 하나님이시다. 또한 너무 비하하지 말아야 한다. 하나님께서 생명을 창조하시고 모두 땅에 생육하고 번성하며 충만하라 하셨기 때문이다. 모든 생명체는 살아야 할 존재 이유와 목적을 하나님

께 받았다. 살아가는 것은 하나님의 뜻을 이루는 존귀한 일이다.

**1:23 저녁이 되고 아침이 되니.** 이것이 무슨 말인지는 알겠지만 그림을 그리려면 잘 그려지지 않을 것이다. 먼저 '저녁'(해가 지고 난 후부터 해가 뜨기까지)과 '아침'(해 뜨고 정오까지)은 오늘날 우리가 생각하기에 하루를 다 채우지 못한다. 오후가 남아 있다. 그런데 히브리어에 이것은 수사적 관용구로서 저녁과 아침을 말하면 '하루'를 말하는 것이다. 그래서 여기에서 '아침'은 오늘날의 아침이 아니라 '빛이 있는 시간'이 되는 것이다. 그리고 '저녁이 되고 아침이 되니'는 히브리어를 직역하면 '저녁이 있었고 아침이 있었다'이다. 앞의 일들이 진행될 때 그렇게 저녁이 있었고 아침이 있었다는 뜻이다. 그리고 그것이 '다섯째 날이다'라고 말하는 것이다.

**1:26 우리의 형상을 따라 우리의 모양대로 우리가 사람을 만들고.** '우리'라는 복수형은 누구를 말할까? 하나님 앞에 있는 천사들을 포함한다고 말하는 사람도 있으나 그것은 아닌 것이 분명하다. 이것을 보통 하나님께서 자기 자신에게 말씀하신 것으로 본다. 글을 쓰는 모세는 정확히 인식하지 못하였다 할지라도 이것은 하나님의 삼위일체적 모습을 반영하고 있는 것으로 보는 것이 맞다. '형상'과 '모양'은 같은 의미의 반복일 것이다. '형상'이 구체적으로 무엇인지 여러 주장이 있다. '형상'은 '사람의 모든 것'이라 할 수 있다. 하나님은 영이시기에 사람의 육체가 하나님의 형상을 닮을 수 없을 것 같지만 충분히 닮을 수 있다. 사람의 인격, 영혼, 육 모든 것들이 하나님의 형상을 따라 창조된 것이다. 그래서 사람은 얼굴 모양부터 모든 것이 존귀하다. 사람은 죄로 인하여 하나님의 형상을 많이 잃었다. 파괴되었다. 그러나 신앙인은 여전히 사람이 하나님의 형상을 따라 창조되었음을 기억해야 한다. 자기 자신을 대할 때나 다른 사람을 대할 때나 하나님의 형상을 볼 수 있어야 한다. 자신을 향하여 당당함과 자존감을 가져야 한다. 이웃을 향하여 존중과 사랑을 가져야 한다.

자신과 이웃을 향하여 보이는 것만 본다면 하나님의 형상을 보지 못하고 하나님과의 교제가 끊길 것이다. 자기 자신과 이웃 안에 있는 하나님의 형상을 바라보아야 하나님과의 관계를 갖게 된다. 하나님을 보면서 살게 된다. 이것은 매우 중요하다. 자기 자신과 이웃 안에 있는 하나님의 형상을 보면서 살라. **다스리게.** 하나님께서 세상을 창조하셨고 다스리신다. 사람을 대리인으로 세우셔서 '다스리게'하셨다. 사람은 이제 바다와 하늘과 땅의 모든 생물을 정복하고 다스릴 권리와 책임을 가지게 된다. 이때 중요한 것은 멋대로의 정복과 다스림이 아니다. 하나님의 대리인으로서 정복하고 다스려야 한다.

**1:28 생육하고 번성하여 땅에 충만하라.** 생물을 창조할 때와 같다. '생존권'에 대한 말씀이다. 사람이 '먹고 사는 것'을 하나님께서 인정하시고 잘 먹고 잘 살라고 말씀하신 것이다. 먹고 사는 문제가 인간적인 것이 아니다. 하나님과 상관없는 것이 아니다. 오히려 하나님의 관심이 크다. 지금은 죄로 인하여 생존권까지 위협받고 있으나 사람을 향한 하나님의 뜻은 잘 먹고 잘 사는 것이다. **땅을 정복하라...모든 생물을 다스리라.** '통치권'이다. 하나님께서 사람을 하나님의 형상 따라 창조하심으로 생물을 통치하게 하셨다. 하나님의 대리인으로 통치하게 하셨다. 창세기가 쓰인 당시 사람들은 왕이 특별한 존재로서 신의 대리인으로 세상을 통치한다고 생각하였다. 그러나 성경은 모든 사람이 하나님의 형상을 따라 창조되었고 신의 대리인이라고 말한다. 모든 사람이 존귀하고 위대하다.

**1:31 심히 좋았더라.** 이 곳에서만 등장하는 구절이다. 앞에서 창조가 좋았다. 그러나 하나님께서 창조하고자 하신 모든 것이 아직 창조된 것이 아니다. 마지막 결정체로 사람을 창조하심으로 하나님의 창조계획이 완성된다. 그래서 하나님께서 이제 모든 것을 마치시고 '심히 좋았다' 말씀하시는 것이다. 사람이 하나님의 대리인으로서 세상을 잘 다스리면 하나님께서 여전히 심히 기뻐

하실 것이다. 사람이 타락하였지만 우리는 다시 하나님께서 심히 기뻐하시는 사람이 될 수 있다. 하나님의 대리인으로 이 땅을 살아간다면 하나님께서 우리 한 사람을 보시며 심히 기뻐하실 것이다.

# 2 장

**2:2 일곱째 날에 마치시니.** 이 구절을 오해하여 때로 어떤 사본은 여섯째 날이라고 되어 있다. 번역을 여섯째 날이라고 하기도 한다. 사람창조로 마쳤기 때문에 일곱째 날에 마친다는 것이 어색한 것이다. 그러나 성경은 분명히 '일곱째 날에 마치시니라'고 말한다. 곧 창조는 여섯째 날의 사람 창조로 마치는 것이 아니라 일곱째 날의 안식까지 창조에 포함시켜야 한다. 일곱째 날의 '안식'은 단지 '쉼'이 아니다. 사람들은 자신들이 여섯째 날까지 열심히 일하고 일곱째 날에는 일에서 쉬는 것이기 때문에 하나님의 안식을 생각할 때 쉼을 먼저 생각하곤 한다. 그러나 하나님은 일곱째 날에 쉬신 것이 아니다. 일곱째 날에 안식하셨다. 안식은 하나님과 피조물과의 관계를 의미하기도 한다. 창조는 창조로 끝이 아니라 하나님과 피조물과의 안식의 관계까지 이어져야 한다. 하나님께서 창조하신 것들을 누리시고 피조된 것이 창조주 안에서 안식함으로 창조가 완성된다. 안식은 창조의 목적이요 마지막이다.

**2:3 일곱째 날을 복되게 하사 거룩하게 하셨으니.** 일곱째 날은 누림이 있는 가장 복된 날이다. 거룩한 날이다. 이것은 지속되는 것이다. 이러한 복과 거룩이 죄로 인하여 이후에 깨진다. 그래서 이 날을 안식일로 거룩하게 지키며 영원한 안식을 준비하게 된다.
예수님의 성육신으로 영원한 안식의 날은 더욱 가까워졌다. 우리는 주일을 지키며 영원한 안식의 날을 준비하며 기다리고 있다. 주님 재림하시면 모든 날이 복되고 거룩한 안식의 날이 될 것이다. 누림의 날이 될 것이다. 그러기에 오늘날 주일을 지킨다는 것은 부활에서 확실히 드러난 영원한 안식을 기다리며 작은 누림으로 지키는 것이다. 하나님께서 만물을 창조하심은 하나님 안에서 안식하도록 하기 위함이다. 오늘날 사람들은 죄로 인하여 인생을 누리지 못하고 있다. 동물도 세상을 누리지 못하고 있다. 아픔과 고통 등 수많은 제한이 있다. 슬픔이 있다. 그러나 우리는 주일을 지키면서 안식을 본다. 안식을 느낀다. 모든 피조물이 영원히 안식할 때를 바라보고 있다. 우리는 영원한 안식을 바라보면서 준비해야 한다.

**2:7 흙으로 사람을 지으시고 생기를 그 코에 불어 넣으시니.** 사람 창조를 위한 두 가지 재료를 말한다. 흙과 생기. 흙은 땅에서 나온 것이다. 생기는 하나님께서 직접 불어넣으신 것이다. 사람의 두 가지 재료는 사람의 위치를 단적으로 잘 보여준다. 사람은 하나님을 대리하여 온 땅을 다스리도록 지음 받았다. 하나님의 형상으로 창조되었다. 그러한 모든 것을 대변하는 것이 '생기'다. 그러나 명심해야 할 것이 있다. '흙으로' 지음 받은 존재라는 사실이다. 사람은 하나님과 땅 사이에 있는 존재다. 하나님의 영광과 땅의 자리라는 겸손함을 가져야 한다. 둘 중에 하나라도 잊으면 안 된다. 사람이 양 극단으로 갈 때가 많다. 때로는 너무 낮은 자리로 떨어진다. 절망한다. 때로는 너무 높은 자리로 간다. 교만하다.

**2:8 동방.** 동쪽(동방)은 주관적인 표현이다. 본문의 '동쪽'은 창세기를 기록하는 저자의 입장에서 동쪽이다. 가나안에서의 동쪽을 의미할 것이다. 에덴은 하나님께서 사람을 만나시는 곳이었다. 하나님께서 사람을 특별하게 만나는 곳으로서 곧 성전이다. 그래서 동쪽은 이후에 성막과 성전을 만들 때도 그대로 적용된다. 출입구를 동쪽으로 향하게 하였다. **에덴.** 에덴은 흔히 지상낙원을 상징한다. 에덴의 모습은 어떠하였을까? 에덴은 화려함이 아니라 풍성함이

있는 곳이다. '에덴'은 '물이 풍성한 곳' '기쁨'등의 의미를 가지고 있다.

**2:9 선악을 알게 하는 나무.** 에덴동산이 이후의 천국과 다른 것이 있다면 아마 '선악과'일 것이다. 이후에 주님 재림하심으로 이루어진 천국에는 선악과가 없거나 있어도 그것의 해악을 확실히 알게 되어 결코 먹지 않을 것이다.

**2:15 경작하며 지키게 하시고.** 에덴동산은 일이 없는 곳이 아니다. 그곳에서 사람은 동산에서 경작하고 지키는 역할을 하였다. 이것은 이후에 이 땅에 완성된 천국이 임할 때 어떤 모습일지를 약간 보여준다. 죄가 없는 곳이요 천국으로서 에덴은 그렇게 나무를 돌보며 물을 주며 일하는 소소한 일상이 있는 곳이었다. 우리가 이 땅에서 일하는 것은 신성한 것이다. 그런데 일이 단순히 돈을 벌기 위한 것으로 전락하거나 자신의 탐욕을 채우기 위한 수단이 되어 천국의 모습을 잃은 것이다. 우리의 일이 에덴동산에서의 일과 같이 되어야 한다. 천국은 일을 멈춤으로 되는 것이 아니라 일의 방향을 바꿈으로 되는 것이다.

**2:16 각종 나무의 열매는 네가 임의로 먹되.** 하나님의 명령은 첫째 '자유'다. 사람은 말씀에 따라 에덴동산에서 자유롭게 먹을 수 있었다. 그는 먹고 싶은 것을 먹고, 먹고 싶지 않은 것은 먹지 않을 권리와 자유를 가지고 있었다. 오늘날에도 수없이 많은 자유를 누릴 수 있다. 신앙인의 가장 큰 특징은 자유다.

**2:17 선악을 알게 하는 나무의 열매는 먹지 말라.** 두 번째는 '금지'다. 왜 금지하셨을까? 사람들은 선악과를 만드신 것에 대해 원망할 수 있다. 그러나 나는 선악과가 인간에게 주신 가장 위대한 선물이라고 생각한다. 선악과가 없어 말씀을 어길 수 없다면 자유로운 사랑이 될 수 없기 때문이다. 선악과가 있고 그것을 먹지 않을 때 온전히 하나님을 의지하는 것이고 사랑하는 것이다. 그러나 선악과가 없다면 사랑은 강요가 될 수 있다. 결과적으로 인간은 선악과

를 먹음으로 타락하였다. 만약 먹지 않았다면 참으로 좋았겠지만 먹음으로 죄가 시작되었다. 그러나 그럼에도 불구하고 어떤 면에 있어서는 선악과는 인간에게 주어진 최고의 선물임이 분명하다. 그것은 비록 타락이라는 비참한 과정을 더 밟게 되지만 온전한 사랑을 이루는 발판이 되기 때문이다. **먹는 날에는 반드시 죽으리라.** 사람은 자기 멋대로 살아도 영생할 수 있는 존재가 아니다. 지극히 큰 자유를 가지고 있지만 하나님의 말씀 앞에 겸손히 서야 하는 의무와 자유를 가지고 있다. 우리를 사랑하시는 하나님 말씀 앞에서 자유를 가지고 순종해야 한다. 사람은 흙에서 나왔다. 그가 선악과를 먹으면 반드시 죽을 존재이다. 모든 자유를 박탈당할 것이다.

'선악과'는 어떤 역할을 하는 것일까? 선악과는 그 자체에 어떤 특수 성분이 있는 열매가 아니다. 그것은 하나님의 금지 명령이 붙여진 나무다. 그것을 먹으면 더 지혜롭게 되는 것이 아니라 자신이 지혜의 결정자가 되는 것이다. 선과 악은 오직 하나님께서 정해주신 것에 의해 결정되어야 하는데 자신이 결정하는 것이다. 선악과를 먹는 순간 그가 선과 악을 정한 것이며 먹는 순간 선과 악을 자신이 정하는 사람이 되는 것이다. 오늘날 세상은 선과 악을 자신이 정한다. 늘 '하고 싶은 대로 행하라'는 말을 마치 격언처럼 듣는다. 하나님께서 정하신 법에 대해서는 무관심하고 자신이 무엇을 원하는지에 관심을 갖는다. 오늘날 세상은 선악과로 가득하다. 신앙인은 선악과로 가득한 곳에서 생명나무를 선택해야 한다. 내 생각이 아니라 하나님의 생각이 무엇인지를 찾아야 한다. 내 감정이 아니라 하나님의 감정이 무엇인지를 분별하고 순종해야 한다. 그것이 생명의 길이고 자유의 길이다.

**2:18 혼자 사는 것이 좋지 아니하니.** 하나님은 삼위일체로 계신다. 그런데 사람이 혼자 있어 좋지 않게 보였다. 하나님께서 삼위일체로 계시는 것처럼 사람도 최소한 함께 할 사람이 필요했다. 때때로 삼위일체의 '하나됨'을 설명하기 위해 부부의 '하나됨'을 말하곤 한다. 나는 그것이 적당하지 않다고 생각한

다. 그러나 그렇게 말하는 사람이 있을 정도로 부부로 함께 있는 것이 중요하다. 부부로 함께하고 사람들이 함께하는 것이 중요하다. **내가 그를 위하여 돕는 배필을 지으리라.** 아담과 함께 하고 도울 수 있는 존재를 찾으셨다. 이러한 찾는 과정 가운데 동물의 이름을 지어주는 이야기가 나온다.

**2:19 아담이 무엇이라고 부르나 보시려고 그것들을 그에게로 이끌어 가시니.** 동물들을 아담 앞으로 모이게 하신 이유는 두 가지다. 첫째는 아담이 동물들을 정확히 이해하고 있는지를 보시는 것이다. '이름을 부른다'는 것은 사물에 대한 정확한 이해를 의미한다. 또한 이름을 지어준다는 것은 그것에 대한 통치권을 의미하기도 한다. **부르는 것이 곧 그 이름이 되었더라.** 아담은 동물들의 정체성을 정확히 파악하고 이름을 지어주었다. 그 이름은 적당하고 훌륭하여 그것이 동물들의 이름이 되었다. 하나님께서 동물들의 이름을 따로 지어주지 않으시고 아담이 지어준 것이 이름이 되었다. 하나님의 통치권을 위임받아 동물들을 통치하는 하나님의 뜻이 잘 이루어지고 있는 모습이다. 하나님께서 동물들을 아담에게 데리고 오신 두 번째 이유는 '혹 그러한 것 중에 아담의 조력자가 있을까'해서 이기도 하다. 그러나 그러한 동물은 아담이 통치하는 대상으로서 수직적 관계를 가진다. 동물 중에는 아담의 조력자로서 수평적 관계를 가질 수 있는 것이 없었다.

아담은 각 동물의 특성을 정확히 알고 그들에게 이름을 붙여주었다. 오늘날 우리는 세상에 대해 하나님의 대리인으로서 왕의 모습과 제사장의 모습을 많이 잃었다. 그러나 우리의 마음만은 여전히 그것을 잃지 말아야 한다. 우리가 살고 있는 작은 위치에서 능동적으로 하나님의 대리인으로서 살아가야 한다. 세상을 알고 세상이 하나님의 나라에 맞게 살아가도록 바꾸어야 한다. 그것이 이 땅에서 천국을 살아가는 사람의 자세다.

**2:20 아담이 돕는 배필이 없으므로.** '아담을 위한 돕는 배필을 발견할 수 없었

다'라고 번역해도 좋다.

**2:22 아담에게서 취하신 그 갈빗대로 여자를 만드시고.** 남자를 흙으로 만드시고 생기를 불어넣으신 것처럼 여자를 만드실 때 흙으로 만들어진 남자의 갈비뼈를 가지고 생기를 불어넣어 주심으로 여자를 만드셨을까? 남자의 갈비뼈로 만드셨다는 것은 남자와 동일함을 강조한 것이다. 종속의 의미가 아니다.

**2:23** 개역개정은 번역하고 있지 않지만 '드디어'라는 구절이 들어가 있다. 아담은 하나님께서 자신에게 이끌어 오신 여자를 보고 첫 눈에 반하여 '드디어'라고 기뻐하며 말하고 있다. 지금까지 동물은 종속적 관계였으며 그를 돕는 자를 발견하지 못했지만 드디어 돕는 자를 발견한 것이다. **내 뼈 중의 뼈요 살 중의 살이라.** 이 문장은 다른 곳에서 '골육'이라고 번역하는 경우가 많다. 친척(라반이 야곱을 보고도 이렇게 말함)을 의미한다. 관용구로 '친척' 또는 '또 다른 나' '나와 같은' 등의 의미로 번역할 수 있다. 그런데 직역하여 '내 뼈에서 나온 뼈고 내 살에서 나온 살이다' 해도 의미가 크게 다르지는 않다. 그런데 갈비뼈에 살은 없으니 관용구로 해석하는 것이 조금 더 자연스러운 번역일 것이다. 여하튼 이 구절에는 아담이 여자를 발견하고 자신과 동등한 돕는 자를 발견하고 기뻐하는 마음이 담겨 있다.

아담이 하와를 사랑하는 모습은 천국의 모습이다. 이 땅에서 천국을 소망하는 사람은 사람과의 관계를 회복하면서 살아야 한다. 사람과의 관계를 회복하는 일에 관심이 없는 사람은 천국에도 관심이 없는 사람이다. 사람과의 관계 회복을 꿈꾸면서 살라. 용서하지만 여전히 회복되지 않는 관계가 있으면 가슴 아파하며 여전히 관계회복을 꿈꾸면서 살 때 그 사람이 천국을 가슴에 품고 사는 사람이라 할 수 있다.

**2:24 남자가 부모를 떠나 그의 아내와 합하여 둘이 한 몸을 이룰지로다.** 창세 시

대가 아니라 모세 시대를 향한 말씀이다. 또한 모든 시대 사람들을 향한 것이다. 모세 시대에 부모는 절대권위를 가지고 있었다. 자녀는 부모를 떠날 수 없고 부모의 재산을 물려받아 같은 곳에서 살아야 했다. 그 시대에 이 구절은 매우 놀라운 말씀이었을 것이다. 그런데 이것은 사람의 관계에 대한 것을 잘 말해준다. 부모와 자녀는 수직적 관계의 대표격이다. 나는 자녀들이 부모를 제2의 하나님처럼 순종해야 한다고 가르친다. 그런데 결혼은 부모를 떠나는 것이다. 결혼을 하면 부모보다 부부의 관계가 더 중요하다. 그러기에 부모와의 관계는 본질적 수직관계가 아니라 결혼하기까지 한시적인 기능적 수직 관계임을 알 수 있다.

**2:25 벌거벗었으나 부끄러워하지 아니하니라.** 벌거벗음이 부끄러움이 되지 않았다. 그러나 이후에 그들이 타락하였을 때 그들은 부끄럽게 여기게 된다. 엄청난 인식의 변화다. 오늘날 우리는 벌거벗고 있음을 부끄럽게 생각한다. 그것은 당연하다. 그 부끄러움은 바로 우리의 타락을 알리는 가장 가까운 마음이다. 우리는 타락하여 많은 것을 잃었다. 다시 에덴이 필요한 존재다. 에덴이 필요한 존재라는 것을 깊이 인식하면서 살아야 한다. 갈망하면서 살아야 한다.

# 3 장

사람의 타락에 대한 이야기다.

**3:1 뱀은 여호와 하나님이 지으신 들짐승 중에 가장 간교하니라.** '뱀'은 일반적인 뱀을 의미하는 것이 아니라 사탄의 도구로 사용된 뱀을 의미한다. 천사 중에 일부가 타락하였고 타락한 천사는 뱀을 이용하여 사람을 타락시키고자 하였다.

'간교'는 하나님을 경외하는 것에 기반한 지혜가 아니라 자신의 뜻을 성취하는 지혜를 의미한다. 악한 꾀다. 그러한 꾀는 목적을 성취하기도 한다. 그러나 하나님을 경외하지 않는 것은 결코 지혜가 아니다. 악한 꾀에 불과하다. 자신에게 유익한 지혜가 되지 못하고 자신을 해롭게 하는 꾀다. **하나님이 참으로 너희에게 동산 모든 나무의 열매를 먹지 말라 하시더냐.** 뱀이 몰라서 물었을까? 알면서 물었다. 묻는 내용에 악한 꾀가 담겨 있다. 하나님께서 말씀하신 것을 왜곡하였다. 하나님은 선악과를 제외한 모든 동산 나무의 열매를 먹으라 하셨다. 그러나 '먹지 말라'를 강조하여 부각시키고 있다.

**3:3 동산 중앙에 있는 나무의 열매는 하나님의 말씀에 너희는 먹지도 말고 만지지도 말라.** 동산 중앙에는 선악과와 생명나무가 있다. 생명나무는 먹을 수 있었다. 그런데 그것마저 먹지 말라고 하였다고 말한다. '먹지 말라'고 하셨다. 그런데 '만지지도 말라'고 하셨다고 말하였다. 이 말의 출처가 어디인지는 정확하지 않다. 만약 아담이 하와에게 이렇게 말하였다면 그는 조금 더 말씀을 잘 지키기 위해 더 첨가한 것일 것이다. 만약 하와가 혼자 이렇게 말을 하였다면 과장하고 있는 것이다. 마치 하나님께서 금지시키는 것을 좋아하시는 분인 것처럼 과장하고 있다. 마치 뱀하고 금지시키시는 하나님을 흥보하는 것과 같다. 아담이 좋은 의도로 하나님의 말씀에 첨가하였어도 그것은 좋지 않다. 말씀은 있는 그대로 배우고 전해야 한다. 신약시대 바리새인들이 말씀에 무엇인가를 많이 덧붙임으로 그들은 오히려 말씀을 더 어기게 되었다. 왜곡은 더욱더 심각한 문제를 낳는다.

**3:4 결코 죽지 아니하리라.** 어쩌면 뱀은 선악과를 만지면서 말하였을 것 같다. 하와의 손을 이끌어 선악과를 만져보도록 하였을 수도 있다. 선악과를 만지는 자신이 죽지 않았고 하와가 만져도 죽지 않으니 하나님의 말씀은 더욱더 거짓말로 드러났다고 행동으로 말하고 있는 것으로 보인다.

**3:5 먹는 날에는 너희 눈이 밝아져 하나님과 같이 되어 선악을 알 줄 하나님이 아심이니라.** 그의 말은 하나님께서 말씀하신 것과 비슷하다. 그러나 하나님의 말씀의 뜻과는 전혀 다르다. 하나님의 말씀의 뜻은 눈이 밝아지는 것이 부정적 의미인데 뱀은 그것을 긍정적 의미로 사용하였다. 하나님의 말씀을 의도에 벗어나서 사용하는 것이 오늘날에도 참 많다. 뱀이 사용하듯 말이다.

**3:6 보암직도하고 지혜롭게 할 만큼 탐스럽기도 한 나무인지라.** 뱀의 꾐의 이야기를 듣고 선악과를 보자 '먹지 말라'는 하나님의 말씀은 생각나지 않고 좋게만 보였다. **열매를 따먹고.** 하와는 선악과를 먹었다. 옆에 있는 아담에게 주었고 아담도 먹었다. 선과 악을 구분하는데 하나님의 말씀을 기준으로 하지 않고 자신의 생각과 감정을 기준으로 하였다. 그래서 선악과라 이름을 붙였다. 선악과를 먹은 것이 뭐가 그리 큰 문제가 될까? 작게 보이는 바로 그 한 행동이 온 우주와 인류에 가장 큰 영향을 미쳤다는 것을 기억해야 한다. 오늘날 사람들은 수없이 많은 선악과를 먹고 있다. 자기 생각과 자기 감정에 따른 행동을 하고 있다. 오늘날은 선악과를 먹으면서도 쉽게 생각하면서 먹는다. 이제 한 번의 선악과를 먹은 것에서 반대로 한 번의 생명과(순종)를 먹는 일로 차근차근 시작해야 한다. 갈 길이 멀다.

**3:7 눈이 밝아져 자기들이 벗은 줄을 알고.** 말씀 안에 있을 때 때로는 그것이 답답하게 보일 수 있다. 그러나 말씀밖으로 나간 결과를 보라. 말씀 밖은 신세계였다. 그들은 뱀의 말대로 눈이 밝아졌다. 그런데 그것은 더욱더 좋게 밝아진 것이 아니라 안 좋게 밝아졌다. 그들은 부끄러움을 느꼈다. 벗은 몸은 서로 장애가 없는 모습이다. 그러나 그들은 자신의 멋대로 부끄러움을 느꼈다. 이제 사람은 평생 부끄러움을 느끼며 살게 될 것이다.

**3:8 하나님의 낯을 피하여 동산 나무 사이에 숨은지라.** 그들은 창조주를 두려워

하였다. 경외하는 마음의 두려움이 아니라 공포스러운 두려움이다. 말씀 밖으로 나갔기 때문에 생긴 마음이다.

**3:9 네가 어디 있느냐.** 하나님께서 아담을 찾으셨다. 사람은 하나님을 두려워할 것이 아니라 기뻐해야 한다. 숨을 것이 아니라 함께 동행해야 한다. 그런데 말씀을 어김으로 그 관계가 깨졌다. 그러한 아담을 하나님께서 부르신다. 오늘날에도 사람들이 말씀 밖에서 살고 있다. 그들을 하나님께서 부르신다. 말씀 안으로 부르신다.

**3:12 여자 그가 그 나무 열매를 내게 주므로 내가 먹었나이다.** 아담은 하와를 보고 참으로 기뻐하였었다. 그런데 말씀 밖에 있게 되었을 때 그 관계는 깨지고 원망하고 있다. 탓하고 있다. 아담은 하와만 탓한 것이 아니다. '하나님이 주셔서 나와 함께 있게 하신 여자'라고 말한다. 하나님께서 여자를 주셨다 말하면서 하나님을 탓하고 있다. 말씀 밖에 있는 사람은 모든 것의 주인이 자기 자신이다. 말씀이라는 울타리가 없어짐으로 자신이 스스로의 울타리가 되어야 한다. 자기 자신을 구원해야 한다. 그래서 합리화해야 하고 스스로를 보호하기 위해 참 많은 수고를 해야 한다. 그런데 그렇게 아무리 하여도 사람은 결코 자기 자신을 구원하지 못한다.

**3:14 네가...저주를 받아 배로 다니고.** '배로 다니고'는 더욱 낮아지는 것을 의미한다. 왕 앞에 절대 복종을 나타낼 때 배를 땅에 대고 엎드렸다. 뱀은 사탄의 도구로 사용되어 사탄과 깊은 관련성이 있다. 뱀과 사탄이 거의 동일어로 사용되기도 한다. 사람을 타락시킨 사탄은 더욱더 심판을 받게 된다. 사탄에게 임한 재앙을 보라. 죄에 빠트린 사탄의 존재는 그렇게 큰 존재가 아니다. 하나님의 심판에 아무 말도 할 수 없는 존재다. 죄의 원인이 된 사탄은 아무것도 아니다. 그러나 사람이 죄에 떨어진 일은 매우 엄청난 일이다. 이 두 가지

를 꼭 기억해야 한다. 사탄은 힘이 없다. 죄는 힘이 없다. 그러나 사람이 죄에 빠지면 죄는 사람에게 엄청난 힘을 발휘한다.

**3:15 여자의 후손은 네 머리를 상하게 할 것이요.** 뱀에게 재앙을 내리시면서 하신 말씀이다. 이 구절을 기독교 역사에서는 '원시 복음'이라고 말한다. '여자의 후손'이 그리스도임을 우리는 바로 알 수 있다. 사탄은 그의 계략이 성공하여 사람을 타락시켰지만 그의 재앙과 멸망은 철저히 예정되어 있었다. 죄로 인한 재앙으로 끝나지 않고 은혜로 인하여 더 큰 구원으로 이어질 것이다.

**3:16 임신하는 고통을 크게 더하리니...남편은 너를 다스릴 것이니라.** 가장 행복해야 할 출산은 공포스러운 순간이 되고 가장 사랑스러운 관계이어야 하는 남편과의 관계가 '다스림을 받는' 껄끄러운 관계가 될 것이다.

**3:17 네 평생에 수고하여야 그 소산을 먹으리라.** 타락 이전의 땀이 즐거운 노동이었다면 타락 이후에는 고통스러운 수고가 되었다. **저주.** 하나님께서 벌을 내리실 때 특이한 점은 사람에게는 '재앙(저주)'이라는 단어를 사용하지 않으셨다는 사실이다. 여기에서 번역상 '저주'는 좋지 않다. 하나님께서 누구에게 비는 것이 아니기 때문이다(축복이라는 단어도 마찬가지이다. 하나님을 주어로 할 때는 복이라 해야 한다. 예를 들어 '하나님 우리를 축복하소서'가 아니라 '우리에게 복을 주옵소서'라고 해야 한다). 그래서 하나님께서 주어가 될 때는 '재앙'이라 말하는 것이 좋다. 뱀이나 자연에는 '재앙'이라는 단어를 사용하는데 사람에게는 사용하지 않으셨다. 사람을 향한 특별한 배려인 것 같다. 회개의 여지를 말하기 위해 '재앙'이라는 단어를 사용하지 않은 것으로 보인다.

**3:18 가시덤불과 엉겅퀴.** 사람은 이제 고통과 수많은 어려움 가운데 살게 될 것이다. 이때 문제는 무엇일까? 원수는 무엇일까? 고통과 환경의 어려움이 아니다. '죄'다. 상황이나 돈이 문제가 아니다. 죄가 문제다. 상황과 싸워야 하는

것이 아니다. 죄와 싸워야 한다.

**3:21 가죽옷.** 하나님 보시기에 가장 꼴 보기 싫을 때다. 그런데 사람을 위하여 옷을 마련하여 주셨다. 아담과 하와가 죄 때문에 부끄러워 무화과 잎으로 만든 옷을 입고 있었다. 무화과나무 잎으로 만든 치마가 무슨 역할을 제대로 하겠는가? 하나님께서 묵묵히 가죽옷을 만들어 주셨다. 가죽옷을 만들기 위해서는 하나님께서 아름답게 창조하신 어떤 동물이 죽어야 한다. 아. 슬픈 일이다. 그런데 사람을 위하여 그렇게 동물을 잡으셨고 가죽옷을 만들어 주셨다. 이것은 분명히 이후에 사람 때문에 희생제물로 드려지는 동물과 이후에 사람의 죄 때문에 십자가에 죽으신 그리스도까지 담고 있는 것 같다. 하나님의 은혜가 그리 컸다. 하나님의 이 행동을 보면 이후의 많은 것을 예측할 수 있다. 사람은 죄와벌에 머무르지 않고 은혜로 인하여 죄를 넘어 다시 에덴동산의 시대로 복귀하게 될 것이다.

**3:22 선악을 아는 일에 우리 중 하나 같이 되었으니.** 사람이 선악과를 먹었다. 선악과를 먹었다는 것은 그가 '선과악'을 자신의 생각과 감정으로 정하였다는 것을 의미한다. 그가 '창조주의 자리'에 앉은 것이다. **생명 나무 열매도 따먹고 영생할까 하노라.** 사람이 거짓 창조주가 되어 거짓 속에서 계속 사는 것에 대한 말씀이다. 하나님은 사람에게 은혜 베풀기를 원하셨다. 그래서 거짓 창조주의 자리에서 내리시고 사람의 참된 자리인 '백성의 자리'로 다시 돌아갈 기회를 주시고자 하셨다. 선과악을 오직 하나님의 뜻에 따라 정하는 백성의 자리로 돌아갈 기회다.

**3:24 하나님이 그 사람을 쫓아내시고.** 에덴동산에서 쫓아내셨다. 에덴동산에 합당한 사람이 되도록 훈련하시기 위함이다. 오늘날 사람들은 에덴동산 콤플렉스를 가지고 있다. 아무리 잘 살아도 결코 만족할 수 없다. 그런데 문제는 여

전히 이 세상에 자신의 에덴동산을 건설하고자 한다는 것이다. 에덴동산에서 죄로 인하여 쫓겨났다. 사람은 에덴동산을 결코 지을 수 없다. 에덴동산은 '하나님과 친밀한 관계의 자리'다. 하나님과 친밀한 관계를 가지기 때문에 그곳은 모든 것이 풍성하고 기쁨이 있는 곳이다. 그러기에 사람은 에덴동산을 만들 것이 아니라 하나님의 은혜로 하나님께서 만드실 에덴동산(새하늘과 새 땅)에 다시 들어갈 수 있도록 준비되어야 한다. 그것은 선악과(자신의 법을 만듦)를 먹는 것에서 생명과(하나님의 법에 순종)를 먹는 훈련을 통해서 이루어진다.

사람은 죄 때문에 에덴동산에서 쫓겨났다. 그러나 은혜 때문에 다시 에덴동산에서 살게 될 것이다. 죄를 모르는 순진한 사람이 아니라 죄를 이긴 선한 승리자로 새하늘과 새땅이라는 에덴동산에서 살게 될 것이다. 그 모든 일이 은혜 때문에 가능하니 은혜를 힘입어 훈련해야 한다. 모든 것이 하나님의 은혜다. 은혜만이 이것을 가능하게 한다.

# 4 장

가인과 아벨의 이야기다.

**4:1 내가 여호와로 말미암아 득남하였다.** '득남하였다'하며 매우 기뻐하였다. 하와는 뱀의 머리를 상하게 할 '여자의 후손'을 생각한 것 같다. 이름도 '얻었다'는 의미를 갖는 '가인'이라고 이름을 지었다. 어쩌면 그들은 에덴으로의 빠른 복귀를 꿈꾸고 있었을지 모르겠다. 그런데 변화는 없었다. 가인은 하나님께서 약속하신 여자의 후손이 아니었다. 하와의 기쁨은 이후에 슬픔으로 바뀐다.

**4:3 가인은 땅의 소산으로 제물을 삼아 여호와께 드렸고.** 예배라는 가장 아름다

운 행위를 하고 있다. 그런데 예배한다고 다 되는 것은 아니다. 하나님께서 이 제사를 기뻐 받지 않으셨다. 가장 아름다운 예배지만 그 안에 죄가 담길 수 있다. 무엇이 문제였을까? 제물의 종류가 농산물이 문제일까? 아니다. 성경에는 곡물을 드린 소제가 나온다.

**4:4 아벨은 자기도 양의 첫 새끼와 그 기름으로 드렸더니.** 아벨은 자신의 소산물 중에 '특별하고 좋은 것으로 골라서' 드렸다. 반면에 가인은 '땅의 소산으로 제물을 삼아'라고 말한다. 아벨의 제사에는 하나님을 향한 경외와 정성이 담겼다는 것을 볼 수 있다. 가인은 제사하고 있지만 마음이 담긴 것이라 할 수 없다. 그러기에 아벨은 믿음으로 드렸다 할 수 있으며 가인은 믿음으로 드리지 않았다.

**4:7 선을 행하지 아니하면 죄가 문에 엎드려 있느니라.** 가인은 예배에 실패하였을 뿐만 아니라 자신의 잘못이 드러난 것에 대해 회개하는 것에 실패하였다. 결국 그의 마음에는 선이 아니라 악이 자리잡게 되었다. 결국 죄가 문 앞에 엎드려 사냥물을 예의주시하는 사자처럼 죄는 사람을 넘어뜨리기 위해 주목하고 있다. 사람의 마음에 선한 마음이 없으면 죄가 들어갈 자리가 생긴다. **죄가 너를 원하나 너는 죄를 다스릴지니라.** 에덴동산에서 쫓겨난 이후 죄는 사람들과 더 가까이에 있다. 언제든지 빈 틈을 노리고 있다. '죄를 다스리는' 사람이 되어야 한다. 마음에 선이 가득하면 죄의 종이 되지 않고 죄의 침입을 막을 수 있다. 그러나 마음에 선이 없으면 죄가 들어올 문이 활짝 열린다. 죄가 그를 다스리게 된다.

**4:8 아벨을 쳐죽이니라.** 가인은 동생 아벨을 들로 불러내 죽였다. 아벨이 가인에게 잘못한 것도 아니다. 아벨은 단지 믿음이 있었을 뿐이다. 그러나 가인은 시기에 눈이 멀어 아벨을 죽였다.

**4:9 네 아우 아벨이 어디 있느냐.** 아담이 죄를 범하였을 때 찾아오셨던 것처럼 이번에도 가인을 찾아오셨다. 이러한 물음은 질문이 아니라 회개를 촉구하는 것이다. 죄는 또 다른 죄를 낳는다. 그래서 또 다른 죄를 낳지 않도록 회개를 촉구하고 죄에 대해 벌을 주시는 것이다.

**4:12 너는 땅에서 피하며 유리하는 자가 되리라.** 가인의 죄는 그와 땅과의 관계를 파괴하였다. 그는 농사꾼에서 유리하는 자가 된다.

**4:15 가인을 죽이는 자는 벌을 칠 배나 받으리라.** 다른 사람이 가인에게 보복을 하지 않도록 가인에게 특별한 표를 주셨다. 가인의 죄는 나쁘다. 그러나 죄가 죄를 낳지 않도록 해야 한다. 사람들은 상대가 잘못하였기 때문에 내가 잘못하여도 된다고 생각하는 경향이 있다. 아니다. 상대가 먼저 잘못하였어도 내가 잘못하면 나도 여전히 잘못하는 것이다. 죄는 꼬리를 무는 특성이 있다. 한 사람이 죄를 범하면 그것이 꼬리에 꼬리를 물고 더 많은 죄가 만들어진다. 그것은 죄를 미워하시는 하나님께 반하는 행동이다. 신앙인은 죄의 꼬리를 잘라야 한다. 원수까지 사랑함으로 죄의 꼬리를 잘라야 한다. 그래서 가인이 아무리 못된 죄를 저질렀어도 그를 죽이는 것은 칠 배나 더 큰 벌을 받는 것이다.

**4:16 여호와 앞을 떠나서.** 아담은 비록 죄를 범하였고 에덴 동산에서 쫓겨나왔지만 하나님을 떠나지는 않았다. 그런데 가인은 하나님의 재앙 선언에 하나님을 떠났다. 아담은 자신이 '선악과를 먹었다'는 사실을 말하였다. 그러나 가인은 자신의 죄를 인정하지도 않았다. 그래서 결국 하나님을 떠났다. 하나님을 떠난 것은 에덴동산에서 쫓겨난 것보다 더 슬픈 일이다.

**4:17 에녹을 낳은지라.** 가인에게는 여전히 '생육하고 번성하라'는 생존권이 남

아 있었다. 가인부터 7대손까지 기록되어 있다. 7대손은 정확히 7대를 말하는 것이 아니라 완전수로 그 후손 전체를 말하기 위함이다. '낳다'는 부모 자식만이 아니라 자손까지 다 포함하는 단어다. 중간을 빠트려도 상관이 없다. **성을 쌓고 그의 아들의 이름으로 성을 이름하여.** 도시를 건설하였다.

**4:20-21 야발...가축을 치는 자의 조상이 되었고...유발...수금과 퉁소를 잡는 모든 자의 조상이 되었으며.** 가인의 후손은 생존의 측면에서는 번성하였다. 성공하였다.

**4:23 나의 상처로 말미암아 내가 사람을 죽였고.** 시 형태로 된 '칼의 노래'라는 구절이다. 시이기 때문에 해석상 다양한 해석이 가능하다. 실제로 죽인 것을 의미할 수 있고 아니면 '죽일 것이다'를 의미할 수도 있다. 자신에게 작은 부상을 입힌 사람을 보복으로 '죽였다'는 것을 의미하거나 '죽이겠다'는 말이다.

**4:24 라멕을 위하여는 벌이 칠십칠 배이리로다.** 자신의 살인을 부끄러워하지 않는 모습이거나 확실한 보복에 대한 예고일 수도 있다. 여하튼 라멕의 시는 '범죄위협' 또는 '범죄자랑' 등을 통해 '힘 숭상'의 의미를 가지고 있다. 악을 행하는 것을 넘어 자랑하는 것이다.

**4:25 셋...아벨 대신에 다른 씨를 주셨다.** 아담과 하와가 셋을 낳았다. 셋에 대해 '아벨 대신에 주신 아들'이라 말한다. 아벨의 아들이 아니기에 보통은 아벨의 후손이라 하지 않는다. 그러나 후손이라는 것이 무엇일까? 우리가 이 땅을 살면서 내 자식이 구원을 받는 것과 내가 복음을 전한 사람이 구원을 받는 것이 무엇이 다를까? 한 사람의 피를 이어받은 자녀라는 사실은 사실 영원한 나라에서는 어떤 의미도 없다. 그러기에 '내 자녀'가 아니라 '사람'이 구원받는 것이 중요하다. 자녀는 그 사람에게 주어진 더 많은 책임이 있는 사람이라는 측면에 있어 특별하다. 그러나 자녀라고 다른 의미가 있는 것은 아니다. 모두

한 사람일 뿐이다.

**4:26 그 때에 사람들이 비로소 여호와의 이름을 불렀더라.** '여호와의 이름을 불렀다'는 것은 '기도하였다' 또는 '예배하였다'의 의미가 된다. 동일한 시기에 가인과 가인의 자손은 '성을 만들었다'라고 말한다. 그러나 셋의 후손은 예배하였다.

겉으로 보기에는 도시를 건설한 사람이 더 성공한 것으로 보일 것이다. 그러나 에노스가 드린 예배가 아담의 후손을 이어가게 된다. 그래서 5장 이야기(아담의 계보)로 이어질 수 있게 된다. 셋과 그 아들의 예배가 사람 창조의 목적을 성취하고 하나님의 뜻을 이루어 가게 된다.

# 5 장

**5:1 이것은 아담의 계보를 적은 책이니라.** 아담의 계보를 말하면서 가인은 언급도 하지 않는다. 믿음의 계보이기 때문이다. **하나님의 모양대로 지으시되.** 사람이 타락함으로 하나님의 형상이 완전 훼손되었다. 그러나 하나님의 형상을 조금 더 보존하고 회복하는 사람이 있다. 믿음의 사람들이다. 그러한 믿음의 계보를 이은 사람을 기록하고 있다.

**5:3 아담은 백삼십 세에...아들을 낳아 이름을 셋이라 하였고.** 셋 이전에 가인과 아벨이 있었다. 아담이 100세 경에 낳은 아들일 것이다. 그 이후에도 아들을 계속 나았을 가능성이 더 있다. 가인과 아벨이 장성한 나이가 되어 제사를 드리게 되였을 때 아벨이 죽었다. 셋은 아벨 대신에 주어진 아들이라고 아담이 말하였다. 아담은 셋 이후에도 많은 자녀들을 낳았다. 그러기에 본문에서 말하는 셋은 아담의 많은 아들 중에 믿음을 가장 잘 이어간 자녀라 할 수 있다.

**5:5 구백삼십 세.** 아담부터 노아 홍수까지 1656년이다. 굉장히 긴 시간이지만 이 당시 평균 수명이 800년은 족히 넘었기 때문에 어찌 보면 2세대에 불과한 기간이기도 하다. 아담이 930세까지 살았으니 이 기간의 반절 이상을 사람들과 함께 있었다. 그는 사람들에게 하나님과 믿음에 대해 얼마나 많이 말을 했을까? '아담의 계보'라고 말하는 것을 보면 아담은 분명히 믿음의 사람에 속하였다 할 수 있다. 그는 믿음으로 사람들에게 에덴동산에 대해 말하였을 것이다. 하나님의 은혜에 대해서도 약속에 대해서도 이야기하였을 것이다. 그가 에덴동산에서 선악과를 먹었던 그 순간을 말할 때 얼마나 가슴 아파하며 말하였을까?

**5:6 셋.** 믿음의 족보에 드는 사람의 가장 큰 특징은 4장 26절에 나왔었다. 셋이 그의 아들 에노스를 낳고 '여호와의 이름을 부른' 일이다. 하나님을 향한 예배와 기도가 있는 사람이 믿음의 사람이다. 셋에 대해서는 앞에서 나왔기 때문에 이곳에서는 설명하지 않고 이름만 나왔다.

**5:15 마할랄렐.** 이름의 의미는 '여호와를 찬양'이다. 이곳의 여러 이름은 하나님을 향한 믿음을 반영한다. 이름만 나오기 때문에 구체적으로 그들의 신앙을 알 수는 없다. 10명의 이름을 말하면서 두 사람에 대해서만 조금 더 설명을 한다.

**5:22 하나님과 동행하며.** 다른 사람들은 이름만 말하다가 에녹의 경우 덧붙여 설명하였다. '하나님과 동행하였다'고 설명한다. 이것은 에녹의 특징이지만 믿음의 족보에 든 모든 사람들의 특징을 반영하는 것이기도 할 것이다. 믿음의 사람은 하나님과 동행하는 사람들이다. 하나님과 동행한다는 것은 하나님의 뜻을 따라 산다는 것을 의미한다. 선악과가 아니라 생명과를 먹으며 산다는 것을 의미하기도 한다. 믿음의 사람으로 살고자 한다면 하나님의 말씀을 붙잡

고 하나님의 뜻에 따라 살아 하나님과 동행해야 한다.

**5:25 므두셀라.** 나의 주일학교 시절 아담의 계보에서 가장 유명한 사람은 '므두셀라'였다. 시험 문제에 '가장 나이가 많은 사람은 누구인가'가 단골이었다. 그는 969세를 살았다. 그런데 사실 그의 나이는 그리 중요하지 않다.

**5:29 수고롭게 일하는 우리를 이 아들이 안위하리라.** 라멕이 노아를 낳았다. 라멕은 특이하게도 가인의 7대손과 이름이 같다. 또한 직접적으로 비교되기도 한다. 라멕은 아들을 낳고 '안위'(구원)라는 뜻의 '노아'라고 이름을 붙였다. 하나님께서 약속하셨던 구원자에 대한 소망을 담고 있다. 믿음의 사람은 세상에 소망을 두는 사람이 아니라 하나님의 약속에 소망을 둔다.

**5:31 칠백칠십칠 세를 살고 죽었더라.** 라멕의 사망한 나이가 특이하다. 그가 당시 보통 사람들보다 조금 더 일찍 죽은 것은 아들인 노아의 홍수를 보기 전에 죽은 은혜일 것이다. 또 한 편으로는 가인의 자손 라멕이 '칼의 노래'에서 힘을 자랑하고 폭력을 미화할 때 완전수인 7과 77을 사용하였었다. 그런데 믿음의 사람 라멕은 777세에 죽음으로 완전수가 3개나 나열된 형태다. 이것은 '믿음이 힘을 이긴다'는 것을 드러내는 상징수로 의도된 것일 수 있다.

# 6 장

**6:2 하나님의 아들들.** 누구를 의미하는지 여러 해석이 가능하다. 1.천사 2.셋의 자손(믿음의 계보) 3.왕과 귀족처럼 뛰어난 사람. 앞에서 믿음이 없는 가인의 계보와 셋으로 대표되는 믿음의 계보를 이야기하였기 때문에 이 분류법에 따라 '믿음의 계보'를 이은 사람들이라고 하는 것이 자연스러운 해석일 것 같다.

**하나님의 아들들이 사람의 딸들의 아름다움을 보고 자기들이 좋아하는 모든 여자를 아내로 삼는지라.** 위험은 '자기들이 좋아하는' 대로 행동한 것에서 일어났다. 또 하나의 선악과다. 사람이 법을 생각해야 한다. 법 없이 살 수 있을 것 같지만 그렇지 않다. 특히 창조법을 생각해야 한다. 창조주를 생각하지 않고 마치 자신이 창조주인 것처럼 자기가 하고 싶은대로 하면 안 된다. 창조법을 생각하지 않는 것은 자신을 창조주로 여기는 교만이다. 자신이 세상을 지은 것이 아니라면 창조주를 생각해야 한다. 창조법에 순종해야 한다. 결혼은 참 좋은 것이다. 그런데 때로는 감정이 앞서 많은 것을 파괴하기도 한다. 사람의 마음을 끄는 가장 강력한 것이기 때문에 결국 믿음보다 더 앞서기 쉽다. 결국 믿음의 사람들이 무너졌다.

**6:3 그들이 육신이 됨이라.** 믿음의 사람들이 무너졌다. **그들의 날은 백이십 년이 되리라.** 이것은 두 가지 해석이 가능하다. 홍수 때까지 남은 날이 120년이라는 것과 지금까지는 오랫동안 살았으나 이후에는 120년을 살게 될 것이라는 뜻일 수 있다. 첫번째가 더 가능성이 있어 보인다. 믿음의 사람들이 무너지고 있었다. 그러나 하나님은 그들에게 다시 120년이라는 기회를 주셨다. 마지막 기회다.

**6:4 하나님의 아들들이 사람의 딸들에게로 들어와 자식을 낳았으니 그들은 용사라.** 믿음의 사람들이 믿음이 없는 사람들과 결혼을 하였는데 자녀들이 '용사' '명성이 있는 사람'이 되었다. 선악과를 먹었는데 오히려 잘 되었다. 그래서 사람들은 자신들의 죄를 죄로 인식하지 못하였다.

**6:5 사람의 죄악이 세상에 가득함...생각하는 모든 계획이 항상 악할 뿐임.** 하나님 없는 모든 삶은 악하다. 사람들은 저마다 잘 산다고 생각하고 있었을 것이다. 열심히 산다 생각하였을 것이고 사랑한다 생각하기도 하였을 것이다. 그러나

하나님께서 보실 때 그것은 잘사는 것이 아니다. 하나님께서 본래 창조하신 사람의 모습이 아니다. 하나님의 형상의 모습이 아니다. 영원한 죽음으로 가고 있을 뿐이다.

**6:6 사람 지으셨음을 한탄하사.** 하나님께서 사람을 창조하실 때 참으로 아름답게 창조하셨다. 그런데 사람들이 창조 목적을 무시하고 어기고 멋대로 살고 있었다. 하나님을 떠나 영원한 죽음의 길로 가고 있는데도 불구하고 계속 그 길을 가고 있었다. 그래서 하나님께서 마음 아파하셨다. 후회하셨다. 세상이 타락하였어도 믿음의 사람들이 믿음의 계보를 이어갈 때는 그래도 믿음의 사람들이 있었기 때문에 괜찮았다. 그러나 이제 믿음의 계보를 잇던 사람들마저 타락하였다. 그러면 세상은 존재 이유가 없어진 것이다. 세상은 악한 사람들이 악을 행하고 멋대로 살라고 주어진 것이 아니다. 세상은 믿음의 사람들이 세워져 가도록 있는 것이다.

**6:7 내가 창조한 사람을 내가 지면에서 쓸어버리되.** 하나님께서 귀하게 창조하신 사람을 쓸어버리신다는 것은 참으로 아픈 마음의 표현이다. 믿음의 사람이 세워지지 않는 세상은 의미가 없다. 지옥에 가는 사람만 더 세워지니 무슨 의가 있을까? 이제 세상에 마침표를 찍는 것이 더 나을 수 있다.

**6:8 은혜.** '은혜'라는 단어가 처음 나온다. 노아는 하나님의 은혜를 입었다. 그가 은혜를 입은 이유가 뒤이어 나온다.

**6:9 의인이요 당대에 완전한 자라.** 노아가 믿음을 지키고 있었다. '완전한 자'는 욥에 대한 평가에서도 나온다. 보통 도덕적 흠이 없는 사람을 의미한다. 제사 드릴 때 흠 없는 동물을 드릴 때도 사용하는 단어다. 노아는 하나님 앞에서 믿음으로 살고 있었다. 그래서 하나님은 노아와 그 가족을 남기신다. 노아는 세상에 믿음의 마지막 불씨로 남겨진다. 세상 모든 것이 변하여도 노아처럼

끝까지 믿음의 사람으로 남아야 한다. 오늘날 곳곳에서 노아와 같이 믿음을 지키는 사람들이 있어야 한다.

**6:11 온 땅이 하나님 앞에 부패하여.** 직역하면 '하나님 면전에 부패하여'이다. 세상은 늘 하나님 앞에 있다. 그들이 하나님을 보지 못하여도 하나님은 그들을 보고 계신다. 통치하고 계신다. 그들은 늘 하나님 면전 앞에 있다. 사람들이 창조주를 생각하지 않고 자기 멋대로 살았다. 창조주를 경외하지 않는 삶은 모두 '부패'이다. 음식물이 부패하면 쓰레기로 버려진다. 아무리 맛있고 고급스러운 음식이라도 버려진다. 사람이 하나님의 형상을 따라 창조되었지만 부패하였다. 그래서 버려져야 하는 상태가 되었다.

**6:12** 개역개정 번역에서는 생략하고 있지만 '보라'가 '부패하였으니' 앞에 들어가 있는 문장이다. 강조되었다. 부패라는 단어가 반복하여 나타난다. 세상이 부패하여 코를 막고 눈을 막아야 하는 형국이 된 것 같다.

**6:13 그 끝 날이 내 앞에 이르렀으니.** 세상이 악으로 가득하였다. 더이상 회복할 수 없는 처지가 되었다. **내가 그들을 땅과 함께 멸하리라.** '멸하다'는 앞에서 나온 단어 '부패하다'와 같은 어근이다. 부패하면 이미 파멸된 것이다. 음식이 부패하면 결국 더 이상 음식의 역할을 하지 못한다. 부패는 당연히 파멸에 이른다. 파멸은 그들이 부패하였음을 드러내 주는 역할이다.

**6:14 너를 위하여 방주를 만들되.** '방주'라 번역한 히브리어는 아기 모세를 두었던 갈대상자와 이곳 '방주'에서만 사용된 단어다. '방수 작업이 된 상자' 정도의 의미를 가진다. 큰 나무 상자와 같은 것을 만드셔서 노아와 그 가족과 동물들을 보존하시고자 하셨다. 방주는 창조물을 보존하시는 것으로서 흡사 새창조와 비슷하다.

**6:15 만들 방주.** 길이 132m, 너비 22m, 높이 13m이다. 이렇게 거대한 나무 상자와 같은 방주를 건조해야 한다. 방주 건조 장소는 인적이 드문 곳이었을 것이다. 산 같은 곳에 거대한 나무 상자를 만드는 일이다. 이러한 일을 하면 심히 기인 중에 기인으로 보였을 것이다. 방주의 크기는 어마어마하다. 집을 짓는다 하여도 그렇게 크게 지을 필요가 없다. 만약 배라 한다면 당시 사람들이 보기에 모양도 이상하고 위치와 크기는 더욱더 이해 불가였을 것이다. 고대에 알려진 배 중에 노아 방주보다 더 큰 것은 없다. 배 건조 기간은 본문이 특정하고 있지 않지만 6장 3절을 생각해 보면 120년일 수 있다. 이 정도 긴 세월이 필요할 정도로 거대한 방주였다. 모든 것이 이상하다.

**6:17 모든 육체를 천하에서 멸절하리니.** 죄로 인하여 노아와 그 가족을 제외한 모든 사람들이 죽임을 당할 것이다. 참으로 끔찍한 일이다. 그러나 그들의 죄는 더 끔찍하다. '죽음'은 그들의 죄의 결과일 뿐이다. 홍수로 죽는 것은 영원한 죽음의 예비적 단계일 뿐이다. 홍수의 죽음보다 영원한 죽음이 더욱더 끔찍하다. 그러한 끔찍함은 모두 죄의 결과다. 그러기에 죽음이 끔찍하다 생각하는 사람은 죄의 끔찍함을 동시에 생각할 줄 알아야 한다.

**6:18 너와는 내가 내 언약을 세우리니.** 노아는 하나님과의 언약을 지키고 있었다. 하나님께서 언약을 지키셔서 노아는 '방주에 들어가서' 구원을 얻도록 하신다. 또한 새로운 언약을 세우실 것이다. 노아는 하나님과 언약을 가진 사람이었다. 언약은 하나님과의 약속이다. 약속은 서로 지킬 때 서로를 아주 강하게 맺어준다. 하나님의 백성은 하나님과 언약을 가진 사람들이다. 오늘날에도 언약(성경)을 가지고 사는 사람은 하나님께서 언약하신 천국과 영원한 나라를 주실 것이다.

**6:21 먹을 모든 양식을 가져다가 저축.** 1년 동안 8명의 사람과 그곳에 있는 모

든 동물들이 먹어야 할 것을 다 준비해야 한다. 참으로 어마어마한 양이다. 노아가 지금까지 살면서 번 모든 재산을 다 사용해야 할 것이다. 어쩌면 방주를 짓는 일과 돈을 버는 일을 동시에 해야 했을지도 모른다. 필요한 돈이 어마어마하기 때문이다. 시간이 갈수록 돈은 다 떨어지고 함께 일하는 사람도 없고 매우 느리게 진행되었을 것이다. 그러나 분명한 사실 하나가 있다.

**6:22 하나님이 자기에게 명하신 대로 다 준행하였더라.** 어떤 사람이 비난하고 어떤 어려움이 있어도 하나님께서 말씀하신 대로 방주를 지었다. 말씀하신 대로 거대한 크기 그대로 방주를 건조했다. 어마어마한 식량을 준비하였다. 동물이 먹을 음식을 준비하였다. 사람이 먹지도 못할 것을 준비하는 노아의 모습은 참으로 이상한 사람이었을 것이다. 그러나 노아는 하나님께서 말씀하신 대로 다 준비하였다.

# 7 장

홍수가 시작되는 것에 대한 이야기다.

**7:1 이 세대에서 네가 내 앞에 의로움을 내가 보았음이니라.** 세상은 사람의 죄 때문에 아파하시는 하나님의 마음에 대해 전혀 관심이 없었다. 노아만 달랐다. 사람들의 악 때문에 마음 아파하실 때 노아의 '의로움' 때문에 위로를 받으셨다. 그래서 노아와 그 가족을 구하기 위해서 방주를 준비하도록 하셨다.

**7:4 지금부터 칠 일이면 내가 사십 주야를 땅에 비를 내려.** 노아는 오랫동안 방주를 건조하였다. 그리고 이제 마지막이 가까웠다. 하나님께서 노아에게 마지막 칠 일을 주셨다. 칠 일 동안 동물들이 방주에 승선을 해야 하고, 준비한

음식을 날라야 한다. 칠 일 동안 노아는 엄청 바쁠 것이다. 그러나 세상 사람들은 그것을 전혀 몰랐다. 그들은 여전히 자신들의 일에 바쁠 것이다. 칠 일후에 무슨 일이 벌어질지 전혀 모르고 있다. 오늘날 죽음의 길을 가는 사람들도 그러하다. 그들이 지금 가고 있는 길을 전혀 알지 못한다.

**7:5 노아가 여호와께서 자기에게 명하신 대로 다 준행하였더라.** 노아는 자신의 주관이 아니라 하나님께서 말씀하신 것에 따라 행동하였다. 객관적 진리에 따라 행동하였다. 그가 방주를 만들고 방주에 들어간 것은 주관적으로 생각한 것이 아니라 하나님께서 말씀하신 객관적 진리에 의한 행동이다.

**7:6 홍수...노아가 육백 세.** 방주의 문이 닫히기 전 노아에게는 조금 특이한 일이 일어났다. 5년 전 그의 든든한 지원자인 아버지 라멕이 죽었다. 아들 노아를 낳고 이름을 '안위, 구원'이라고 지었던 믿음의 사람 아버지다. 당시 사람들이 900살은 보통 살았는데 그의 아버지는 777세 만에 죽었다. 그에게는 육체적으로는 아버지요 든든한 지원자가 죽은 것이다.

노아의 할아버지는 기록상으로 가장 장수한 므두셀라이다. 969세까지 살았다. 노아 홍수 해에 사망하였다. 다양한 추측이 가능하다. 홍수 때 사람들과 함께 죽었을 수도 있으나 어쩌면 홍수가 일어나기 얼마 전(1일-47일 사이)에 사망했을 수도 있다. 만약 홍수가 있기 전 그렇게 사망했다면 노아에게는 그것 또한 매우 슬픈 일이었을 것이다. 그렇게 사랑하고 존경하는 아버지, 할아버지를 잃었다.

노아는 매우 특이하게도 자녀를 500세가 넘어 얻었다. 다른 사람들은 100세가 되면 자녀를 낳았고 많은 자녀를 낳았다. 그런데 노아는 500세가 되어 자녀를 낳았고 자녀도 셋만 낳았다. 같은 하늘 아래에서 살고 있는 다른 사람들과 비교하여 볼 때 노아는 사람들이 보기에 부러운 삶이 아니었다. 아버지를 일찍 떠나보냈고, 자식을 늦게 얻었다. 오히려 더 뒤떨어진 삶이었다. 그러나 하늘 아래에서의 삶의 가치는 사람들의 눈에 더 좋아 보이는 것에 의해 결정되는 것이 아니다.

**7:7 노아는 아들들과 아내와 며느리들.** 세상에서는 많은 사람들이 같이 살았으나 방주에는 노아와 그 가족만이 들어갔다. 오늘날에도 누군가는 노아 때의 홍수에 멸절할 대상으로 살아가고 있고 누구는 노아처럼 구원받을 사람으로 살고 있을 것이다. 그것이 잘 드러나지는 않는다. 노아 때에도 여전히 믿음을 가진 것처럼 보이는 사람들도 있었다. 방주에 들어가기 전까지는 잘 몰랐다. 그러나 방주에 들어가라고 하실 때 그것이 분명히 드러났다. 잘 구분되지 않는다 하여 구분이 없는 것이 아니다. 우리는 우리 자신의 위치를 생각해 보아야 한다. 신앙인은 세상 사람들과 같아 보여도 다르다. 우리는 방주에 들어갈 사람들이다. 예수님께서 심판하시러 다시 오실 때 우리는 구원받을 사람들이다. 그때는 노아 홍수 때보다 더 확연하게 구분될 것이다. 그때 우리는 주님의 백성으로 구분되도록 오늘 힘을 다하여 믿음의 길을 가야 한다.

**7:11 육백 세 되던 해 둘째 달 곧 그 달 열이렛날이라.** 성경은 홍수 이야기를 아주 세밀하게 역사적으로 설명한다. 고대에 있던 어느 홍수 이야기보다 더 세밀하고 구체적이며 날짜까지 기록한다는 면에 있어 특이하다. 구체적인 날짜의 기록은 이것의 사실성을 훨씬 더 강조하는 것이다. 우리는 홍수 이야기를 지나가는 이야기처럼 듣지 말아야 한다. 이것은 그 당시의 사람들에게 어떤 것보다 더 중요한 역사적 사실이었다. 그리고 오늘날 우리들에게도 매우 중요하다. 노아 홍수 이야기를 심각하게 들어야 한다.

**7:12 사십 주야를 비가 땅에 쏟아졌더라.** 성경에는 40이라는 숫자가 중요한 순간에 많이 나온다. 이스라엘의 광야생활과 모세가 말씀을 받기 위해 시내산에 올라가 있었던 날짜 그리고 예수님의 광야 금식도 모두 40이라는 숫자가 나

온다. 40은 새로운 세상을 여는 상징적인 숫자다.

40일 동안 주야로 비가 내렸다. 세상에서 자신들의 주관대로 살고 있던 모든 사람들이 죽었다. 세상에서 살 때는 주관이 있었고 자기만의 무엇이 있는 것 같았지만 비가 와서 홍수가 나자 모든 것이 끝났다. 그들의 주관이 그들을 홍수에서 건지지 못하였다. 오직 노아와 그 가족만이 살아남았다. 그것이 객관적 진실이다. 홍수가 나기 전에는 사람들이 노아를 자기들의 생각으로 비웃고 조롱하였다. 혹시 인정하더라도 '너는 너의 삶 나는 나의 삶'이라고 주장하였을 것이다. 그러나 하나님의 심판으로 홍수가 있는 날 어떻게 되었을까? 하나님의 법이라는 객관적인 것을 기준으로 하나님의 법을 무서워하지 않고 자기 멋대로 살았던 사람은 모두 홍수에 의해 죽임을 당하였다. 오직 노아와 그 가족만 살아남았다. 하나님의 법이라는 객관적 진실에 의해 심판 받았다.

**7:13 그 날에.** 11절에서 말하는 '비가 오기 시작한 날'이다. 인류 역사에 길이 남을 역사적인 날이다. **노아와...다 방주로 들어갔고.** 아마 비가 내리기 시작하기 전에 방주에 들어갔을 것이다. 화창한 날이었을까, 아니면 금방 무슨 일인가 일어날 것 같은 우중충한 날이었을까? 세상에서는 아직 아무 일도 일어나지 않았다. 그러나 노아는 하나님의 말씀에 따라 방주에 들어갔다.

**7:16 여호와께서 그를 들여보내고 문을 닫으시니라.** 노아가 자신이 만든 방주에 들어갔으니 그가 문을 닫는 것이 자연스러운 것 같은데 '하나님께서 방주 문을 닫으셨다'고 말씀한다. 특이한 일이다. 노아가 망설여서 그랬을까? 아마 방주와 방주 밖의 경계선을 긋는 분이 누구이신지 말하는 것 같다. 방주 문을 하나님께서 닫으심으로 하나님께서 경계선을 정하시고 나누시는 분으로 말씀한다.

하나님께서 방주 문을 닫음으로 이제 세상은 방주와 방주 밖으로 나뉘었다. 이전에는 세상을 나눌 때 여러 가지로 나눌 수 있었다. 남자와 여자, 부자와 가난한 자, 유명한 사람과 이름 없는 사람 등 수없이 많은 구분이 있다. 그런데 하나님께서 닫으신 방주 문을 닫으심으로 세상은 방주 안과 밖으로 나뉜다. 이것이 가장 크고 중요한 나눔이 된다. 이 나눔에 비하면 이전의 세상에서의 나눔은 거의 의미가 없다. 지구라는 큰 세상이 방주라는 작은 공간과 그 공간 밖으로 나뉘었다. 방주 밖의 공간이 비교할 수 없을 정도로 컸으나 오직 방주 안의 작은 공간만이 의미 있는 공간이 된다.

**7:17 홍수가 땅에 사십 일 동안 계속된지라.** 엄청난 비가 계속 내려 이내 세상은 물로 가득하였을 것이다. 하수시설이 좋은 요즘도 하루만 많은 비가 내리면 물난리가 일어난다. 노아 시대에는 더 심하였을 것이다.

**7:21 땅 위에 움직이는 생물이 다 죽었으니...모든 사람이라.** 땅의 모든 생명이 죽음을 당하였다. 만약 이 홍수가 지구 전체에 임한 것이 아니라 지엽적인 것이라 할지라도 최소한 사람이 사는 곳은 모두 포함되었을 것이다. 모든 사람이 죄인이었기 때문이다. 모두 물 아래 있었다. 홍수가 있기 전에는 누군가는 가난하고 누군가는 부자였다. 누군가는 무명하고 누군가는 유명하였다. 그러나 홍수가 나자 모든 것이 물 아래 평등하게 다 죽었다.

**7:23 오직 노아와 그와 함께 방주에 있던 자들만 남았더라.** 물 위에 있는 것은 오직 방주뿐이며 그 안에 있는 사람만 살아남았다. 세상에 있을 때는 별 볼일 없는 것 같았지만 홍수가 일어났을 때 그들만 영원한 생명의 가치 있는 사람이요 삶이었다는 것이 드러났다.

**7:24 물이 백오십 일을 땅에 넘쳤더라.** 엄청난 비가 오기 시작하여 땅은 150일 동안 물로 완전히 덮였다. 150일 동안 물 아래와 물 위로 나뉘었다. 그때는 확연히 보였다. 물 위에는 방주만 있었으니 말이다. 물이 빠지고 나면 보이지 않겠지만 사람들은 또 물 아래의 사람과 물 위의 사람으로 나뉠 것이다. 누가

물 아래이고 누가 물 위인지 겉으로는 드러나지 않겠지만.

노아 홍수가 모든 것을 구분하였다. 그러나 정확히 말하면 노아 홍수 이전에도 물 아래 사람과 물 위의 사람은 구분되어 있었다. 홍수는 그것을 드러내 볼 수 있게 하여 준 것에 불과하다. 만약 홍수가 없어 그들이 잘 살다 죽었어도 홍수에 의해 죽은 사람이나 똑같다. 그들은 모두 영원한 죽음의 묶음에 속한 사람들이다. 홍수에 의해 물 아래에 놓인 것은 지극히 일시적이고 보여주는 방식에 불과하다. 모든 시대 모든 사람은 생명과 죽음으로 나뉜다.

# 8 장

**8:1 하나님이 노아...기억하사.** 하나님께서 노아와 방주에 있는 사람들을 기억하셨다. 그들을 생명의 길로 인도하신다. **바람을 땅 위에 불게 하시매 물이 줄어들었고.** 구체적으로 언제부터 물이 줄어들었을까? 홍수의 시작은 노아의 나이 600살 2월 17일이다. 40일 동안 엄청난 비가 내렸다. 비가 그치고 물이 줄어들기 시작했을 것이다.

**8:4 일곱째 달 곧 그 달 열이렛 날.** 600살 7월 17일에 처음으로 드러난 땅에 배가 걸쳐 멈추게 되었다. **아라랏 산.** 아라랏 산맥을 뜻한다. 아라랏 산맥의 어떤 산인지는 모른다. 아라랏 산맥의 가장 높은 봉우리는 5200m이다. 아라랏 산맥의 봉우리에 방주가 닿기 위해서는 비가 그치고 바로 물이 줄어들었다는 것을 의미한다. 150일 동안 모든 땅이 물에 잠겼었다. 그렇게 잠겼던 땅이 드러나기 위해서는 조금씩 물이 감해야 할 것이다. 홍수 기간(방주에 들어간 이후부터 방주에서 나올 때까지)이 총 375일이다. 이 기간 중에 40일은 비가 온 기간이기에 물 수위가 계속 늘어난 기간이고 40일 이후에는 물이 계속 낮

아져 150일째 처음으로 땅이 드러나고 배가 아라랏 산맥의 한 봉우리에 닿게 되었다고 볼 수 있다. 하나님께서 노아를 기억하셔서 물이 줄어들게 하셨다. 온 세상이 물로 덮여 물이 줄어들고 있는지도 모르는 그 시간에도 하나님께서 먼저 노아를 위해 물이 꾸준히 줄어들게 하셨다. 물이 줄어들게 하실 때 기적적인 방식이 아니라 바람이 불어 자연스럽게 줄어들게 하시는 방법을 사용하셨다. 그래서 물이 줄어드는 긴 과정이 필요하였다.

**8:5 그 달 초하룻날에 산들의 봉우리가 보였더라.** 배가 멈춘지 73일이 지나서야 그는 창문을 통해 주변의 산봉우리들을 볼 수 있었다. 노아는 배가 멈추었기 때문에 밖의 일이 매우 궁금하였을 것이다. 그러나 그는 기다렸다. 방주가 오랜 기간 멈추어 있으니 지붕 쪽 가까이 있는 나무로 된 창문을 열어 젖히고 잠시 밖의 일부를 볼 수 있었을 것이다.

**8:6 사십 일을 지나서.** 그렇게 40일이 지났다. 노아는 이제 마음이 급해졌을 것이다. 눈에 보이는 곳이 어느 곳인지도 몰랐기에 그는 밖의 세상에 대해 조금 더 많은 정보를 얻기 위해 까마귀를 창문을 열고 내보냈다. 그런데 까마귀가 돌아오지 않았다.

**8:10-11 또 칠일을 기다려 다시 비둘기를 방주에서 내놓으매.** 노아는 밖의 세상이 궁금하여 비둘기를 또 내보냈다. **그 입에 올리브 새 잎사귀가 있는지라.** 올리브는 그리 높은 곳에서 사는 나무가 아니다. 그래서 노아는 밖의 세상이 물이 많이 낮아졌다는 것을 확신할 수 있었다.

**8:12 비둘기를 내놓으매 다시는 그에게로 돌아오지 아니하였더라.** 아마 600살 12월 1일일 것이다. 세상은 비둘기가 살만 한 곳으로 바뀌어 있었다. 그렇다면 노아도 이제 밖으로 나갈 때가 되었다는 것을 의미한다. 그러한 정보를 습

득하였어도 노아는 또 기다렸다. 하나님께서 말씀하시는 때를 기다렸다. 물이 줄어드는 과정을 노아의 마음이 잘 따라가고 있었다.

**8:13 육백일 년 첫째 달 곧 그 달 초하룻날에.** 군대의 병사는 날짜를 센다. 손 꼽으며 센다. 방주 안에 있던 노아도 그랬을 것이다. 새해가 되었다. 노아는 새해이기에 무엇인가 새로운 것을 기대하였을 것이다. **방주 뚜껑을 제치고 본 즉.** 뚜껑은 창이나 출입문이 아니라 방주 상부의 한 부분을 말하는 것 같다. 마치 잠수함에서 물 위로 올라올 때처럼 사방을 살펴볼 수 있는 위치로 지붕의 한 부분을 뜯고 위로 나온 것이다. **지면에서 물이 걷혔더니.** 홍수의 흔적이 있을 수는 있지만 물은 거의 없는 상태였을 것이다. 고지대이기 때문에 숨을 쉬는 것도 그리 편하지 않았을 것이다. 주변은 황량하였을 것이다. 그런데 노아는 물이 없음을 확인하였음에도 불구하고 답답한 방주 안에서 계속 기다렸다. 여전히 홍수에 대한 공포가 있을 수도 있고 또한 더욱 중요한 것은 하나님의 말씀이 없었기 때문일 것이다.

**8:14-15 둘째 달 스무이렛날에.** 뚜껑을 열고 세상을 확인하고도 57일이 지났다. 그동안 계속 하나님의 말씀이 없었다. 성경에는 노아가 방주에 들어오고 지금까지 한 번도 직접적으로 노아에게 하신 말씀이 없다. 노아는 밖의 세상에 대해 많이 궁금하였지만 확인만 할 뿐 방주에서 나오지는 않았다. 조용히 침묵하며 기다렸다. 이 침묵은 하나님의 경외 앞에의 침묵이요 홍수로 멸망한 인류에 대한 아픔의 침묵일 것이다. **하나님이 노아에게 말씀하여 이르시되.** 드디어 말씀하셨다. 하나님께서는 방주 안의 사람들을 생각하셔서 이미 오래전부터 물이 줄어들도록 하셨다. 그런데 노아에게는 말씀하지 않으셨다. 마치 홍수로 인하여 죽임을 당한 사람들에 대한 슬픈 '침묵'같은 것을 볼 수 있다. 하나님도 침묵하시고 노아도 침묵하였다. 사람들의 모든 생각이 악하여 그들이 '더 산다는 것은 더 많은 악을 행하는 것'이 되기 때문에 홍수로 심판하셨다.

그러나 그것이 결코 유쾌한 일은 아니다. 참으로 가슴 아픈 일이다. 그래서 375일간의 침묵이 있는 것으로 보인다. 일종의 애도기간과 비슷하다.

**8:17 모든 것을 다 이끌어내라...생육...번성하리라.** 하나님께서 드디어 방주 안의 사람과 동물들이 가야 하는 길을 말씀하셨다. 이것은 세상을 다시 창조하심과 같은 일이다.

**8:20 여호와께 제단을 쌓고...번제로 제단에 드렸더니.** 홍수는 엄청난 충격이었을 것이다. 어찌 받아들여야 할지 어려운 일이기도 하였을 것이다. 그러나 홍수의 아픔과 새로운 출발은 모든 것이 하나님의 은혜다. 그래서 '번제'를 드리며 제사하였다. 홍수는 하나님의 의로우신 행위이며 자신들의 구원 또한 과분한 은혜임을 고백하는 예배다. 홍수 후 첫번째 일로 예배하며 갖는 노아의 마음을 우리가 예배할 때 꼭 기억해야 한다. 엄청난 두려움과 떨림이다. 오늘날 사람들은 피조물이면서도 하나님 앞에 경외하는 마음이 참으로 작다. 홍수 후 첫 예배하는 노아의 경외의 무게를 알아야 한다. 방주를 타고 구원받음에 대해서도 엄청난 은혜의 무게를 느끼고 있었을 것이다. 우리가 살아가는 순간이 모두 은혜다. 방주를 타고 구원받은 것처럼 사실 이 땅에서의 엄청난 세속의 물결에 믿음의 길을 갈 수 있는 것은 엄청난 은혜다. 오늘날 예배에 그러한 은혜의 무게로 고백할 수 있어야 한다.

**8:21 내가 다시는 사람으로 말미암아 땅을 저주하지 아니하리니.** 노아의 두려움을 아시기에 하시는 말씀으로 보인다. 다시는 노아 때에 일어난 전 인류의 재앙인 홍수나 그와 비슷한 자연재해로 심판하지 않겠다고 말씀하셨다. **사람의 마음이 계획하는 바가 어려서부터 악함이라.** 노아 때에 사람들이 악하여 하나님께서 심판하셨는데 이후에도 사람들의 악함을 보면 하나님께서 또 심판하시는 것이 아닌지 걱정할 것이다. 그러나 사람들의 악함은 하나님께서 더 잘 아신

다. 인류는 늘 악한 사람들이 많을 것이다. 지금 세상을 홍수로 심판하신 것은 새로운 세상은 의롭고 정결한 사람들로 가득할 것이라는 기대 때문에 그렇게 하신 것이 아님을 말씀하신다. 그러니 악이 많아도 노아 시대의 홍수 같은 것이 다시는 있지 않을 것이라 말씀하셨다.

**8:22 여름과 겨울과 낮과 밤이 쉬지 아니하리라.** 예수님의 재림이 있기 전까지 보편적으로 이 세상은 예측 가능함 속에 있을 것이다. 물론 부분적으로는 자연재해도 있겠지만 보편적으로는 자연이 이전과 다르지 않을 것이다. 곧 어느 날 갑자기 또 자연재해로 세상이 멸망하는 일은 있지 않을 것임을 말씀하는 것이다. 세상의 끝은 오직 예수님의 재림으로만 있을 것이다. 그러기에 자연재해나 사람재해로 세상이 종말하는 일은 일어나지 않을 것이다. 이러한 재해가 없을 것임을 말씀하는 것은 사실 그러한 재해가 중요한 것이 아니기 때문이다. 진짜 중요한 것은 오직 예수 그리스도의 재림이다. 초림으로 시작되고 재림으로 완성되는 제2창조다. 자연재해를 두려워하며 그 것에만 집중하지 않도록 그러한 것이 두 번 다시없을 것임을 말씀해 주시는 것이다. 우리의 마음은 자연재해나 죽음이 아니라 하나님 나라와 영원한 생명에 더 관심을 가져야 하기 때문이다.

# 9 장

홍수 후 하나님께서 노아와 그 후손을 위해 언약을 주셨다.

**9:1 노아와 그 아들들에게 복을 주시며.** 사람을 향한 하나님의 뜻은 '복'이다. 이것은 언제나 변함없는 하나님의 마음이다. 사람을 가장 위하는 존재는 자기 자신이 아니라 하나님이다. 나는 나 자신을 제대로 사랑할 수 없다. 위할 수

없다. 무지하기 때문이다. 하나님만이 우리를 진정으로 사랑하신다. 지혜롭게 사랑하신다. **생육하고 번성하여 땅에 충만하라.** 사람들이 흔히 생각하는 '성공'의 모습이다. 하나님은 사람이 이 땅에서 번성하고 행복하기를 원하신다. 사람을 창조하시고 그렇게 말씀하셨다. 다시 시작하는 노아에게 그렇게 말씀하셨다.

**9:3 동물은 너희의 먹을 것이니.** 노아 홍수 이후 새로 주신 말씀이다. 허락이다. 아마 노아 홍수 이후에는 동물을 먹어야 하는 필연적인 이유가 생긴 것 같다. 어쩌면 농사를 짓지 않은 상태이기 때문에 식량이 없어 동물을 먹도록 허락하셨을 수 있다. 아니면 홍수로 인하여 자연 환경이 안 좋아졌기 때문에 노아 때만이 아니라 그 이후의 사람들에게 동물의 섭취가 필요하였기 때문에 허락하셨을 것이다. 주님 재림 후 새하늘과 새 땅에서는 동물을 잡아먹지 않을 것이다. 여러 열악한 환경으로 인하여 주신 제한적인 기간의 특별한 허락이다. 노아가 동물을 먹을 수 있도록 요청한 것이 아니다. 하나님께서 먼저 허락하셨다. 사람의 육체적인 연약함을 아시고 먼저 채워 주시는 언약을 주신 것이다.

**9:4 생명 되는 피째 먹지 말 것이니라.** 동물을 먹어도 좋지만 동물들에게 '생명'을 주신 하나님을 기억하기 위해 동물들의 생명의 존엄성을 생각하여 생명에 대한 상징성을 가지고 있는 '피'를 먹지 말라고 말씀한다. 고기를 먹더라도 피를 다 빼고 먹어야 한다. 사람은 생명의 주관자가 아니다. 모든 생명은 오직 하나님께 속하였다. 그래서 생명존중은 창조주 하나님에 대한 기억과 경외다. 필요하여 고기를 먹게 되지만 생명을 주신 하나님에 대한 경외의 마음을 가지고 조심스럽게 먹어야 한다.

**9:11 언약을 세우리니 다시는 모든 생물을 홍수로 멸하지 아니할 것이라.** 노아

홍수와 같은 대재앙의 홍수가 다시는 있지 않을 것이라고 약속하여 주셨다. 이 약속은 노아와 그 가족에게 매우 중요한 약속이었을 것이다.

**9:13 무지개...나와 세상 사이의 언약의 증거니라.** '무지개'라는 단어는 순수한 한글이다. 성경이 의미하는 물체의 단어가 이미 존재하고 있기 때문에 이 단어로 번역하였을 것이다. 오늘날 '무지개'는 사람들에게 '색깔'의 의미가 더 많이 있는 것 같다. 그런데 성경에서 사용한 이 단어는 히브리어로 '활'이다. 영어로 '레인보우'(비 활)이라고 말한다. 이것이 비와 관련되어 있고 모양이 활 모양이며 성경의 단어가 활이기 때문에 그렇게 단어를 만들었을 것이다. 왜 이 아름다운 무지개를 히브리어 성경은 처음에 활이라고 말씀하셨을까? 활이라는 공격용 무기를 통해 하나님께서 강하게 심판하신 심판, 화살이 없는 활을 통해 하나님께서 약속하신 평화 언약, 이것을 통해 사람의 마음의 불안을 해소시키고자 하시는 하나님의 은혜의 마음 등이 담겨 있는 단어로 보인다.

**9:14 노아 홍수 이후** 사람들에게는 트라우마가 생길 수 있다. 이후에 바벨탑을 만든 것을 보면 일부 사람들에게 트라우마가 여전히 남아 있다는 것을 알 수 있다. 마음의 연약함을 아시는 하나님께서 무지개를 약속하시고 반복적으로 보여주심으로 트라우마가 많이 치유될 수 있었을 것이다. 말씀을 믿는 사람들에게는 더욱더 치유되었을 것이다. 오늘날 무지개를 볼 때 우리의 마음을 만지시며 위로하시는 하나님을 생각하고 있나? 심판, 평화, 은혜를 생각하라. '예쁘다'고 말만 하지 말고 심판, 평화, 은혜 이 세 단어를 꼭 생각하여야 한다. 우리의 마음을 잘 아시는 하나님을 바라보며 우리의 마음으로 하나님을 바라보아야 한다.

**9:21 취하여 그 장막 안에서 벌거벗은지라.** 정신없어 옷을 벌거벗고 있을 정도로 노아가 많이 취하였다. 노아가 포도주를 절제하지 못하고 매우 취하게 먹

었다는 것은 오늘날 표현으로 하면 '탐식'의 죄이다. 과용의 죄다. 음식이든 술이든 무엇이든 과용하는 것은 죄다.

여기에서 '술을 먹는 것이 죄인지 아닌지' 묻는다면 답은 자명하다. 한국적 상황을 고려하지 않고 성경 시대에 성경에 나타난 것만 가지고 말한다면, 성경은 술에 대해 긍정적으로 말할 때가 많다. 예수님이 물을 술로 만드셨을 때 술은 분명히 긍정적으로 보는 것이다. 그러나 부정적으로 말할 때도 있다. 술을 먹는 것은 결코 죄가 아니다. 그러나 술을 너무 즐기는 것이나 취하는 것은 큰 문제를 낳는다. 그래서 죄라 말할 수 있다.

**9:22 하체를 보고 밖으로 나가서 그의 두 형제에게 알리매.** '아버지의 하체를 본' 것을 가지고 동성애 같은 더 심한 죄로 해석을 하는 경향도 있다. 그러나 그것보다는 본문 그대로 해석하는 것이 더 나은 것 같다. 함은 아버지의 허물을 보고 형제들에게 흉을 보듯이 말하였다. 그것은 참으로 잘못된 행동이다.

**9:23 셈과 야벳...뒷걸음쳐...아버지의 하체를 보지 아니하였더라.** 셈과 야벳은 아버지에 대한 존중 가운데 아버지의 명예를 지켜주었다. 오늘 본문은 노아의 잘못에 대한 이야기보다 함의 잘못에 대한 이야기가 초점이다. 어쩌면 이것이 죄인들의 세상살이에서 참 중요하다. 사람은 죄인이다. 이제 죄인으로서 살아가야 한다. 그곳에서 중요한 것은 죄인을 대하는 자세다. 비록 죄인이지만 부모에 대한 존중과 타인의 죄에 대해 덮어주고 명예를 지켜주는 것이 중요하다. 사람이 명예가 없으면 지킬 명예가 없기에 죄를 부끄러워하지 않고 더욱더 추한 사람이 될 것이다. 그러나 지켜야 하는 명예가 있으면 죄에 대해 부끄러워하고 이기기 위해 힘쓸 것이다. 그래서 사람의 명예를 지켜주어 죄와 싸우게 해야 한다. 죄를 드러내어 명예를 먹칠하면 그전보다 더 죄를 쉽게 행하게 된다. 그래서 사람이 비록 죄인이지만 명예를 존중하고 지켜주는 것이 필요하다.

**9:24-25 작은 아들이 자기에게 행한 일을 알고.** '작은 아들'은 히브리어 문법적으로 '막내 아들'이 더 좋은 번역이다. 아들의 이름 순서에서 함이 두 번째 위치하여 있지만 문법적으로는 막내아들로 보는 것이 더 맞다. **가나안은 저주를 받아...형제의 종들의 종이 되기를 원하노라.** 함의 아들인 가나안을 저주하고 있다. 노아가 명예를 잃은 것을 매우 마음 아파하고 있다는 것을 볼 수 있다.

# 10 장

**10:2 야벳의 아들.** 야벳의 아들에 대해 먼저 말씀하신다. 야벳의 자손은 14민족을 형성하였다. 야벳은 오늘날 유럽을 중심으로 생육하고 번성하였다. 사람들의 이름은 또한 각 지파의 이름이 된다.

**10:6 함의 아들.** 함의 자손은 30민족을 형성하였다. 함의 자손은 오늘날 아프리카를 중심으로 생육하고 번성하였다.

**10:8 그는 세상에 첫 용사라.** 구스는 아프리카 지역이 연고지다. 그런데 그의 아들 니므롯의 지역은 매우 확장되어진다.

**10:9 여호와 앞에서 용감한 사냥꾼이 되었으므로.** '여호와 앞에서'는 신앙이 있다는 표현이 아니라 하나님께서 온 세상을 지켜보시기 때문에 사용한 것 같다. 그래서 '온 세상에서'라고 번역해도 좋을 것 같다. '여호와 앞에서 용감한 사냥꾼이 되었으므로'라는 구절은 아마 최상급을 나타나기 위해 사용한 것으로 보인다. 그래서 '세상에서 가장 뛰어난 사냥꾼이 되었으므로'라고 번역할 수 있다. 그는 큰 성읍을 건설하였다. 바벨론 제국을 건설하였다. 메소포타미아 지역은 본래 셈의 자손이 거주한 곳이다. 그런데 그곳에서 니므롯이 나라를

건설하였다. 그러니 많은 전쟁을 하였을 것이다. 그래서 '힘센 사냥꾼'이라 표현되고 있다. 그는 당시 모든 사람들이 알 정도로 매우 강한 정복자가 되었다. 정복은 번성하는 가장 쉬운 방법이다. 내가 무엇을 얻는 것보다 다른 사람이 얻은 것을 빼앗는 방법이 훨씬 더 많은 것을 가질 수 있는 방법이다. 그러한 번성은 나쁜 번성이다. 그럼에도 불구하고 인류는 그러한 번성에 익숙하다. 그래서 전쟁이 끊임없이 일어난다. 오늘날에도 번성의 특징이 니므롯의 번성과 비슷하다. 한 사람이 사실 많은 것을 벌 수 없다. 그래서 누군가 약한 사람을 희생양으로 삼는다. 때로는 총으로 때로는 경제적으로 정복한다. 어떻게 한 사람의 재산이 몇 조가 되고 누군가는 몇 달러도 없어 굶어 죽을 수 있을까? 누군가 그렇게 부자가 되는 것은 경제적으로 누군가를 희생양으로 삼기 때문에 가능하다. 오늘날 인류의 번성이 니므롯 방식이라는 것은 슬프지만 어쩔 수 없다. 구조적으로 벗어날 수 없는 상태다. 니므롯 방식의 번성은 결국 인류는 이 땅에 에덴동산을 건설할 수 없다는 것을 증명한다.

**10:10-11** 바벨탑이 만들어진 '시날 땅'과 바벨론 문명의 중심지 바벨 그리고 앗수르의 수도 니느웨 등 유명한 지역이 다 나온다. 아마 니므롯이 아프리카에서 원정 와서 바벨론과 앗수르 지역을 점령한 것으로 보인다.

**10:22 셈의 아들.** 셈의 자손은 26민족을 형성하게 되었다. 셈의 자손은 중동을 중심으로 생육하고 번성하였기 때문에 아시아를 중심으로 하였다고 할 수 있다. 셈, 함, 야벳의 자손을 모두 합하면 총 70민족이다. 그래서 성경이나 유대문화에서는 온 세상을 말할 때 70이라는 숫자를 상징적으로 사용한다. 예수님께서 70인의 제자를 선택하신 것도, 구약 성경이 헬라어로 번역된 70인역도 그런 의미다.

**10:32 홍수 후에 이들에게서 그 땅의 백성들이 나뉘었더라.** 인류는 노아의 자손

이라는 분명한 시작점을 가지고 시작되었음을 말씀한다. 인류는 한 조상이다. 모두가 한 동족이요 형제요 자매다. 인류는 하나님의 형상을 따라 창조되었다는 공통분모를 가지고 있다. 인류는 어떤 동물과도 분명히 다르다. 사람은 장소가 어디이든 어떤 환경에서 자랐든 사람이다.

# 11 장

바벨탑에 대한 이야기다.

**11:1 온 땅의 언어가 하나요.** 노아에서 인류가 시작되었기 때문에 한 언어를 사용하는 것이 당연하다. 그런데 어떻게 다양한 언어가 생기게 되었을까? 의외의 사건에서 다양한 언어가 시작되었음을 말한다.

**11:4 성읍과 탑을 건설하여.** 힘이 모아지자 사람들은 큰 도시를 건설하였다. 도시의 중심에는 탑을 세웠다. '탑'은 전쟁의 요새나 망대 아니면 신전을 의미할 것이다. 신전일 가능성이 높다. 바벨론에서 발견되는 당시의 지구라트(신전)는 높이가 100m나 되는 것도 있다. 당대에 볼 때는 매우 거대한 건축물이다. 그런데 더욱더 큰 탑을 가진 도시를 건축하려고 하는 계획이 만들어졌다. 힘이 더 모아지자 그들은 더 큰 탑을 가진 더 큰 도시를 건축하고자 하였다. 그들이 건축하는 거대한 탑과 도시는 그들을 교만하게 하였다. 그들은 그렇게 짓기 전부터 교만하였다. **우리 이름을 내고...흩어짐을 면하자.** '이름을 낸다'는 것은 유명해지는 것을 의미한다. '하늘에 닿게 한다'는 것은 아주 큰 탑을 짓는다는 것이다. 그들이 아주 큰 지구라트를 지으면 멀리서도 잘 보이고 주변에 유명해질 것이다. 오늘날 세계에서 제일 큰 빌딩을 지으면 다른 나라에게도 유명해지는 것과 같다. 큰 지구라트를 짓고 그것을 보호할 도시 성벽을 크

게 지으면 그것을 중심으로 사람들이 모여 살게 된다. 그렇게 모이면 힘이 모여서 강한 힘을 가지게 될 것이다. 누구도 그 도시를 함부로 넘볼 수 없게 될 것이다.

**11:5 여호와께서...탑을 보려고 내려오셨더라.** 신인동형적 표현이다. 그런데 사람이 아무리 높게 탑을 건축하여도 하나님께서 내려오셔야 하는 낮은 것임을 담고 있다. 아무리 높은 산이라 하여도 하늘 아래 산이다. 제일 높은 산이 8000미터가 넘어도 하늘 아래 작은 산이다. 바벨탑이 200m 정도 되게 만들어지고 있었을까? 하늘 아래 아주 작은 건물에 불과하다. 사람이 높이 올리고 있는 탑은 하늘 아래 탑일 수밖에 없다.

**11:6 이 무리가 한 족속이여 언어도 하나이므로 이같이 시작하였으니.** 언어가 하나이기에 그들이 더욱더 하나로 모을 수 있었다. 모으면 모을수록 그들은 더 많이 모으고자 하였다. 그래서 그들을 흩으셔서 모으지 못하게 하시고자 하셨다. **이 후로는 그 하고자 하는 일을 막을 수 없으리로다.** 그들의 외적인 힘보다 내적인 교만에 대한 말씀이다. 아담과 하와에게 에덴동산에 접근할 수 없게 하셨듯이 이들이 또한 악함 가운데 계속 이어질 것을 염려하시는 것이다.

**11:8 온 지면에 흩으셨으므로.** 언어를 혼잡하게 하심으로 그들이 하나되는 것을 막으셨다. 결국 그들은 언어가 달라서 흩어지게 되었다. 그래서 거대한 바벨탑을 지을 수 없게 되었다. 하나님께서 언어를 혼잡하게 하심은 일시적 효과만 본 것이 분명하다. 오늘날에는 더 많은 사람이 도시에 집중하기 때문이다. 더 많은 힘이 보이고 있고 더 많은 교만으로 가득하다. 그런데 바벨탑 언어 혼잡은 구원사에 있어 중요한 한 단계일 것이다. 그 시대의 교만이 쌓이지 않도록 한 것이다.

**11:9 바벨.** '바벨'은 '혼돈'이라는 의미를 가지기도 하지만 또한 '신의 문'이라

는 의미를 가지고 있다. 이것은 지구라트가 아래쪽에서 위로 올라가는 계단이 무수히 많고 제일 위쪽에는 사원을 지어 신이 세상에 내려오고 싶을 때 그 사원과 계단을 통해 내려온다는 믿음으로 지은 탑이다. 여기에서의 신은 여호와 하나님이 아니라 그들 나름대로 믿는 신들이었을 것이다. 혹시 그들이 그 신을 여호와 하나님이라 불렀다 할지라도 그것은 천지를 창조하신 하나님보다는 그들이 만든 하나님이기에 여전히 우상이다.

**11:10 셈의 족보.** 앞에서 셈 함 야벳의 족보를 이야기하였고 성경은 셈의 족보를 다시 이야기한다. 사람들에게 유명한 함의 족보가 아니다. 함의 자손 중에서도 가장 유명한 니므롯의 족보도 아니다. 아브람이라는 사람에 대해 말하기 위해 셈의 족보를 이야기한다. '셈'이라는 이름의 뜻은 '이름' '명성'이다. 사람들이 보기에 당시 명성은 셈이 아닌 함의 후손에 있었다. 당시 유명한 니므롯 장군과 바벨론 도시 건설자는 함의 후손이다. 노아의 막내아들로 아버지의 권위와 명예를 무시한 아들이다. 그들의 본거지는 아프리카와 가나안이다. 그런데 니므롯이 정복 전쟁을 통해 아시아 지역인 바벨론 지역으로 와서 유명한 사람이 되었다. 그 후손은 바벨도시와 탑을 쌓기까지 할 정도로 막강한 힘을 가지고 있었다. 당대에 가장 유명한 도시를 건설하고 힘을 가지고 있었다. 그곳이 우르다. 그러나 진정한 명성을 생각해야 한다. '셈'의 이름에 합당한 진정한 '명성'은 셈의 후손 중에 이름도 없는 한 사람 '아브람'에 있었다. 당시 사람들은 누구도 아브람을 주목하지 않았다. 그러나 하나님께서 주목하고 계셨다. 당대의 어떤 사람보다 더 명성이 있는 사람이었다. 하나님이 보시기에는 니므롯이라는 가장 이름난 사람보다 아브람이 더 위대하였다. 그래서 셈의 족보를 다시 기록하여 아브람까지 이르게 된다.

오늘날 우리들은 함의 후손이요 사람들에게 가장 유명한 장군이었던 니므롯을 따라가야 할까, 아니면 하나님 앞에 유명한 아브람을 따라가야 할까? 바울의 고백을 기억하는가? "무명한 자 같으나 유명한 자요 죽은 자 같으나 보라 우리가 살아 있고 징계를 받는 자 같으나 죽임을 당하지 아니하고" (고후 6:9) '무명한 자 같으나 유명한 자요'라는 구절에서 세상에서의 무명과 하나님 앞에서의 유명은 서로 반비례하였다. 사람들은 세상에서도 유명하고 하나님 앞에서도 유명한 사람이 되려고 한다. 그러나 그렇게 안 될 것이다. 대부분은 반비례한다. 바울도 당시에는 그랬다. 사후에 더 알려진 것이다. 아브람도 그렇다.

**11:26 칠십 세에 아브람과 나홀과 하란을 낳았더라.** 데라는 칠십세 이후 세 아들을 낳았다. 데라는 부인이 둘 이상이었던 것으로 보인다. 아브라함의 부인인 사라는 데라가 다른 여인으로부터 난 딸이다. 그런데 특이하게 자손의 번성에 복이 없었다. 데라가 칠십에 아들을 낳은 것은 이전 사람들에 비해 매우 이례적이다. 대부분 평균적으로 30에 아들을 낳았는데 데라는 특이하게 70세 아들을 낳았다. 매우 늦은 시기에 낳았다. 오랫동안 자녀를 낳지 못하였을 때 많은 마음 고생을 하였을 것이다. 자녀의 순서는 보통 나이순이다. 그러나 때로는 중요도 순서로 나오기도 한다. 아브람이 장남이 아닌 것이 분명하지만 아브람이 가장 먼저 나온다.

**11:28 하란은 그 아비 데라보다 먼저...우르에서 죽었더라.** 아들 하란이 먼저 죽었을 때 데라의 마음은 매우 아팠을 것이다. 데라는 그렇게 사람들이 보기에 그렇게 흠모할 것이 없는 삶을 살았다. 그러나 아들 아브람의 말에 따라 우르를 떠나는 결단을 내렸다. 그러한 큰 결단을 장남도 아닌 아브람 말만 듣고 실행하지는 않았을 것이다. 그도 하나님에 대한 믿음이 있었다고 볼 수 있다.

**11:31 데라가...갈대아인의 우르를 떠나 가나안 땅으로 가고자 하더니.** 데라는 왜 갑자기 우르를 떠나 가나안으로 가고자 하였을까? 다른 사람들은 모두 명성을 좇아 대도시로 모여드는데 데라는 거꾸로 갔다. 아주 먼 촌으로 이사 가는 것

과 같다. 니므롯은 아프리카 지역이 그의 조상의 거처이었으나 바벨론 지역으로 이주하여 정복 전쟁을 하였다. 바벨론 지역이 아주 비옥한 지역이었기 때문이다. 가장 먼저 거대한 도시들이 만들어졌다. 그렇게 바벨론은 모든 이들의 선망의 지역이었다. 그런데 데라는 그곳을 떠나 아무것도 없는 가나안으로 떠나고자 하였다. 가나안은 셈족이 있는 곳이 아니다. 함의 후손들이 있는 곳이다. 데라가 가나안으로 가고자 하였던 이유는 하나님께서 아브람에게 나타나 말씀하셨기(창 12:1) 때문으로 보인다. 아브람은 자신에게 나타난 하나님의 말씀에 따라 아버지 데라를 설득하여 우르를 떠났다. 그러나 우르를 떠나기는 하였지만 아직 가나안에 들어가지 못하고 하란에 머물렀다. 하란에 머물러 메소포타미아 지역을 떠나지는 못했지만 우르를 떠난 것 만도 대단하다. 이후에 아브람은 하란마저 떠나 가나안으로 들어가게 된다.

# 12 장

**12:1 여호와께서 아브람에게 이르시되.** 하나님께서 아브람에게 나타나셨을 때 아브람은 믿음의 사람이었을까요, 아니었을까? 아마 믿음의 사람이었던 것으로 보인다. 배경이 나오지 않지만 당시에 욥도 믿음의 사람이었고 살렘 왕 멜기세덱도 그러하였다. 곳곳에 믿음의 사람들이 있었다고 할 수 있다. 하나님의 매우 어려운 말씀에 아브람이 순종하는 것을 통해 볼 때 아브람은 믿음이 좋았던 것으로 보인다. 아브람은 아버지 데라와 함께 가나안으로 가고자 고향 우르를 떠났다. 가나안은 출세를 위해 떠난 곳이 아니다. 오직 하나님 말씀에 따라 떠났다.

**너의 고향과 친척과 아버지의 집을 떠나.** 고향을 떠나는 것은 당시에 매우 어려운 일이었다. 당시 세계는 메소포타미아 지역이 가장 번성하였다. 그 중에 우르는 중심이었다. 그런데 그곳을 떠나라 하신다. 그곳은 단순히 번성한 곳만이 아니라 고향이고 친척이 있고 생활 기반이 있던 곳이다. 아브람이 가야 하는 가나안은 그에게 매우 생소한 땅이었을 것이다. 최소한 별 볼이 없는 곳이라는 것은 알고 있었을 것이다. **내가 네게 보여 줄 땅으로 가라.** '보여 줄'이라는 단어를 보면 손에 잡히는 어떤 확실한 것이 없다. 미래적인 일이고 막연하다. 아브람이 가진 것이 전혀 없는 사람이라면 그래도 조금 더 떠나기 쉬울 수 있다. 그러나 아브람은 나름대로 부유하였다. 이후에 사병이 300명이 넘는 것을 보면 가솔이 매우 많았다는 것을 볼 수 있다. 그렇게 남부러 울 것이 없이 잘 살고 있었다. 편안한 그곳을 떠나 가나안에 들어가라는 말씀에 순종하는 것은 매우 어려운 일이었을 것이다. 그러나 그는 하나님께서 말씀하시는 것이었기에 순종하였다. 매우 대단한 믿음을 가지고 있었다고 볼 수 있다.

**12:2 내가 너로 큰 민족을 이루고.** 하나님께서 꿈을 꾸고 계셨다. 아브람을 통해 믿음의 백성을 세우고자 하시는 꿈을 꾸셨다. 하나님은 아주 강한 힘을 가지고 있는 사람이 아니라 말씀에 순종하는 아브람을 통해 꿈을 꾸셨다. 아브람은 하나님의 꿈을 전혀 알지 못하였다. 그러나 말씀에 순종함으로 믿음의 조상이 되는 위대한 일을 시작하게 되었다. 잘 몰랐지만 말씀에 순종하였기 때문에 가능한 일이었다. **네 이름을 창대하게 하리니.** 아브람은 바벨탑을 쌓는 유명한 이름이 아니라 '하나님께서 창대하게 하시는 이름'을 선택하였다. 하나님께서 말씀하신 '이름이 유명해지는' 방식이 매우 이상하다. 대도시 우르에서 성공하는 것이 니므롯처럼 이름을 날리는 지름길이 될 것 같다. 그런데 하나님께서 아브람에게 말씀하신 방법은 누구도 관심을 가지지 않는 '가나안'에 가는 것이었다. 도저히 이름을 날릴 수 있는 곳이 아닌 것 같다. 그런데 그곳에 가라 하셨다.

**12:4 아브람이 하란을 떠날 때에 칠십오 세였더라.** 1-3절은 아브람이 우르에서

들었던 말씀이다. 그리고 4절은 하란에서 가나안으로 출발한 이야기다. 하란에서 아버지 데라가 죽었다. 그래서 아브람은 가나안으로 출발할 수 있게 되었다. 11장 32절을 보면 데라가 205세에 죽었다고 말한다. 그런데 행 7장 4절에는 데라가 죽으매 아브람이 하란을 떠났다고 말한다. 서로 상충되는 말이다. 사마리아 사본에는 데라가 하란에서 145세에 죽었다고 말한다. 그러면 사도행전에서 말하는 것이 맞다. 그렇다면 창세기 11장 32절의 205세는 아마 사본상의 실수로 그렇게 기록된 것으로 보인다. 아브람은 아버지가 가나안으로 가지 않아 차마 가나안에 가지 못하고 있었다. 그러나 아버지 데라가 죽자 바로 우르에서 들었던 말씀에 따라 가나안으로 떠나는 결단을 실행에 옮겼다. 말씀에 순종하였다.

**12:6 세겜...가나안 사람이 그 땅에 거주하였더라.** 그가 세겜 땅에 도착하였는데 그곳은 이미 가나안 사람이 있어 그가 정착하기에는 적당하지 않았다. 어쩌면 실망하였을 수도 있다.

**12:7 여호와께서 아브람에게 나타나 이르시되.** 이전에 우르에서 말씀하실 때 단지 '이르시되'로 되어 있다. 그런데 이번에는 직접 나타나셔서 말씀하셨다고 말한다. 어쩌면 매우 실망하였을 아브람을 위로하시기 위함일 것이다. **내가 이 땅을 네 자손에게 주리라.** 아브람에게 주시는 것이 아니라 자손에게 주신다고 말씀하셨다. 미래의 일이다. 그러나 아브람은 하나님의 말씀에 감사하였다. **그곳에서 제단을 쌓고.** 그는 예배하며 하나님께 감사하고 경배하였다.

**12:8 벧엘 동쪽 산으로 옮겨 장막을 치니...그곳에서 여호와께 제단을 쌓고 여호와의 이름을 부르더니.** 우르 도시에 살던 아브람이 이제 가나안 산지를 방황하고 있다. 우르에서 좋은 집에 살던 그는 이제 천막에서 살고 있다. 그런데 그는 하나님께 예배하였다. 비록 순례자의 삶을 살게 되었지만 하나님께 예배하

였다. 예배하는 순례자가 되었다. 말씀을 따라갈 때 신뢰하여 가는 것이다. 그렇다면 그 과정에 어려움이 있어도 불평하거나 돌이키지 말아야 한다. 그것이 믿음이요 상호신뢰다.

**12:9 남방으로 옮겨갔더라.** '남방'은 네게브 지역으로 반 광야다. 그는 헤브론에 이어 사람이 살수 있는 끝지점인 브엘세바까지 가게 된다. 그렇게 남쪽으로 내려가면서 가면 갈수록 오히려 땅이 더 황량해지는 것을 보았을 것이다. 그가 거느리고 있는 식솔들을 보면서 답답할 수도 있었을 것이다. 그러나 그는 우르로 돌아가지 않았다. 묵묵히 하나님의 인도하심에 따라 갔다. 예배하며 갔다. 아브람은 믿음으로 가나안에 왔다. 그런데 가나안이 그에게 손을 내밀고 기쁨으로 맞아주지는 않았다. 믿음으로 길을 간다하여 모든 것이 쉽게 열리는 것은 아니다. 믿음으로 간다는 것은 생명의 길을 간다는 것이지 쉬운 길을 간다는 것이 아님을 알아야 한다.

**12:10 그 땅에 기근이 들었으므로.** 아브람은 가나안에 대해 잘 몰랐다. 그를 도울 사람도 없었다. 그는 기근을 피하기 위해 애굽으로 들어갔다. 애굽까지 가는 길도 매우 힘들었을 것이다. 아브람이 기근을 만나 익숙한 자신의 고향으로 돌아가지 않고 애굽으로 들어간 것은 매우 어려운 결정이었을 것이다. 그는 그렇게 그가 할 수 있는 작은 노력을 하고 있었다.

**12:12 그대를 볼 때에...나는 죽이고 그대는 살리리니.** 자신의 아내를 취하기 위해 애굽 사람들이 '자신을 죽일 수 있을 것'이라 생각하였다.

**12:13 그대는 나의 누이라 하라.** 그가 미리 이렇게 조치를 하는 것을 보면 당시 사회가 얼마나 위험하였지를 생각해 볼 수 있다.

**12:15 궁으로 이끌어들인지라.** 아브람의 생각대로 애굽의 바로가 사래를 보고

마음에 들어하였다. 하렘(첩)으로 받아들였다. 바로는 이것을 우애의 한 표시로 생각하였을 것이다. 세상은 아브람이 살아가기에 매우 험난하였다. 그의 힘으로 어찌할 수 없는 측면이 많았다. 기근이 그러하였으며 바로의 힘이 그러하였다.

**12:17 여호와께서...바로와 그 집에 큰 재앙을 내리신지라.** 사래를 아내로 맞이하여 준비하고 있을 때에 하나님께서 바로의 집을 치셨다. 바로는 그것이 사래라는 여인 때문에 일어난 일이라는 것을 알았다. 그것이 꿈을 통해 알려졌든 아니면 어떤 방식으로 알려졌든 바로는 사래로 일어난 일에 대해 두려움을 느꼈고 아브람을 책망하지 않고 보내주었다. 하나님께서 사래를 지키시고 아브람을 지키신 것이다. 바로의 입장에서는 마른 하늘에 날벼락이었을 것이다. 그러나 아브람을 통해 일하시고자 하시는 하나님께는 그것이 당연한 일이었다.

**12:18 네가 어찌하여 그를 네 아내라고 내게 말하지 아니하였느냐.** '어찌하여'가 강조되고 있다. 일반상식으로 바로가 볼 때 아브람이 아내를 누이라 말한 것은 잘못이라 책망한다. 아브람이 애굽에 내려간 것은 잘못이 아니다. 그러나 자신의 아내를 누이라고 말한 것은 잘못된 행동이다. 그는 아내를 누이라 속일 것이 아니라 힘든 것이 예상되어도 옳은 길을 가야 했다.

**12:20 그의 아내와 그의 모든 소유를 보내었더라.** 아브람은 아무것도 할 수 없는 상태였다. 하나님께서 바로를 움직이셔서 아브람과 사래가 다시 살아났다. 우리의 믿음의 여정에서 부르신 분도 하나님이요 그 일이 되게 하시는 분도 하나님이다. 아브람의 꾀와 거짓말이 그를 구원한 것이 아니라 하나님께서 바로의 집에 내린 재앙 때문에 바로가 그를 내보냈다. 이것은 마치 이후에 모세 때 일어난 출애굽과 매우 비슷하다. 이것은 작은 출애굽 같다. 모든 과정에 하나님의 강력한 은혜가 있어 가능하였다.

# 13 장

**13:7 아브람의 가축의 목자와 롯의 가축의 목자가 서로 다투고.** 풀이 부족할 때는 많은 양떼가 함께한다는 것이 비효율적이라 다툼이 생겼다.

**13:9 나를 떠나가라 네가 좌하면 나는 우하고 네가 우하면 나는 좌하리라.** 결국 아브람은 롯과 서로 헤어지는 것이 낫겠다고 판단하였다. 아브람은 롯에게 선택권을 주었다. 세상에 돈 싫은 사람이 없듯이 아브람도 자신의 경제적 이득이 무엇인지를 본능적으로 생각하였을 것이다. 그러나 경제적 이익보다 롯과의 관계를 먼저 생각하였다.

**13:10 롯이 눈을 들어 본즉 소알까지 온 땅에 물이 넉넉하니.** 롯은 자신이 갈 땅을 선택할 때 어느 곳이 물이 넉넉한지를 보았다. 하나님께서 무엇을 기뻐하실지 또는 아브람에게 먼저 양보해야 옳은 것인지 등에 대해서는 생각하지 않았다. 아브람 시대에는 기록된 성경이 있는 시대가 아니다. 그들이 하나님의 뜻을 알고 순종할 수 있는 가장 중요한 방법은 양심이었을 것이다. 동시대 사람인 욥이 '하나님 앞에서 완전한 자'라고 말할 때도 그 기준은 양심이었을 것이다. 선한 양심은 하나님의 형상이다. 많이 파괴되었지만 그래도 우리는 어느 정도 선한 양심으로 하나님의 뜻을 분별할 수 있다. 롯과 아브람 중에 누가 선한 양심으로 행동하였는지는 누가 보아도 명백하다.

**13:13 소돔 사람은 여호와 앞에 악하며.** 롯은 거주지를 옮기면서 하나님의 뜻을 생각하지 않았다. 하나님 앞에서 악한 도시인 소돔의 죄에 대해서도 생각하지 않았다. 오직 자신의 이익만을 좇아갔다. 작은 아버지 아브라함과의 사이에서 자신의 이익을 좇아 선택한 것처럼.

**13:14 롯이 아브람을 떠난 후에 여호와께서 아브람에게 이르시되.** 하나님께서 아

브람의 마음을 섭섭함이 아니라 꿈에 두게 하시기 위해 말씀하셨다. **너는 눈을 들어 너 있는 곳에서 북쪽과 남쪽 그리고 동쪽과 서쪽을 바라보라.** '눈을 들어'라고 말씀하신다. 지금 현재의 마음과 상황에서 눈을 들어 하나님께서 말씀하시는 미래를 바라보는 것이 중요하다. 롯은 지금 좋은 쪽을 향하여 갔으나 아브람은 미래에 동서남북 모든 쪽의 땅을 얻게 될 것이다.

**13:15 영원히 이르리라.** 미래를 넘어 영원한 나라까지 말씀하신다. 신앙인이 가져야 하는 시선이다. 허전한 아브람의 마음을 하나님께서 다시 약속으로 채워주셨다. 오늘날 우리들도 그러하다. 세상에 서운한 마음이 들 때 하나님의 약속으로 채워야 한다.

**13:17 땅을 종과 횡으로 두루 다녀 보라 내가 그것을 네게 주리라.** 그가 걷는 모든 땅을 하나님께서 미래에 주실 것이다. 지금은 비록 땅 한 평 그의 땅이 없지만 미래에 주어질 것이다. 믿음이 없는 사람은 '지금은 땅 한 평도 없어요'라고 불평하겠으나 믿음이 있는 사람은 '감사합니다'라고 말할 것이다. 은행을 신뢰하면 은행에 저금한 돈이 내 돈인 것과 같다. 미래의 일이 확실하면 오늘과 전혀 다르지 않다.

**13:18 여호와를 위하여 제단을 쌓았더라.** 아브람은 땅을 옮길 때마다 그곳에서 예배하였다. 사람들은 비웃을 수도 있지만 아브람은 감사하며 예배하였을 것이다. 그가 가는 곳마다 하나님께서 주실 땅이기 때문이다. 그 예배는 하나님이 주신 땅임을 선포하는 것이기도 하였다. 사람들이 보기에는 그곳은 아브람과 전혀 상관없는 곳이지만 아브람에게는 마치 가는 곳마다 하나님과 아브람 사이에 '이곳도 네 땅'이라고 계약서를 쓰고 확인시켜주는 것과 같다.

# 14 장

**14:1 시날.** 이후에 바벨론이 되는 나라다. '엘람'은 이후에 페르시아 제국이 된다, '고임 왕'이라는 것은 나라들의 왕이라는 매우 명예로운 호칭이다. 곧 이들은 매우 발달한 선진국들이다. 그들이 가나안에서 배반한 작은 나라들을 손보기 위해 그돌라오멜 왕을 도와 함께 출정하였다. 그들이 전쟁에서 이기는 것은 자명한 일이었다. 그들은 왕의 대로를 통해 내려와 가나안 전지역을 쑥대밭으로 만들어 놓았다.

**14:4 십이 년 동안 그돌라오멜을 섬기다가...배반한지라.** 가나안 국가들이 독립을 꾀하였다. 그래서 메소포타미아 지역 왕들이 대대적인 정벌에 나섰다. 그돌라오멜은 자신을 배반한 나라들을 징벌하기 위해 연합군을 이끌고 공격하였다.

**14:12 롯도 사로잡고.** 메소포타미아의 연합군은 소돔성을 쳐서 약탈하였고 성에 살고 있던 롯을 사로잡았다. 롯은 하루 아침에 포로가 되었다. 그가 메소포타미아 지역을 나올 때는 꿈을 안고 나왔다. 많은 재산을 가지고 나왔다. 그리고 더 많은 재산을 위해 살아왔다. 그런데 어느 날 자신의 의지와 상관없이 갑자기 전쟁에 휘말려 포로가 되었다. 이제 노예가 되어 자신의 고향 메소포타미아에 끌려가고 있다. 그곳에서 노예로 한 평생을 살아야 할 것이다. 세상의 힘이 그렇다. 좋을 때는 한이 없이 좋은 것 같으나 힘을 잃으면 한없이 매섭고 인정 없는 주인이 된다. 세상의 힘을 좇아가는 사람은 롯처럼 될 것이다. 힘은 얻을 때가 있지만 잃을 때도 있다. 자신의 이익을 좇아 작은 아버지 아브람을 떠났던 롯은 그렇게 인생을 마쳐야 했다. 세상의 힘은 그렇게 무상하다.

**14:14 집에서 길리고 훈련된 자 삼백십팔 명을 거느리고 단까지 쫓아가서.** 아브

람은 조카 롯을 위해 자신의 모든 힘을 다하였다. 어찌 보면 무모한 것 같다. 가나안의 모든 왕들이 연합하여 싸웠어도 침략군을 이기지 못하였다. 그런데 왕도 아니고 가나안의 이방인인 아브람이 자신의 힘으로 그들과 싸우는 것은 승산이 없어 보였다. 그러나 아브람은 그것이 옳다 생각하였고 힘을 다하였다.

**14:15-16 그와 그의 가신들이 나뉘어 밤에 그들을 쳐부수고.** 아브람은 적은 인원으로 많은 인원과 싸우기 위해 밤에 급습하는 작전을 사용하였다. 결국 아브람이 그들과 싸워 이겼다. **롯과 그의 재물과 또 부녀와 친척을 다 찾아왔더라.** 그는 롯을 구하였다. 가나안을 구하였다. 마치 가나안의 주인처럼. 아무리 많아도 아브람의 군대는 적군의 십 분의 일이 안 될 것이다. 그러나 싸워서 이겼다. 대단한 용기와 지략이 필요하였을 것이다. 아브람의 힘이 대단하였다고 판단할 수 있다. 이 일로 아브람이 가나안 지역에서 유명해지고 인정을 받게 되었을 것이다.

놀라운 것은 이 일 후에 아브람이 그의 힘을 다른 곳에 사용한 것이 전혀 나오지 않는다는 사실이다. 만약 이 전쟁이 아니었다면 우리는 아브람이 얼마나 많은 힘을 가지고 있었는지 잘 몰랐을 것이다. 집안에 318명의 군사가 있다는 것은 대단한 규모다. 그가 이 힘을 가지고 가나안을 점령한다 하여도 어느 정도 가능하였을 것이다. 메소포타미아 군대가 가나안을 친 것처럼 그도 충분히 가나안의 일부를 치고 자신의 나라를 건설할 수도 있었을 것이다. 그러나 그는 나라를 건설하지 않았다. 마치 아무 일도 없었던 것처럼 동네 할아버지가 되어 이전의 모습으로 돌아갔다. 아브람은 가나안에 정착하면서 자신의 군사적 힘을 사용하지 않았다. 오직 하나님의 뜻에 따라 움직였다. 기다렸다. 힘을 가지는 것보다 더 어려운 것이 힘을 가지고 있으나 사용하지 않는 것이다. 절제하는 것이다. 아브람은 자신의 힘을 오직 롯을 구하는데 사용하였다. 그리고 마치 가나안의 수호자처럼 가나안의 안위를 위해 사용하였다. 그러나 자신을 위해서는 사용하지 않았다. 자신의 힘으로 건설하는 나라가 아니라 하나님의 은혜로 건설하는 나라를 기다렸다.

**14:18 멜기세덱이...하나님의 제사장이었더라.** '멜기세덱'은 '멜렉은 의롭다'라는 의미를 가지고 있다. 그래서 '의의 왕'이라고 말하기도 한다. 성경에 처음 나오는 제사장이다. 그는 예루살렘의 왕이면서 또한 하나님의 제사장이었다.

**14:19 천지의 주재이시요 지극히 높으신 하나님이여.** '주재'의 한글 의미는 '중심이 되어 맡아서 처리하는 분'이라는 뜻이다. 그런데 히브리어 단어는 '소유자'라는 뜻이다. '창조자'로 번역하기도 한다. 세상 사람들이 땅을 소유하고 재물을 소유하기 위해 전쟁을 벌였다. 그러나 땅의 진정한 주인은 오직 하나님 한 분이다. 재물을 소유하기 위해 전쟁이 일어났다. 그리고 아브람이 전쟁에 승리하여 그치게 하였다. 이 때 아브람이 전쟁에서 승리함으로 땅과 재물의 주인이 되는 것이 아니라 그것의 주인은 오직 하나님이심을 멜기세덱이 표현하고 있는 것이다. 아브람을 축복하며 교훈하고 있는 것 같다. 그 내용을 알 때 아브람에게도 복이 된다.

**14:20 너희 대적을 네 손에 붙이신...하나님을 찬송할지로다.** 멜기세덱은 아브람이 전쟁에서 이긴 것은 아브람의 힘이 아니라 하나님의 힘이라고 말한다. 하나님께서 전쟁에서 이기게 하신 것이라고 말한다. **하나님을 찬송할지로다.** 전쟁에서 찬송 받을 이는 아브람이 아니라 하나님이시라고 말한다. **아브람이 그 얻은 것에서 십분의 일을 멜기세덱에게 주었더라.** 이것은 멜기세덱의 주장에 대한 인정의 표현이다. 우리가 십일조를 드릴 때 하나님께서 십 분의 일이 아니라 모든 것을 주신 것을 인정하여 드리는 것과 같다. 아브람은 자신이 전쟁에서 이긴 것은 멜기세덱의 말대로 온전히 하나님이 하신 일이라 인정하면서 고백하였다. 그래서 하나님께 제사드릴 수 있도록 제사장인 멜기세덱에게 자신이 되찾은 것의 십 분의 일을 준 것이다.

**14:21 사람은 내게 보내고 물품은 네가 가지라.** '사람을 보내고'라는 것은 요청이다. 본래 아브람이 전쟁에서 이긴 것이기 때문에 사람과 물품이 모두 아브람의 것이다. 그런데 사람을 돌려주었으면 하고 요청하는 것이다.

**14:22 천지의 주재이시요 지극히 높으신 하나님 여호와께.** 오직 하나님만이 세상 모든 것의 소유권을 가지고 계신다. 사람들이 임시로 사용하면서 그것을 마치 소유권처럼 착각하는 것이다. 소유권을 위해 전쟁하는 세상에서 아브람은 자신이 전쟁에서 승리하였기 때문에 소유권을 가지고 있는 것이 아니라 하나님의 소유권을 주장한다.

**14:23 네 말이 내가 아브람으로 치부하게 하였다 할까 하여.** 아브람은 하나님의 은혜로 가나안에 거주하게 될 것이다. 그가 힘으로 하는 전쟁이나 전리품으로 부요하게 되어 가나안에 정착하게 되는 것이 아님을 분명히 하고 있다. 자신은 전리품을 전혀 받지 않겠다고 말하였다. 전리품이 대단히 많았을 것이다. 그런데 그것에 대해 단호히 포기 선언을 하였다.

**14:24** 아브람은 하나님의 소유권을 인정하는 입장에서 전리품을 분배하였다. **젊은이들이 먹은 것.** 병사들이 전쟁을 하면서 소요된 음식을 말한다. **나와 동행한 아넬과 에스골과 마므레의 분깃을 제할지니.** 아브람이 전쟁을 위해 나갈 때 홀로 간 것이 아니라 그와 동맹을 맺고 있던 이웃 사람들이 함께 갔다. 그들은 하나님의 소유권을 인정하는 사람들이 아니다. 그러기에 그들에게 분깃을 받지 말라고 강요하지 않고 당시 시대의 법칙대로 그들에게는 분깃을 주겠다고 말하고 있다.

# 15 장

**15:1 이 후에 여호와의 말씀이 환상 중에 아브람에게 임하여.** '이 후에'라는 구절은 하나님께서 아브람에게 임하신 것이 앞의 전리품 분배 사건과 매우 밀접한 관계가 있음을 함축한다. 아브람이 자신이 받아야 하는 전리품을 하나님의 영광을 위해 받지 않은 것은 참으로 대단한 일이었다. 믿음의 일이었다. **두려워하지 말라.** 환상 중에 하나님께서 아브람에게 나타나셨을 때 아브람이 두려워하였기 때문에 하신 말씀일 것이다. **나는 네 방패요 너의 지극히 큰 상급이니라.** 사람들은 재물이 그들의 상급이었다. 방패였다. 그것을 믿음으로 거절한 아브람에게 하나님께서 하나님 자신이 상급이 되시고 방패가 되어 주실 것이라 말씀하신다. 아브람이 재물을 거절함으로 그에게 공간이 생겼다. 하나님의 임재의 자리를 위한 공간이다.

**15:2 아브람이 이르되 주 여호와여 무엇을 내게 주시려 하나이까.** 그는 질문 형식으로 자신의 불만을 말한다. **나는 자식이 없사오니.** 자식이 없는 것은 당시에 매우 큰 일이었다. 그런데 그는 나이가 많아 자식을 더 낳을 수도 없을 것 같은 상태였다. 그래서 자신의 상태를 토로하였다.

**15:4 네 몸에서 날 자가 네 상속자가 되리라.** 아브람은 그가 원하는 대로 '자신의 씨'를 얻게 될 것이다. 사실 하나님께서 그에게 주시는 것은 그 이상이다.

**15:5 뭇별을 셀 수 있나 보라...네 자손이 이와 같으리라.** 이 당시는 밤이 어두웠고 하늘이 맑았기 때문에 하늘에 별이 가득하였을 것이다. 하늘의 별을 보는 순간 아브람의 마음이 얼마나 뛰었을까? 대체 얼마나 많은 복을 받으면 후손이 저렇게 많게 될까? '하늘의 별처럼 많게 되는 것'은 아브람의 육신의 씨보다는 믿음의 후손이다. 아브람은 육신의 씨를 생각하였지만 하나님은 '육신

의 씨'를 넘어 '믿음의 씨'를 말씀하신다. 지금은 한 명도 없는데 하늘에 가득한 후손을 보게 될 것이다. 믿음의 씨는 육신의 씨보다 훨씬 더 중요하다. 아브람은 말씀대로 '믿음의 조상'이 된다.

**15:6 아브람이 여호와를 믿으니...이를 그의 의로 여기시고.** 이 구절은 이후 신약에서 4번이나 인용하면서 아주 중요한 구절이 된다. '믿음'과 '의'에 대한 정의에 있어 중요한 역할을 한다. '의'는 본래 말씀을 신실하게 지킴으로 얻어지는 것이다. 이것은 늘 변함이 없다. 그런데 지금 아브람은 이후 주어질 자손에 대해 아직 주어지지 않은 미래의 일에 대해 믿었다. 그러자 하나님께서 그것을 '의'로 여겨 주셨다. 아직 일어나지 않은 일인데 일어난 일과 동일한 것으로 여겨 주시는 것이다. 하나님의 말씀을 진짜 믿는지 아닌지 아직 행위가 없다. 그런데 하나님께서 그의 믿음을 행위가 동반된 진짜 믿음으로 여겨 주신 것이다. 아브람은 이후에 아들을 드리는 사건으로 그의 믿음을 실제로 증명한다.

**15:7 나는 이 땅을 네게 주어 소유를 삼게 하려고 너를...우르에서 이끌어 낸 여호와니라.** 하나님께서 우르에서 말씀하셨다. 또한 롯과의 이별 후에도 땅에 대해 약속하셨다. 이번에 3번째 말씀하시는 것이다. '여호와니라'라는 말씀은 자신의 이름을 걸고 말씀하시는 것이다. 하나님은 신실하시다. 믿음직스러우신 분이다. 하나님께서 약속하신 것에 대해 신실하시다. 하나님께서 약속하시면 바로 실현된 것이나 마찬가지다. 지금 보이지 않는 것도 보이는 것이나 마찬가지이며 미래의 일이라 하여도 지금 현재 이루어진 일이나 조금도 차이가 없을 정도로 확실하다. 하나님을 믿을 때는 그렇게 믿어야 한다.

**15:8 무엇으로 알리이까.** 이것은 약간의 의심이 포함된 것일 수 있다. 그러나 또한 확실한 약속을 소원하는 것일 수도 있다. 아브람 자신이 그 약속을 확실

히 갖기 위한 것이다. 어떤 경우이든 우리는 하나님의 약속에 대해 확실히 갖는 것이 중요하다. 확신하지 않고 가는 것보다 의문을 통해 확신하며 갖는 것이 더 좋다. 중요하면 사람들은 확신을 갖기 원할 것이다. 중요하지 않으면 묻지도 않는다. 아브람은 하나님의 약속이 중요하였다. 그 약속 위에 그의 삶을 살아가기 때문이다.

**15:9 여호와께서 그에게 이르시되...가져올지니라.** 하나님께서 아브람에게 확실히 약속하시는 것을 보여주고자 하셨다.

**15:10 그 중간을 쪼개고 그 쪼갠 것을 마주 대하여.** 재물을 쪼개고 약속의 당사자가 서로 맞은편에 서는 것은 약속의 신실함에 대한 증거다. "송아지를 둘로 쪼개고 그 두 조각 사이로 지나매 내 앞에 언약을 맺었으나 그 말을 실행하지 아니하여 내 계약을 어긴 그들을" (렘 34:18) 계약을 어길 때 '죽음'을 상징한다. 하나님께서 그렇게 엄하고 분명하게 아브람과 언약을 맺으시면서 말씀하셨다. 하나님께서 아브람과 쪼갠 재물을 두고 언약을 하시는 것은 참으로 놀라운 은혜다. 황송한 언약이다.

**15:12 해 질 때에 아브람에 깊은 잠이 임하고.** 하나님의 말씀에 따라 모든 것을 준비하고 아브람은 기다리고 기다렸다. 그러다 어느 순간 깊은 잠이 들었다. **큰 흑암과 두려움이 그에게 임하였더니.** 이 번역은 '보라'가 빠져 있다. '큰 흑암과 두려움'이 강조된 문장이다. 하나님과 사람이 약속을 맺는다는 것은 놀랍고 두려운 일이다. 창조주 하나님께서 피조물인 사람과 약속을 맺어주시는 것이기 때문이다. 대등할 수 없고 비교될 수 없는데 약속의 두 주체로 서게 된다. 그래서 두렵고 떨리는 일이다. 우리가 하나님과 약속을 맺는다는 사실, 약속을 가지고 있다는 사실은 참으로 두렵고 떨리는 일이다. 영광의 일이다.

**15:13** 하나님께서 아브람에게 가나안 땅을 주시겠다고 약속하셨는데 그것이 언제 일어나는지 구체적으로 말씀하여 주셨다. **자손이 이방에서 객이 되어 그들을 섬기겠고 그들은 사백 년 동안 네 자손을 괴롭히리니.** 아브람이 이 말씀을 듣는 시기부터 야곱이 애굽에 들어가는 시기까지 200년 정도가 지나야 한다. 그러면 아브람의 자손이 가나안 땅을 차지하게 되는 시기는 최소한 '200년 +400년'이다. 게다가 광야 생활 40년을 더해야 한다. 아브람이 착각할 뻔하였다. 자신의 시대에 가나안 땅을 주시는 것으로. 그렇다면 최소한 640년 후에 주시는 것인데 하나님께서 왜 지금 말씀하시는 것일까? 아마 대부분의 사람들은 640년 후의 일이라면 지금 자신과 전혀 상관없는 일이라고 생각할 것이다. 640년 후의 일로 인해 오늘 행복할 수 있을까? 하나님께서 아브람의 후손에게 가나안을 주신다는 것은 아브람 아들에게 주시든 640년 후에 주시든 똑같다. 기간이 중요한 것이 아니다. 하나님께서 주신다는 것이 중요하다. '아브람'의 후손에게 주신다는 것이 은혜다. 지금 아브람의 믿음 때문에 주시는 것이다. 그러면 지금이나 640년 후나 참으로 놀라운 은혜다. 이후에 천국에서 하나님 앞에 설 때 지금 당장이면 더 영광이고 640년 후면 더 작아지는 것이 아니다. 동일하다.

**15:16** 하나님께서 아브람에게 미래의 일까지 구체적으로 설명하신다. 매우 놀라운 설명이요 은혜다. **사대 만에 이 땅으로 돌아오리니 이는 아모리 족속의 죄악이 아직 가득 차지 아니함이니라.** 아브람 자손이 이방의 객이 되었다 사대 (400년)만에 돌아오는 이유는 전혀 생각지도 못한 이유다. '아모리 족속의 죄악이 가득 차지 아니함' 때문이다. 아모리 족속은 믿음의 백성이 아니지만 그들을 심판하실 때 이스라엘의 입장만이 아니라 그들의 입장도 생각하시며 심판하신다는 말씀이다.

**15:18** 이 땅을 애굽 강에서부터 그 큰 강 유브라데까지. 약속으로 주시는 땅의

넓이가 나온다. 그런데 이 말씀대로 이스라엘 백성의 영토가 되는 것은 640년 후가 아니다. 이 말씀대로 국경선이 되는 때는 솔로몬이 왕으로 있을 때다. 1000년이 지난 시점이다. 그리고 그 이후에는 또 그 영토를 잃어버리고 축소된다. 그 이후에는 아예 가나안 땅 전체를 잃게 된다. 이스라엘이 어떻게 하느냐에 따라 약속의 영토가 다양하게 바뀌게 된다. **네 자손에게 주노니.** 하나님께서 약속대로 이스라엘 백성에게 주시기를 원하셨다. 그러나 그 지역을 다 차지하기는커녕 잃기까지 하였다. 사람이 약속을 지킬 때 시대마다 사람마다 깊이가 달랐다. 그 깊이에 의해 말씀대로 이루어지기도 하고 그렇지 않기도 하였다. 하나님의 약속이 이스라엘의 약속이행이라는 반응에 따라 다양하게 열매를 맺었다.

# 16 장

**16:1 아브람의 아내 사래는 출산하지 못하였고.** 사래는 자신이 출산하지 못하고 있는 것을 보고 자신 때문에 아브람이 자식을 낳지 못한다고 생각하였다. 그래서 그는 방법을 생각해 냈다.

**16:2 내 여종에게 들어가라.** 아브람 시기로부터 몇 백 년 후에 해당하는 한 도시에서 한 결혼 계약문서가 발굴되었는데 그 문서를 보면 '아내가 자식을 낳지 못하면 자신의 하녀를 주어 자식을 낳게 해야 한다'는 의무사항이 있다. 아브람 당시 결혼문화에서 불임을 극복하는 여러 방법이 있었는데 이혼, 일부다처제, 일부처첩제(대리모 성격임) 등이 있었다. 하갈의 경우 대리모라고 할 수 있다. 사래가 자신의 하녀를 아브람에게 첩으로 주어서 하갈이 아이를 낳으면 아이에 대한 권리가 사래에게 있다. 그것이 법이었다. 하렘(첩)을 통해

얻은 자녀는 정실 부인의 자녀가 된다. 첩은 부인이 아니다. 대리모와 같다. 사래가 지금까지 그렇게 하지 않은 것을 통해 볼 때 그것이 싫었음이 분명하다. 그러나 자신이 양보하면 아브람의 자손을 낳을 수 있다고 생각하여 드디어 첩을 들이는 것을 받아들인 것이다. **아브람이 사래의 말을 들으니라.** 아브람도 사래의 말에 동의하였다. 여종을 통해 자식을 얻는 방식도 자녀를 얻는 또 하나의 방법이 될 수 있다고 생각한 것 같다.

사래와 아브람의 시도는 또 하나의 방법이 될 수 있었다. 당시 다른 사람들이 하는 방식이기도 하였다. 그러나 그것은 옳은 방법은 아니었다. 그것이 옳은 방법이었다면 벌써 그렇게 하였을 것이다. 그렇게 얻는 것이었다면 하나님의 약속이 그렇게 중요한 것도 아니었을 것이다. 오늘날 목적을 이루는 일에 다양한 방법이 사용된다. 그런데 아무리 선한 목적이라 하여도 방법이 잘못되었으면 옳은 것이 아니다. 사회 통념상 허용되는 것이라 하여도 하나님께서 기뻐하시는 것이 아니면 잘못된 것이다. 진정 하나님의 목적이 이루어지기를 원한다면 방법도 철저히 하나님의 선한 목적에 부합해야 한다.

**16:3 가나안 땅에 거주한 지 십 년 후였더라.** 아브람 나이 85세다. 우르에서 꿈을 안고 왔다. 아직 꿈이 이루어지지 않았다. 그러나 하나님의 약속의 길을 가는 것은 꿈이 실현되지 않은 때도 여전히 영광의 길이다. 이것을 명심해야 한다. 사람들이 하나님과의 약속의 길을 갈 때 꿈이 실현되어야 영광의 길이라고 생각한다. 그러나 약속의 길을 가는 것 자체가 영광의 길이다. 꿈이 실현되든 아직 실현이 안 되든 똑 같다. 이것이 똑같은 것이라는 것을 놓치기에 꿈을 실현하기 위해 나쁜 방법이라도 사용하는 것이다. 모든 신앙인은 자신이 가고 있는 약속의 길이 이미 영광의 길이라는 것을 명심해야 한다.

**16:4 하갈이 임신하매 그가 자기의 임신함을 알고 그의 여주인을 멸시한지라.** 하갈은 애굽사람이라 그럴까? 그는 바벨론 법을 잘 생각하지 못하였던 것 같다.

그는 자신이 임신한 것을 알고 주인에게 눈치 없이 행동하였다. 멸시까지는 아니겠지만 그는 분명히 사래를 대하는 것이 전과 같지 않았던 것 같다. 그러자 사래는 아브람에게 하갈에 대한 자신의 주인됨을 요구하였다. 결국 아브람의 허락 하에 하갈에 대한 주인으로서 권리 행사를 하였다.

**16:6 여종은 당신의 수중에 있으니.** 함무라비 법전을 보면 이런 경우 멸시받은 여주인이라 할지라도 임신한 자신의 종을 팔아버릴 수는 없었다. 아마 아버지의 아이에 대한 부권 때문인 것 같다. 그러나 그 여인을 종으로 함부로 대할 수 있었다. 사래는 하갈을 남편의 아이를 임신한 여인으로서가 아니라 종으로 힘든 일을 시켰다. 결국 하갈은 주인을 피하여 도망을 갔다.

**16:10 내가 네 씨를 크게 번성하여 그 수가 많아 셀 수 없게 하리라.** 아브람에게 주신 자손에 대한 약속과 비슷하다. 하나님께서 하갈을 긍휼히 여기셔서 그의 씨가 큰 민족을 이룰 수 있도록 베푸실 것을 말씀하셨다. 씨의 번성에 대한 말씀은 하갈에게 하신 말씀이지 아브람에게 하신 말씀은 아니다. 아브람은 하나님께서 말씀하신 방법을 통해 아브람의 씨가 번성하게 하실 것이다.

**16:11 이스마엘.** 사자는 그 아들의 이름을 '이스마엘'이라 지으라 하셨다. '이스마엘'은 '하나님께서 들으신다'는 뜻이다. 하나님께서 사람의 상황을 보시고 한 사람의 기도라 할지라도 그의 기도를 들이시는 하나님이라는 것을 볼 수 있다.

**16:13  나를 살피시는 하나님.** 하나님은 모든 사람을 살피신다. 아브람의 상속자만이 아니라 모든 사람을 살피신다. 그러기에 나는 하나님께 숨김이 된다고 생각하지 말아야 한다. **하나님을 뵈었는고.** 여호와의 사자가 그에게 왔는데 사자는 여호와의 메시지를 가지고 왔기 때문에 마치 대사와 같아서 때로는 여호와의 사자를 '하나님'이라고 고백하기도 한다.

**16:16 이스마엘을 낳았을 때에 아브람이 팔십육 세였더라.** 아브람이 75세에 하란에서 나왔으니 가나안에 온지 만 10년도 되지 않았다. 그 사이에 애굽에 간 일이 있다. 롯을 구한 사건까지 생각하면 하나님의 약속과 불과 1-2년 정도밖에 지나지 않았을 것이다. 그런데 사래는 문제를 만들었고 아브람은 그에 동의하였다. 문화가 있고 그것을 따르고자 하는 사람이 있다면 그것을 막는 일이 참 어렵다.

# 17 장

**17:1 구십구 세.** 상황이 다 종료된 것 같던 시점이다. 아브람이 하란에서 나온지 24년이며 우르에서 나온 때부터 계산한다면 훨씬 더 많은 오랜 세월이 지난 시점이다. 이스마엘이 태어나고 13년이 지났다. 앞 장 마지막 절인 16장 16절에서 아브람의 나이를 말하고 17장 첫 절에서도 나이를 말하고 있다. 매우 이례적이다. 이것은 나이를 강조하고 있는 것으로 보인다. **너는 내 앞에서 행하여 완전하라.** 후반부 문장은 두 개의 명령문으로 되어 있다. 1.내 앞에서 걸어가라. 2.흠 없는 자가 되라. 이것은 연속된 명령으로 볼 수도 있고 뒤의 것을 앞의 것의 결론으로 볼 수도 있다. 하나님께서 아브람과 언약을 맺으면서 명령하시는 외적인 것은 할례였으며 내적인 것은 '하나님 앞에서 걸어가는 것' 의역하면 '하나님 앞에서 사는 것'이다. 그러할 때 흠 없는 사람이 된다. 제사드릴 때 흠 없는 제물만 드릴 수 있었는데 바로 그렇게 하나님 앞에 드릴 수 있는 사람이요 삶이 될 수 있다. 하나님과 언약을 맺는다는 것은 이제 더욱더 하나님 앞에서 걸어가는 것을 의미한다. 언약은 관계에 대한 것이다. 언약을 맺으면 이제 새로운 관계가 된다. 하나님과 끊을 수 없는 관계가 되어

하나님 앞에서 살아가는 것이다. 하나님께 합당한 열매, 제물, 사람이 되는 것이다. 결혼 언약을 맺은 사람은 다른 이성과의 만남이 있을 때 자신의 배우자 앞에서의 자세를 가져야 한다. 그래서 다른 이성을 좋아하면 안 된다. 순결해야 한다. 그것처럼 하나님과 언약을 맺은 사람은 하나님께서 말씀하시는 법에 어긋나지 않는 사람이 되어야 한다. 그래서 '완전한(흠이 없는)'사람이 되어야 한다.

**17:2 내가 내 언약을 나와 너 사이에 두어.** 이 '언약'이라는 단어가 15장 8절에서 한 번 나오지만 그 때는 하나님께서 일방적으로 말씀하시는 것이었고 쌍방 간에 공식적인 언약체결은 여기에서 처음 있는 일이다. 특별히 할례를 통해 공식적 언약체결을 한다. 아브람이 하나님과 맺는 언약은 하나님께서 주동적으로 맺는 언약이었다. 아브람은 감히 그런 언약을 맺을 수 없다. 이 언약은 하나님께 일방적으로 불리한 언약이다. 아브람에게 엄청난 혜택이 있는 언약이다. 그래서 하나님께서 주동적으로 해야만 가능한 언약이다. **너를 크게 번성하게 하리라.** 언약이 있어 하나님께서 아브람을 번성하게 하실 것이다. 언약이 있어 하나님께서 아브람을 특별하게 대하시고 특별하게 복을 주시는 것이다.

**17:4 보라 내 언약이 너와 함께 있으니.** 하나님께서 특별히 생각하셔서 아브람과 언약을 맺으셨다. **너는 여러 민족의 아버지가 될지라.** 하나님과의 언약은 아브람을 여러가지로 아주 특별한 사람이 되게 할 것이다. 부부언약을 맺으면 서로에게 아주 특별한 사람이 되는 것과 같다. 부모자식의 언약을 맺어 양자가 되어도 아주 큰 은혜를 누리게 되는 것과 같다.

**17:9 그런즉 너는 내 언약을 지키고 네 후손도 대대로 지키라.** 부부언약을 맺은 사람이 언약을 지키면 가장 사랑하고 가까운 사이가 될 것이다. 그러나 언약을 어기면 가장 미워하고 가장 거리가 먼 사람이 된다. 그러기에 하나님과 언

약을 맺은 사람은 언약을 가장 우선순위에 두고 지켜야 한다.

**17:11 포피를 베어라...언약의 표징이니라.** 언약 맺은 것을 기억하고 간직하는 방법으로 '할례'를 하라 하셨다. 이 당시 할례는 방법과 이유는 다양하였으나 애굽과 가나안 지역에서 보편적으로 행하던 일이다. 애굽은 성인식이나 결혼을 앞두고 행하기도 하였다. 그러기에 할례라는 구체적인 어떤 행동이 중요하다는 것을 의미하는 것이 아니다. 하나님과 언약을 맺은 백성이 되었다는 마음이 중요하다.

**17:12 집에서 난 자나 또는 너희 자손이 아니라 이방 사람에게서 돈으로 산 자를 막론하고.** 혈통이 아니라 아브람의 집 사람이면 모두 할례를 받음으로 하나님과 언약 백성이 되었다. 남자가 할례를 받는 것은 대표성을 의미한다. 여자도 할례 받은 하나님의 백성에 포함된다는 것은 자명한 사실이다.

**17:13 내 언약이 너희 살에 있어 영원한 언약이 되려니와.** 언약의 표징을 살에 함으로 그 사람은 언약을 온 몸으로 간직하는 사람이 된다. 할례는 표징이다. 언약의 내용은 '하나님 앞에서 행하며 흠 없이 사는 것'이다. 그 내용을 몸에 할례를 받음으로 몸으로 간직하는 것이다. 영원히 간직하는 것이다. 가장 중요하고 중심되는 부위에 함으로 가장 중요하게 여기고 간직하도록 하는 것이다.

오늘날은 세례가 할례의 역할을 한다. 가장 중요한 생명을 담보로 하는 의식이다. 물로 세례를 받음으로 '이전의 내가 죽고 새로운 내가 태어나는 것'을 표징한다. 세례 받을 때의 물은 사라지지만 영원히 몸에 지녀야 한다. 죽음이 있었고 이제 온 몸이 새 생명임을 몸으로 느끼며 살아야 한다.

**17:16 그에게 복을 주어 그를 여러 민족의 어머니가 되게 하리니.** 사래는 지금까지 자식이 없었다. 그런데 하나님께서 사래에게 자식을 주시겠다고 말씀하셨

다. 아브라함에게 자식을 주시겠다는 약속을 사라를 통해 주시겠다고 말씀하셨다.

**17:17 아브라함이 엎드려 웃으며.** '웃음'은 '희롱' '농담' '즐거움' 등 다양한 의미를 갖고 있다. 여기에서 웃음은 즐거움보다는 약간의 헛웃음이었을 것이다. 어이없어 하는 웃음이다. '하나님께서 농담하시나' 하는 웃음이다. 만약 아브라함이 조금 더 젊었으면 이 상황에서 '즐거움의 웃음'을 웃었을 것이다. 그런데 자신의 나이 99세가 되었는데 아기를 얻게 된다고 하니 자신도 모르게 헛웃음이 나온 것이다. 아기를 낳는 것을 전혀 기대하지 않고 있었던 것이다. 아브라함이 사라를 통해 자식을 낳을 것이라는 소식을 조금 일찍 주셨으면 얼마나 좋았을까라고 생각할 수 있다. 그러면 아브라함도 더욱더 기뻐하고 크게 감사했을 것 같다. 그러나 하나님께서 그렇게 하지 않으셨다. 어쩌면 하나님께서 아브라함의 나이가 많이 되기를 기다리신 것 같다. 아브라함이 사라를 통해 자식을 낳을 것이라는 기대를 전혀 하지 않게 되었을 때를 기다리신 것이다. 그리고 이제 때가 되어 자식을 주시는 것이다. 언약의 길은 언약의 주체 되신 하나님을 철저히 의지하는 길이다. 자신이 주체가 되지 않도록 아브라함의 기쁨이 우선순위가 되지 않도록 하신 것이다. 헛웃음을 유발하시고 헛웃음이 진짜 웃음이 되도록 하시는 것이다. 전혀 생각하지 못한 길이었다.

**백 세 된 사람이 어찌 자식을 낳을까 사라는 구십 세니 어찌 출산하리요.** 하나님께서 말씀하시는 때는 아브라함이 99세이고 사라가 89세다. 그러니 그렇게 말하는 것이 맞을 것 같다. 그런데 아브라함은 자신의 나이와 사라의 나이의 앞 자리 숫자를 바꾸어 더 나이 많은 것으로 말하기 위해 출산을 기준으로 하여 100세와 90세로 말하였다. 출산을 진지하게 받아들이지도 않았는데 말이다. 출산이 아니라 임신이 더 어렵다는 것을 알면서도 그렇게 생각하였다. 오직 나이의 앞자리를 바꾸어 더욱더 어렵다는 것을 과장하기 위함 일 것이다.

**17:20 그를 매우 크게 생육하고 번성하게 할지라.** 실제로 이스마엘 자손은 크게 번성하게 된다. 그러나 그에게는 언약이 없다. 번성하지만 언약의 길이 아니다. 세상에서 보기에는 좋은 길이지만 하나님께는 좋은 길이 아니다.

**17:21 내 언약은...네게 낳을 이삭과 세우리라.** 이스마엘은 세상의 번영을 누릴 것이다. 그러나 하나님의 백성으로 언약의 길은 이삭이 가게 될 것이다. 언약은 사람이 좋아하는 기쁨이나 번영이 아니라 하나님이 이끄시는 기쁨과 믿음의 길을 가는 것이다.

**17:23 하나님이 자기에게 말씀하신 대로 이 날에...그 포피를 베었으니.** 아브람은 하나님의 말씀을 듣고 순종하였다. 하나님과의 언약은 순종으로 가는 길이다. 아브라함은 순종을 잘 하였다. 언약은 하나님이 주체이시다. 아브라함이 언약의 대상자이지만 주체는 하나님이심을 알고 바로 순종하였다. **포피를 베었으니.** 할례는 애굽과 가나안 지역에서는 일반적이지만 아브라함은 메소포타미아 지역 출신이다. 그곳은 할례가 일반적이지 않았다. 그래서 그에게는 매우 어색한 일이었다. 그러나 그는 자신의 어색함이 아니라 하나님의 말씀에 자신을 맞추어 할례하였다. 언약의 길은 철저히 하나님께 맞추어야 한다.

**17:24 구십구 세.** 아브라함이 할례를 받은 나이다. 앞에서 아브라함은 사라가 아기를 낳을 것이라는 말씀에 웃으면서 생각하였었다.

# 18 장

**18:2 그들을 보자 곧 장막 문에서 달려나가 영접하며.** 뜨거운 어느 날 아브라함은 장막 앞을 지나가는 세 사람을 보았다. 아브라함은 '달려나가' 영접하였다.

조금 의아하다. 족장이요 부자인 아브라함이 지나가는 사람을 직접 환대하는 것이 조금 이상하다. 그러나 담장 있는 집이 있는 것도 아니고 뜨거운 날씨였기 때문에 하인들도 가까이에 없었던 것 같다. 아브라함이 지나가는 사람을 보고 이렇게 환대하는 것은 그의 평소의 익숙한 습관이라고 볼 수 있다. "손님 대접하기를 잊지 말라 이로써 부지중에 천사들을 대접한 이들이 있었느니라" (히브리서 13:2) 여기에서 말하는 사람들은 아브라함과 롯을 말하고 있을 것이다. 아브라함의 환대가 매우 귀하다.

**18:3 주.** 하나님에 대한 호칭일 수 있고 존경의 표현일 수도 있다. 아브라함이 손님 중 한 명을 언제부터 하나님으로 인식했는지는 잘 모른다. 그도 처음에는 모르고 그렇게 맞아들였을 것이다.

**18:5 당신들의 마음을 상쾌하게 하신 후에 지나가소서.** 이 사람들은 아브라함의 말대로 지나가는 사람들이다. 그런데 아브라함은 그냥 지나가는 사람이지만 '상쾌하게 한 후에' 지나가라고 말한다. 그들을 위해 자신이 할 수 있는 최고의 마음과 섬김으로 그들을 환대하고 있다. 돕고 있다. **당신들이 종에게 오셨음이니이다.** 아브라함은 자신의 집을 지나가는 사람을 '자신에게 온' 사람으로 생각하였다. 자신을 방문한 사람이 아니다. 그냥 지나가는 사람이다. 그런데 그는 행인을 환대하고 섬길 수 있는 것을 자신에게 찾아온 기회로 여기고 있다. 환대는 고대에 중요한 일이었다. 그런데 오늘날에는 너무 쉽게 간과하고 있는 것 같다. 고대나 지금이나 이 세상은 환대가 필요한 사람으로 가득하다. 누군가를 사랑하고 환대하는 것은 참으로 귀한 일이다. 자기 혼자만의 세상을 살지 말고 자신의 인생에 늘 누군가를 사랑할 자리와 마음의 공간을 마련하라. 지나가는 사람이기에 해도 되고 안 해도 되는 것처럼 생각될 수 있다. 그러나 그것은 꼭 해야 하는 일이다. 필요한 누군가를 환대하는 것은 인생을 매우 아름답게 하는 꽃이 될 것이다.

**18:8 그들이 먹으니라.** '그들'은 한 분은 하나님이시고 두 명은 천사다. 아브라함이 하나님께서 드실 수 있도록 음식을 드렸다는 것이 얼마나 놀랍고 행복한 일일까? 하나님께서 아브라함의 음식을 맛있게 드심으로 환대를 받으셨다.

**18:10 네 아내 사라에게 아들이 있으리라.** 아브라함의 환대에 기분이 좋아지신 하나님께서 아브라함에게 아들을 얻게 될 것을 다시 말씀해 주셨다.

**18:11-12 사라에게는 여성의 생리가 끊어졌는지라.** 자신이 아기를 낳을 수 있을지 없을지를 여성은 잘 알고 있다. 사라는 자신이 임신 불가능하다고 생각하였다. **사라가 속으로 웃고 이르되 내가 노쇠하였고...내게 무슨 즐거움이 있으리요.** 사라의 이름이 지금 '사라'라고 불리고 있다. 이미 사래에서 사라로 바뀌어 불리고 있었다. 그런데 남편 아브라함을 통해 아들을 낳을 것이라는 말을 전해 들었겠지만 실제로 그럴 것이라고는 거의 생각하지 못하고 있었던 것 같다. 사라는 '실소'하고 있다. 자신은 '대소(즐거움)'할 수 없다고 생각하였다. 손님의 말대로 진짜 아들을 낳으면 '대소'할 것이다. 그러나 그는 대소의 가능성은 없고 오직 실소만 할 수 있다고 생각하였다.

**18:14 여호와께 능하지 못한 일이 있겠느냐.** 신앙인은 하나님의 능력을 함께 생각해야 한다. 언약을 지킬 때 나의 능력이 아니라 하나님의 능력이 우리 삶 가운데 일어난다. '능하지 못한 일이 있겠느냐'라고 말씀할 때 내가 원하는 것을 생각하면 안 된다. 내가 원하는 것을 하나님께서 능치 못해서로 생각하면 안 된다. 하나님께서 기뻐하시는 것은 어떤 일도 능치 못하신 일이 없기 때문에 그 일을 이루신다. 아브라함과 사라가 아들을 낳을 것이라는 것은 하나님께서 약속하신 것이다. 그렇다면 반드시 이루어진다.

**18:17 내가 하려는 것을 아브라함에게 숨기겠느냐.** 하나님께서 하시려고 하는

일을 아브라함에게 알려주셨다. 우리에게도 하나님께서 하시려는 일을 알려주신다. 알아야 한다. 하나님께서 이 세상에 하시는 일이 무엇일까?

**18:18** 수사학적인 질문이다. 하나님께서 아브라함에게 복을 주신다고 말씀한다. 아브라함은 믿음의 조상이 된다. 갈대아 우르에서 부르셨다. 그렇다면 왜 아브라함에게 복을 주시는 것일까?

**18:19 여호와의 도를 지켜 의와 공도를 행하게 하려고 그를 택하였나니.** 하나님께서 아브라함이 '의와 공의(정의)'를 행하도록 그를 택하시고 인도하신다 말씀한다. 의와 정의 없는 믿음은 없다. 아담과 하와는 하나님의 말씀을 어기고 선악과를 먹었다. 세상은 타락하였다. 그러나 하나님의 전적인 은혜로 세상을 다시 구원하고자 하셨다. 사람을 구원하는 것은 사람이 선악과를 먹지 않는 것부터 시작한다. 자신 마음대로 판단하고 먹는 선악과가 아니라 하나님 말씀을 따라 판단하고 행동하는 '의와 정의'의 길을 가야 한다. 믿음은 바른 길을 가는 것이다.

**18:20 소돔과 고모라에 대한 부르짖음이 크고 그 죄악이 심히 무거우니.** 하나님께서 소돔과 고모라의 죄를 보아 오셨다. 죄에 의해 당하고 쓰러지고 아파하는 사람들의 신음 소리를 들으셨다. 그래서 그들의 죄를 심판하려 한다고 말씀하셨다.

**18:23-24 의인을 악인과 함께 멸하려 하시나이까.** 50명이 있다면 '그 의인을 위하여 용서하지 아니하시리이까'라고 물었다. 이러한 질문은 6번이나 이어졌다. 50명에서 시작한 의인의 수는 10명까지 줄었다.

**18:32 십 명으로 말미암아 멸하지 아니하리라.** 소돔성의 인구가 얼마였는지 추측할 수 있는 것은 아무것도 없다. 그러나 큰 성이었기에 최소한 1000명은

넘었을 것이다. 그렇다면 10명이면 1%다. 만 명이었다면 0.1%다. 1%의 소금만 있어도 소돔성은 멸망하지 않았을 것이다. 그러나 소돔성은 10명의 의인도 없었다. 롯은 온전한 의인은 아니었다. 그런데 롯도 의인으로 계산된다. 그런데도 불구하고 10명이 안 되었다. 의인은 역사하는 힘이 있다. 의인은 훨씬 더 많은 수의 세상을 감당할 수 있다. 의인 10명만 있어도 소돔성이 망하지 않을 수 있었다. 그런데 의인은 역시 많지 않다. 소돔성에는 의인 10명이 없었다.

**18:33 여호와께서 아브라함과 말씀을 마치시고 가시니.** 지금까지 아브라함은 하나님과 동행하였다. 환대로 인하여 자연스럽게 이어진 만남이었고 대화였다. 그렇게 아브라함은 하나님과 가까이 동행하였다.


# 19 장

**19:1 저녁 때에.** 누가 보아도 잠잘 곳이 필요한 때다. **소돔 성문에 앉아 있다가.** 이것은 단순히 성문에 앉은 것이라는 의미가 아니라 성의 리더임을 의미한다. 소돔 성이 많이 타락하였다. 롯은 죄 많은 소돔 성의 리더 중의 한 명으로 살고 있었다. **그들을 보고 일어나 영접하고.** 롯은 그들을 손님으로 받아들였다. 롯은 아브라함처럼 도움이 필요한 사람에게 도움을 주고자 하였다. 도움이 필요한 사람을 외면하지 않고 환대하였다. 환대가 쉽지 않다. 이스탄불 관광을 하면서 일행이 구두닦이 사기를 당하였다. 구두 솔을 떨어트리고 그것을 주워주는 사람에게 고맙다고 말하며 구두를 닦아주고 돈을 요구하는 사기다. 몇 달러 요구하는 소소한 일이지만 그러한 것을 경험하면 환대의 마음이 작아진다. 그러나 그럼에도 불구하고 환대의 마음이 약해져서는 안 된다. 환대란 나

의 필요가 아니라 상대의 필요를 채워주는 것이다. 롯은 자신의 필요가 아니라 사람의 모양을 한 천사의 필요를 채워주기 위해 환대를 베풀었다. 그런데 환대는 실상은 그 무엇보다 자신의 필요를 채워주는 것이 된다. 오늘 환대할 수 있을 때 많이 환대하라.

**19:3 롯이 간청하매.** 해진 저녁에 낯선 사람들이 성에 들어왔을 때 롯은 위험을 감지하였다. 천사들이 소돔 성 거리에서 자면 위험하다는 것을 잘 알고 있었다. 그래서 간청하여 자신의 집으로 안내하였다. 신앙인이 세상에서 살아가는 것이 쉽지 않다. 세상에서 분리되어 살아갈 수는 없다. 그러나 분별하면서 살아야 한다. 롯은 소돔이 얼마나 악한지를 알고 있었다. 그런데 그곳을 떠나지 못하고 있었다. 그들의 리더로 살고 있었다. 그런데 여전히 바꾸지는 못하고 있었다. 그들이 천사들에게 악을 행하려고 하였을 때 그는 그들을 막아설 수 없었다. 그들이 롯을 리더로 여기고 있는 것 같았으나 실제로는 겉모습만 그러할 뿐 중요한 순간은 리더로 여기지 않았다. 세상속에서 살아가는 롯의 모습은 허상이었다.

**19:4 소돔 백성들이 노소를 막론하고 원근에서 다 모여 그 집을 에워싸고.** 천사들이 소돔에 왔을 때 그 모습에 흥미를 느낀 사람들이 소돔 성내의 사람들을 동원하여 다 모여들었다. 그들이 보기에 천사들이 매력적인 사람으로 보였던 것 같다. 그래서 강압적인 동성애를 위해 모여들었다. 놀라운 것은 소돔 성 백성들이 노소를 막론하고 왔다는 것이다. 동성애와 성폭력적 동성애가 성 내에 만연한 문화였음을 볼 수 있다.

**19:7 이런 악을 행하지 말라.** 롯은 동성애와 폭력적 동성애 나아가 나그네를 향한 폭력 등을 '악'이라 칭한다. 소돔 성에서는 이미 대중화된 것이지만 그것을 악이라 칭할 용기를 가지고 있었다. 모인 사람이 매우 많았는데도 그들의

폭력을 막고자 힘을 다하였다.

**19:8 두 딸이 있노라 청하건데 내가 그들을 너희에게로 이끌어 내리니 너희 눈에 좋을 대로 그들에게 행하고.** 소돔의 남자들이 끝내 진정되지 않았다. 그래서 롯은 자신의 집에 들어온 손님을 지키기 위해 마지막 수단을 사용하였다. 그는 그들을 지키는 것이 그가 행해야 하는 명예요 신의라고 생각하였다. 딸을 주는 것은 오늘날 문화로 보면 더 나쁜 것이다. 그렇지만 당시 롯은 자신과 상관없는 손님들을 지키기 위해 자신의 딸을 내주는 엄청난 희생을 하고 있는 것이다. 그렇게까지 하여서라도 나그네 손님을 지켜주고자 하였다. 그러나 그것이 한계다. 롯이 세상과 소통하는 방법을 보여준다. 어쩔 수 없어 악을 합리화하는 것이다.

**19:10 롯을 집으로 끌어들이고 문을 닫고.** 천사들이 롯과 소돔 성 사람들 사이를 분리하였다. 문을 닫았다. 어쩌면 이것은 중요한 상징을 담고 있는 것 같다. 롯은 소돔성 사람들에게 이전에 그렇게 해야 했을 것이다. 그가 소돔 성 사람들을 진정시키려 하였던 방식은 거짓된 방식이었다. 그런 방식으로 설득하기보다는 차라리 문을 닫았어야 한다.

**19:13 여호와께서 이곳을 멸하시려고 우리를 보내셨나니.** 천사들이 롯에게 사실을 알렸다. 소돔의 죄에 대해 하나님께서 심판하셔서 멸망하게 될 것이다. 소돔의 죄만이 아니다. 모든 죄에 대해서 필연코 심판이 있고 멸망이 있다. 단지 시간 차이가 있을 뿐이다.

**그들에 대한 부르짖음이 여호와 앞에 크므로.** 소돔 성 사람들의 죄로 인하여 아파하는 사람들이 있었다. 그래서 하나님께서 그들을 먼저 심판하시고자 하셨다. 누군가를 아프게 하고 해를 끼치는 것은 참으로 큰 죄다. 당시 다른 사람들도 죄가 있었겠지만 특별히 소돔과 인근의 도시들이 심판을 받는 것은 그들의 죄가 더 컸기 때문이다. 사람들의 죄가 다 같지 않다. 죄라는 사실에 있어서는 같으나 더 큰 죄가 있고 작은 죄가 있다. 소돔은 더 큰 죄 가운데 있어 하나님께서 그 시대에 멸하시는 것이다.

**19:14 결혼할 사위들에게 말하여 이르기를 여호와께서 이 성을 멸하실 터이니 너희는 일어나 이 곳에서 떠나라.** 롯이 매우 진지하게 이야기하였을 것이다. **그의 사위들은 농담으로 여겼더라.** 밤중에 찾아온 장차 장인의 경고를 듣고 그들은 한결같이 어이없어 하였다. 장인이 밤중에 왔으면 매우 중요한 일일 것이다. 그러나 그들은 그것이 너무 어이없었다. 따라나서지 않았다.

소돔성은 멸망을 앞두고 있었다. 그러나 소돔 성에 사는 사람들은 멸망에 대해 전혀 생각하지 않았다. '함께 떠나자'는 제안을 받아도 무시하였다. 이것이 멸망 받는 사람들의 특성이다. 당장 멸망 받을 지라도 그것에 대해 전혀 생각하지 않는다. 알지 못한다. 오늘날 사람들도 멸망을 앞두고 있다. 그러나 멸망을 앞둔 사람들은 자신들이 멸망할 것이라는 사실을 생각하지 않는다. 소돔 성 사람들처럼 그냥 행복하게 잘살고 있다고 생각한다.

**19:15 천사가 롯을 재촉하여.** 밤이 지났다. 지난밤에 함께 탈출할 어떤 사람도 추가되지 못하였다. 멸망의 시간이 다가오고 있었다. 천사들은 마음이 급하여 롯을 재촉하였다.

**19:16 롯이 지체하매 그 사람들이 롯의 손...잡아 인도하여.** 롯이 지체하였다. 왜 지체하고 있을까? 그도 멸망이 실감 나지 않아서 그랬을 것이다. 파도가 덮치면 뒤도 돌아보지 않고 뛰지 않겠는가? 그런데 모르니까 뛰지 않는 것이다. 그래서 멸망의 심각성을 잘 아는 천사들이 그들의 손을 잡고 끌었다. **여호와께서 그에게 자비를 더하심이었더라.** 멸망의 도시인데도 불구하고 지체하는 롯을 보면 조금 얄밉다. 그러나 그를 계속 재촉하였다. 손을 끌었다. 그것은 하나님

의 자비 때문이다. 오늘날도 사람들의 신앙의 모습을 보면 그냥 포기하고 싶은 사람들이 많다. 그런데도 불구하고 하나님께서 그들을 재촉하신다. 손을 잡아 끄신다. 하나님의 은혜 때문이다.

**19:19 산에까지 갈 수 없나이다.** 하나님께서 어련히 알아서 산으로 도망가라 하셨을까? 그러나 롯은 여전히 자신의 생각으로 근처의 도시로 도망가도록 요청하였다. 간신히 구원받으면서도 그렇게 말이 많은 롯에 대해 놀랍게도 하나님께서 허락하셨다. 하나님의 자비다.

**19:20 도망하기에 가깝고 작기도 하오니 나를 그곳으로 도망하게 하소서.** 롯은 산보다 가까운 도시로 도망하였으면 좋겠다고 말하였다. '작기도 하오니'라는 것은 '작은 도시이니 그들을 멸망하지 않아도 되는 것이 아닌지' 하는 그의 생각이다. 소돔의 멸망은 인근의 성들도 함께 멸망하는 계획이다. 롯이 말하는 성은 이후에 '소알'이라고 말하는 성이다. 멸망될 것에서 구원받는 것인데 요구 사항이 참 많다는 것을 볼 수 있다.

**19:21 그 성읍을 멸하지 아니하리니.** 놀라운 것은 하나님께서 롯의 요구를 들어주신다는 사실이다. 본래 소알도 멸망이 계획된 성 중에 하나다. 롯 때문에 그 성을 멸하지 않을 것이니 '그 성으로 도망가라'고 말한다.
소알의 구원에는 이전의 아브라함의 역할이 있는 것 같다. 앞서 아브라함이 소돔의 멸망에 대한 이야기를 듣고 의인 열 명이 있으면 소돔 성을 멸하지 않기로 약속을 받아 놓았었다. 소돔 성은 크다. 반면 소알 성은 작다. 비율을 생각하면 소돔 성이 멸망하지 않을 조건으로 의인 열 명이면 소알 성은 지금 롯의 식구 4명(아내를 빼면 3명)으로도 구원받을 수 있는 조건이 될 수 있다. 그렇다면 소알의 구원은 롯 이전에 아브라함의 역할이 더 크다 할 수 있다.

**19:23 해가 돋았더라.** 지난 밤은 기나긴 밤이었다. 드디어 롯이 소알에 안전하

게 들어갔다.

**19:24 유황과 불을 소돔과 고모라에 비같이 내리사.** 후지산과 같은 활화산에 가면 유황 연기가 피어오르고 있는 것처럼 하늘에서 떨어진 불타는 유황으로 인하여 뜨거운 불과 사람을 질식하게 하는 유황 연기가 성과 들판을 가득 메웠던 것 같다. 그 불과 연기로 어떤 사람도 살아남지 못하고 모두 멸망하였다.

**19:26 롯의 아내는 뒤를 돌아보았으므로 소금 기둥이 되었더라.** 소알에 가는 여정 가운데 하나의 사건이 일어났다. 이것은 어쩌다 뒤를 돌아보았는데 운이 없어 그렇게 소금 기둥이 되었다는 것을 말하는 것은 아니다. '뒤를 돌아보았다'는 히브리어 동사는 단지 '보았다' '붙잡았다'등의 의미다. 뒤를 보았다는 것은 문맥상 의역한 것이다. 롯의 아내가 뒤를 돌아본 것은 단순한 호기심을 반영하는 것이 아니라 애정을 담고 있을 것이다. 소돔 성에 대한 미련과 애정이 남아 있는 것이다. 어쩌면 롯의 아내가 소돔으로 돌아간 것을 그렇게 표현하였을 수도 있다. 롯의 아내는 롯과 함께 살았지만 믿음 없는 사람이었던 것으로 보인다. 어쩌면 롯이 소돔에 살고 있는 이유도 아내의 역할이 컸을 수 있다. 배우자가 믿음이 없으면 참 많이 힘들다. 믿음의 길을 함께 갈 수 있도록 서로 격려해야 한다. 서로 협력자가 되어야 한다. 그러나 아쉽게도 롯의 경우처럼 어쩔 수 없는 경우도 있다. 결국 모든 믿음은 개인의 믿음이다.

**19:27 아브라함이 그 아침에 일찍이 일어나 여호와 앞에 서 있던 곳에 이르러.** 소돔성이 멸망하던 그 날 아침일 수도 있고 아니면 '아침에 일찍 일어난 것을 통해 볼 때 그 다음날 아침일 수도 있다. 아침에 일찍 일어나 '여호와 앞에 서 있던 곳'에 이르렀다고 말한다.

**19:28 소돔과 고모라...연기같이 치솟음을 보았더라.** 헤브론에서 소돔까지는 40km정도 떨어졌을 것이다. 소돔성 쪽의 일이 조금이라도 보이기 위해서는

헤브론에서 조금 많이 걸어나가야 했을 것이다. 그러면 소돔 성에서 일어난 일로 인하여 엄청난 양의 구름이 일어날 때 솟아오른 구름만 볼 수 있을 것이다. 아니면 사해 바다 낮은 지역에 있던 소돔 성을 앞에 가린 것만 없으면 먼 거리에서도 볼 수 있으니 조금 더 먼 거리를 걸어왔을 수도 있다. 아마 소돔 성이 직접 보이는 곳보다는 구름이 보이는 정도로 보이는 곳까지 갔을 것이다. 소돔 지역에서 연기가 치솟음을 보면서 아브라함은 많은 생각을 하였을 것이다. 이전에 롯이 사로잡혔을 때는 단까지 군사들을 이끌고 가서 구원하였었다. 그러니 지금 엄청난 연기를 보고 아마 곧 달려갔을 것 같다. 조카 롯에게 무슨 일이 일어난 것인지. 하나님의 심판이 어떻게 이루어졌는지 매우 궁금하였을 것이다. 그러나 이전처럼 그가 롯을 구할 수 있는 것은 아니었다. 하나님께서 하시는 일이고 벌써 끝난 일이다. 단지 걱정되고 많은 것을 생각하였을 것이다.

**19:29 롯이 거주하는 성을 엎으실 때에 하나님이 아브라함을 생각하사...롯을...내보내셨더라.** 아브라함은 아무것도 할 수 없었던 것 같다. 그러나 실제로는 아브라함은 소돔 성의 멸망에서 매우 큰 일을 하고 있었다. 소돔 성을 위해 의인의 수를 열 명까지 깎았었다. 그래서 결국 소알성은 멸망하지 않을 수 있었다. 그 모든 일에 아브라함은 소돔 성에 있지도 않았고 멀리 있어 관련도 없는 것 같았으나 하나님께서는 아브라함을 생각하셔서 롯을 구원하셨고 소알성을 구원하셨다. 소돔과 고모라의 심판이라는 엄위한 일이 일어나고 있었다. 그런데 하나님께서 아브라함 한 사람을 생각하셔서 많은 일을 하셨다. 그만큼 믿음의 사람은 세상에서 큰 역할을 한다. 믿음만이 홀로 빛난다.

**19:30 롯이 소알에 거주하기를 두려워하여.** 무엇을 두려워하였을까? 2가지 가능성이 있다. 첫째는 하나님을 두려워하는 것이다. 소돔과 고모라를 멸망시키신 하나님께서 소알까지도 멸망시키실 것을 걱정하는 것이다. 그래서 처음에 도

망가라고 하신 산으로 거처를 옮겼을 수 있다. 두번째는 소알 사람을 두려워하는 것이다. 소알 사람에게 롯과 두 딸은 '재수 없는 사람'일 수 있다. 소돔 성이 멸망하였는데 롯과 롯의 두 딸이 소돔 사람이기 때문에 그들을 마녀취급할 수 있다. 후자가 더 가능성이 있어 보인다. **소알에서 나와 산에 올라가 거주하되 그 두 딸과 함께 굴에 거주하였더니.** 결국 롯은 딸들을 데리고 소알성에서 나와 인근의 산의 굴에 거주하였다. 화려함이 좋아 소돔 성에 들어갔는데 결국 모든 문화를 뒤로 하고 산의 굴에서 살게 되었다.

**19:31 우리의 배필 될 사람이 이 땅에는 없으니.** 아마 롯은 소알과 인연을 끊고 살았던 것 같다. 롯의 딸들은 미래를 생각하였을 것이다. 아무리 생각해 보아도 가능성이 없어 보였다. 아버지는 늙어가고 주변에 남자는 없었다. 그래서 결국 아주 잘못된 계획을 세우게 된다.

**19:33 그 아버지는 그 딸이 눕고 일어나는 것을 깨닫지 못하였더라.** 담담한 보도에서 슬픈 인생사를 보는 것 같다. 문제를 인간적인 방법으로 풀려고 하였던 딸들에 의해 인간답지 못한 참으로 비극적인 일이 일어났다. 사실 아브라함은 더 늙었다. 그런데 그는 자녀를 낳았다. 선한 방법을 찾으면 있다. 없으면 차라리 포기하는 것이 더 낫다. 그러기에 아무리 선한 목적이라도 잘못된 방법을 사용하는 것은 배제해야 한다. 롯이 딸과의 관계에서 낳은 두 아들은 모압과 벤암미(암몬)이다. 이스라엘과 매우 가까운 민족이면서도 전통적인 대적자다. 그래도 하나님의 긍휼하심이 있어 그들은 사해 바다 동편 지역을 차지하는 큰 민족이 된다. 믿음의 역사에서도 모압 사람 룻이 다윗의 증조모가 되었다. 암몬 사람 나아마가 솔로몬의 아내가 되어 르호보암 왕의 어머니가 된다. 그렇게 믿음의 역사에 중요한 역할을 하는 믿음의 사람이 생기기는 하지만 큰 그림으로는 이스라엘의 적대적인 나라로 마치게 된다.

# 20 장

**20:2 아비멜렉이 사람을 보내어 사라를 데려갔더니.** 아브라함은 그랄에서도 이전처럼 자연스럽게 자신의 아내를 '누이'라 하였다. 그러자 그랄 왕 아비멜렉이 사라를 데려갔다. 아브라함이 믿음의 조상이 되고 그 자손을 통해 믿음의 역사가 세워져 가는 일에 있어 아주 큰 위험이 생겼다. 아비멜렉이 사라를 데려다가 자신의 첩으로 삼는다면 모든 약속이 허무하게 파괴될 것이다. **그의 아내 사라를 자기 누이라 하였으므로.** 이러한 위험의 원인에 대한 설명이다. 이러한 엄청난 위험이 다른 곳에서 온 것이 아니라 아브라함이 자신의 아내를 '누이'라고 하였기 때문에 일어난 일이라는 말씀이다.

**20:3 그 밤에 하나님이 아비멜렉에게 현몽하시고.** 아비멜렉이 사라를 데려간 날 밤에 일이 일어나기 전에 하나님께서 급하게 아비멜렉에게 나타나셨다. 아브라함이 무기력하게 사라를 보낸 날인지 아니면 아브라함은 타지에 있어 어떤 일이 일어났는지 모르고 있는지 모른다. 그러나 어떠한 경우이든 믿음의 사람이요 용감한 사람인 아브라함이 무기력하게 아무것도 하지 못하고 있는 그 날에 하나님께서 강력하게 일하셨다.

**20:9 아비멜렉이 아브라함을 불러서.** 다음날 아침 아비멜렉은 아브라함을 불렀다. 아비멜렉이 아브라함을 부르기 전 아브라함이 사라를 찾아 나서야 하지 않았을까? 이전에 롯이 잡혀 갔을 때 아주 강한 메소포타미아 연합군에 맞서 아주 멀리까지 따라가 롯을 구한 아브라함의 용기와 결단을 생각할 때 오늘 본문의 아브라함의 행동은 이해가 되지 않는다. 아브라함의 입장에서 변명할 수 있는 문화나 정황적인 무슨 이유가 있을 수 있을 것 같다. 그러나 그럼에도 불구하고 아브라함에게도 여전히 잘못이 있는 것은 분명해 보인다. 아브라함의 자손을 통해 일하시는 하나님의 계획이 이루어지는 마지막 단계에서 아

브라함의 믿음의 연약함이 결정적으로 문제가 되었다. 이것을 알아야 한다. 우리는 항상 부족하다. 롯이 거하던 소돔성이 죄로 멸망하였는데 아브라함이라고 죄로부터 자유로운 것이 아니다. 아브라함도 여전히 죄의 위험에 노출되어 있다.

**20:11 이곳에서는 하나님을 두려워함이 없으니 내 아내로 말미암아 사람들이 나를 죽일까 생각하였음이요.** 나그네와 이방인으로 산다는 것이 위험한 시대였지만 하나님을 향한 믿음이 아니라 시대를 향한 두려움이 앞섰다는 것을 보여준다.

**20:12 정말로 나의 이복 누이로서.** 사람들에게 누이라고 말하는 것은 분명 잘못된 정보를 주게 될 것이다. 그런데 그것이 절반의 진실을 담고 있다. 그래서 말하는 사람은 말하면서도 그것에 대해 합리화를 할 수 있었다.

**20:13 내 아버지의 집을 떠나 두루 다니게 하실 때에 내가 아내에게 말하기를.** 이것은 우르를 떠날 때부터 정했던 일로서 오래 전에 이미 정했던 일이었다. 오래 된 것은 이상한 힘이 있다. 잘 바뀌지 않는다.

**20:14 사라도 그에게 돌려보내고.** 아비멜렉은 결국 사라를 돌려보냈다. 이 모든 일은 아브라함의 믿음이 아니라 하나님의 은혜로 되어진 것이다. 중요한 순간에 믿음보다 은혜가 일하였다. 믿음이 귀한 일이나 은혜가 더 귀하다. 우리가 믿음으로 사는 것이 매우 중요하다. 그런데 그것보다 더 중요한 것은 은혜를 아는 것이다. 은혜가 모든 것을 가능하게 한다. 믿음의 길을 갈 때 꼭 기억해야 한다.

**20:17 아브라함이 하나님께 기도하매 하나님이 아비멜렉과 그의 아내와 여종을 치료하사.** 이 일에 있어 아브라함이 잘못하였다. 그런데 하나님께서 아브라함을 책망하시는 것이 나오지 않는다. 믿음을 깨닫게 하실 뿐이다. 아마 하나님께

서는 이미 아브라함의 연약함을 아셨기 때문일 것이다. 아브라함은 자신의 이러한 나약함에 대해 자신을 잘 몰랐을 것이다. 우리도 잘 모른다. 그래서 이 이야기가 낯설게 느껴진다. 하나님만 매우 담담하게 받아들이신다. 하나님은 잘 알고 계셨기 때문일 것이다. 우리의 나약함과 이웃의 나약한 믿음을 직면하게 될 때 때로는 매우 힘들다. 그러나 사람은 때로 어떤 문제에 있어 말도 안 되게 나약하다. 그러한 나약함을 합리화해서는 안 된다. 그러나 우리가 모르는 나약함이 있음을 아는 것도 중요하다. 나약함이 드러날 때 아니라고 우기며 도망가지 말고 조용히 하나님 앞에 눈물로 엎드려라.

# 21 장

**21:1 말씀하신 대로.** 하나님께서 말씀하셨을 때 아브라함도 웃었고 사라도 웃었다. 그들의 웃음은 어이없어 하는 '실소'였다. 그러나 하나님께서 '말씀하신 대로' 100세의 아브라함과 90세의 사라가 아들을 낳았다. 하나님의 말씀대로 이루어졌다. 아들을 낳은 것보다 말씀하신 대로 이루어졌다는 것이 더욱 중요하다.

**21:2 아들을 낳으니.** 89세에 임신하고 90세에 출산한다는 것이 불가능해 보였다. 그러나 하나님께서 약속하신 일이다. 그래서 '말씀하신 대로' 사라가 임신하였고 출산하였다.

아브라함이 하란에서 나올 때 75세였다. 하나님의 약속을 따라 우르에서 나올 때는 더 이른 시기다. 하나님의 약속이 있었으나 25년이 넘도록 아기를 낳지 못하고 있었다. 그러다가 드디어 아기를 낳았다. 다른 사람들은 쉽게 아기를 낳는다. 그러니 아브라함과 사라가 아들을 낳은 것도 그리 큰 일은 아니라 할 수 있다. 그런데도 불구하고 아브라함과 사라가 아들을 낳은 것은 매우 큰 일이 된다. 왜 그럴까? 늦은 나이에 낳았기 때문인가? 아니다. 매우 드물지만 그 나이에 아기를 낳은 사람도 있을 것이다. 그렇다면 무엇이 아브라함이 아기를 낳은 것을 특별하게 만들었을까? '말씀하신 대로' 낳았기 때문이다.

**21:3 아들을 이름하여 이삭이라 하였고.** '이삭'은 '웃음'과 어근이 같으며 '그가 웃다' '웃는자'라는 뜻이다. 아들을 낳을 것이라는 하나님의 말씀에 아브라함이 웃었고 사라도 웃었다. 그런데 드디어 아기를 낳았다. 그래서 아기의 이름을 '웃는자'라고 짓게 되었다. 우리도 이삭의 이름을 잘 기억할 필요가 있다.

**21:5 이삭이 그에게 태어날 때에 백 세라.** 나이를 반복하여 말하면서 아기를 낳는다는 것이 참으로 어려웠다는 것을 강조하여 말한다. 매우 힘들 수 있다. 그러나 하나님께서 하시면 전혀 힘든 일이 아니다.

**21:6 하나님이 나를 웃게 하시니.** '웃음'에 해당하는 히브리어는 모두 같다. 그러나 담고 있는 의미는 아주 많이 다르다. 이전에 웃을 때는 불신의 웃음이었다. 헛웃음이었다. 그런데 이제 아기를 낳고 웃는 웃음은 믿음의 웃음이요 기쁨의 웃음이다. 아브라함은 이후에 이삭의 이름을 부를 때마다 이전의 '불신의 웃음'과 이후의 '믿음의 웃음'을 떠올릴 것이다.

**21:7 자식들을 젖먹이겠다고 누가 아브라함에게 말하였으리요.** 수사적 강조다. '누가'라고 말한다. 어느 누구도 사라가 자식을 낳고 젖을 먹일 것이라고는 상상도 못하였다는 뜻이다. 그런데 모두 기쁨으로 웃게 되었다. 어떻게 이런 일이 실현되었을까? 믿음으로 끝내 크게 웃게 되었다.

**21:8 젖을 떼는 날에...큰 잔치를 베풀었더라.** 우리 나라는 첫 돌 때 크게 잔치를 하곤 한다. 그런데 고대 근동은 아기가 젖을 떼는 2-3살 때를 중요하게

여기고 잔치하였다. 이삭이 3살이라면 이스마엘은 17살이다. 그 때 사라는 이스마엘이 어린 이삭을 놀리는 것을 보았다. 사라는 17살의 큰 아이가 3살의 이삭에게 큰 위협이 될 수 있겠다고 생각하였다. 그래서 그는 아브라함에게 하갈과 그 아들을 쫓아낼 것을 요청하였다.

**21:9 하갈의 아들이 이삭을 놀리는지라.** '이삭을 데리고 놀았다'라고 번역할 수도 있다. 또는 '이삭의 자리를 차지하다'로 번역해도 된다. 사라는 아들의 잔치에서 이스마엘을 위협적으로 인식한 것 같다. 이스마엘은 이미 성인이 되어 16살 정도 되었다. 자신의 아들은 이제 2살을 넘겼다. 이스마엘은 법적으로 아브라함의 아들이다. 큰 아들이다. 이삭의 경우 이제 젖을 뗌으로 한 차원 다른 상황이 되었다. 그래서 사라는 중요한 결단을 하였다.

**21:10 종의 아들은 내 아들 이삭과 함께 기업을 얻지 못하리라.** 사실 종의 아들도 법적으로는 자신의 아들이다. 그러나 사라는 그것을 인정하지 않았다. 사라의 결심이 굳은 것을 안 아브라함은 이 일이 '매우 근심'이 되었다. 문제의 발단은 어리석은 혈통주의에 있었다. 그러나 답은 다른데 있었다.

**21:12 근심하지 말고 사라가 네게 이른 말을 다 들으라 이삭에게서 나는 자라야 네 씨라 부를 것임이니라.** 사라는 혈통주의에 대한 생각으로 이스마엘을 내쫓으려 하였다. 그러나 하나님은 이전에 아브라함에게 '사라를 통한 자손'을 약속하셨었다. 하나님은 언약을 상기시키셨다. 이삭을 통한 자손이 언약임을 안 아브라함은 근심을 거두고 바로 실행하였다.

**21:13 그로 한 민족을 이루게 하리라.** 이스마엘이 세상적인 관점으로 볼 때는 형통하게 될 것이다. 그래서 지금 아브라함이 매몰차게 내쫓는 것은 사실 인간적인 관점으로 매몰찬 것 같지만 그 부분에 대해서는 하나님께서 보호하시고 형통하게 하실 것이다. 실제로는 언약 백성이 아니기에 내쫓는 것이다. 언

약을 잊었던 자신의 실수와의 이별이기도 하다. 그래서 아브라함은 단호하게 결단할 수 있었다.

**21:14 아침에 일찍이 일어나 떡과 물 한 가죽부대를 가져다가...데리고 가게 하니.** 아브라함은 자신의 소중한 아들 이스마엘을 그렇게 집에서 쫓아냈다. 그것이 하나님의 언약임을 알았기 때문이다. 신앙인은 언약에 따라 살아가는 사람들이다.

**21:16 아이가 죽는 것을 차마 보지 못하겠다 하고 화살 한 바탕 거리 떨어져 마주 앉아 바라보며 소리 내어 우니.** 하갈은 아이가 죽어가는 신음소리를 차마 들을 수가 없어 아이를 덤불의 작은 그늘 아래 두고 '화살 한 바탕 거리' 떨어졌다. '바탕'은 길이의 단위로 '화살을 쏘아 날아가는 거리'를 의미한다. 그 정도는 떨어져야 아이가 죽어가며 내는 신음 소리를 들을 수 없기 때문에 차마 아이가 죽어가는 소리를 듣기 싫어 그렇게 한 것이다. 그런데 하나님은 다르셨다.

**21:17 하나님이 그 어린 아이의 소리를 들으셨음으로.** 이스마엘의 죽어가는 신음 소리를 하갈은 들을 수 없었다. 그러나 하나님은 들으셨다. 하나님의 긍휼은 모든 사람을 향한다. 언약 백성이 아닌 사람을 향해서도 하나님의 긍휼이 미친다.

**21:20-21 광야에서 거주하며 활 쏘는 자가 되었더니.** 그는 훌륭한 사냥꾼이 되었다. '애굽 땅에서 아내를 얻어 주었더라'고 말한다. 그의 모습은 신앙인과는 거리가 멀다. 역시 그는 언약에 무관심하였다. 하나님께 무관심하였다. 세상적으로는 형통하게 되었다. 그러나 언약과는 상관없는 사람이 되었다.

**21:22 네가 무슨 일을 하든지 하나님이 너와 함께 계시도다.** 멜기세덱은 아브라함이 형통하여 더 강해지는 것을 보았다. 어느 정도 형식적인 말이긴 하겠으

나 그는 아브라함이 믿는 하나님께서 그와 함께 하셔서 형통하다고 말하고 있다. 아비멜렉이 하나님께서 주시는 형통을 말하는 것은 평소 아브라함이 그렇게 말하였기 때문일 것이다. 그가 보기에 아브라함은 하나님을 믿는 사람이었고 하나님께서 그에게 복을 주셔서 형통한 사람이었다.

**21:23 내게 맹세하라.** 아비멜렉이 아브라함과 협정 맺기를 원하였다. 본래 아비멜렉이 훨씬 더 강하였다. 그런데 이제는 아비멜렉이 아브라함과 평화 언약을 맺고 싶을 정도로 아브라함의 세력이 커졌다는 것을 의미한다.

**21:25 아브라함의 우물을 빼앗은 일.** 아브라함은 아비멜렉과 협상을 맺으면서 해묵은 문제를 해결하였다.
우물 문제다. 필요한 물을 이스라엘의 산지는 주로 샘이나 물웅덩이로 물을 해결하였다. 네게브 지역은 낮은 지역이기 때문에 우물을 파면 물을 얻을 수 있었다. 그러나 하나의 우물을 파는 것은 물 흐름도 알아야 하고 깊이 파야 하며 우물벽을 세우는 일 등 많은 기술과 노력이 필요하였다. 그래서 우물은 매우 중요하였다. 아브라함은 브엘세바 지역에서 직접 우물을 파서 문제를 해결하였는데 아비멜렉의 목자들이 와서 그 우물을 빼앗는 문제가 생겼다. 그랄과 브엘세바는 40km정도 떨어져 있다. 그래서 우물로 인하여 언제든 문제가 될 수 있었다.

**21:31 그곳을 브엘세바라 이름하였더라.** 그 우물을 두고 분명하게 맹세하며 협약을 맺었다. 그래서 그곳을 '브엘세바'라 이름하게 되었다. 이후로 그곳 이름이 브엘세바가 될 정도로 그 사건은 분명하게 각인된 사건이 되었다. '세바'는 일곱 또는 맹세라는 이중적인 의미를 가지고 있다. 일곱 마리의 양을 주면서 아브라함의 소유권을 확실하게 맹세하게 한 곳이기 때문에 그렇게 이름이 붙은 것이다.

**21:33 아브라함은 브엘세바에 에셀 나무를 심고.** 브엘세바에 사람이 살 수 있는 곳으로 개발을 했다는 의미일 것이다. 브엘세바는 이후에 이스라엘 사람들이 거주하는 최남단 도시가 된다. 네게브 지역은 사람이 살 수 없지만 브엘세바는 네게브에서 가장 북쪽 지역에 위치하여 그래도 사람에게 필요한 최소한의 비가 왔다.

아브라함은 사람이 살기 가장 좋은 지역 메소포타미아 지역을 떠나 사람이 살기 좋지 않은 가나안으로 왔다. 메소포타미아 지역의 가장 좋은 우르를 떠나 가나안에서 가장 안 좋은 브엘세바에 와 정착하였다. 그러나 이것이 중요한 것은 약속의 땅이기 때문이다. 약속을 따라 이곳에 온 것이기 때문에 이 땅은 가장 복된 땅이 된다.

**영원하신 하나님 여호와의 이름을 불렀으며.** 브엘세바에 대한 소유권을 인정받고 하나님께 감사제사를 드리는 것이다. 이 땅과 예배는 최소한의 것이었으나 그 안에는 이미 최대한의 가치가 담겨 있었다. 이 예배는 참으로 감격 그 자체였을 것이다.

# 22 장

**22:1 하나님이 아브라함을 시험하시려고.** 여기에서 하나님께서 아브라함을 시험하신 것은 아브라함의 믿음의 여정에서 결정판이 된다. 아브라함의 믿음의 여정에서 많은 시험이 있었고 여기에서 하나님께서 직접 시험을 하시기까지 하신다는 것을 눈여겨 보아야 한다. 믿음의 여정에는 많은 시험이 있다. 하나님께서 아브라함을 시험하신 것은 그것이 아브라함에게 유익한 것이기 때문이다. 하나님은 늘 좋은 것을 주시기를 원하신다. 그렇다면 오늘날 우리들에게 시험이 있을 때도 그것은 좋은 일이다. 모든 믿음의 여정에는 시험이 있다는 것을

잘 알아야 한다. 그 시험은 참으로 유익하다. 시험은 '배운 것과 아는 것의 차이'를 드러내 준다. 아무리 많이 배웠어도 실제로 알지 못하면 쓸 수가 없다. 아브라함이 지금까지 믿음을 배웠다. 이제 믿음이 실제로 아브라함 안에 얼마나 있는지 드디어 시험치를 때가 되었다.

**22:2 네 아들 네 사랑하는 독자 이삭을 데리고…그를 번제로 드리라.** 이삭이 어떻게 얻은 아들인가? 하나님께서 그것을 잘 알고 계셨다. 모르고 말씀하신 것이 아니다. '네 아들 네 사랑하는 독자 이삭'이라고 매우 분명하게 말씀하셨다. 혹시 하나님께서 오늘날 우리에게 이렇게 말씀하시면 절대 따라 하지 마라. 그것은 결코 하나님의 음성이 아니기 때문이다. 특별계시가 일반계시보다 권위가 크다. 오늘날 들려지는 음성이나 보이는 것은 다 일반계시로서 기록된 계시가 더 우선순위이고 기준이 된다. 그러나 아브라함 당시에는 기록된 말씀이 없었다. 이것은 당시 문화에서 살인의 문제가 아니라 자신이 가장 좋아하는 것을 포기할 수 있는지의 순종과 헌신의 문제였다. 소중한 것과 믿음이 대치되는 것은 아니지만 때론 대치될 때가 있다. 그때 우리는 소중한 것을 선택하면서 믿음에 대해 합리화하지 말아야 한다. 믿음으로 그것을 다스릴 수 있어야 한다.

**22:3 일찍이 일어나.** 즉시 아침에 일어나 아들을 번제로 드리기 위해 떠났다. 하나님 말씀에 순종여부를 생각하는 것은 어리석은 일이다. 어떤 일이 하나님 말씀인지 아닌지 구분하는 것은 매우 중요하다. 그러나 하나님의 말씀이라면 순종만 우리의 선택지다. 그 때는 선택여지가 없다. 고민할 일이 아니다. 아브라함은 자신에게 말씀하신 분이 하나님임을 확신하였다. 그래서 바로 순종하였다. 모리아 땅까지 가야 했다. 모리아 땅은 이후에 예루살렘의 성전이 세워진 곳이다. 브엘세바에서 72km 떨어졌다. 왜 그 먼 곳까지 가야 하는지도 몰랐다. 그러나 그는 순종하였다. 하나님을 믿었기 때문이다.

**22:9-10 칼을 잡고 그 아들을 잡으려 하니.** 아브라함은 하나님의 말씀대로 아들을 번제로 드리기 위해 칼을 들어 잡으려 하였다. 대체 무슨 일이 일어나고 있는 것일까? 후에 히브리서 저자는 이 사건을 두고 말한다. "그에게 이미 말씀하시기를 네 자손이라 칭할 자는 이삭으로 말미암으리라 하셨으니 그가 하나님이 능히 이삭을 죽은 자 가운데서 다시 살리실 줄로 생각한지라 비유컨대 그를 죽은 자 가운데서 도로 받은 것이니라" (히 11:18-19) 아브라함은 하나님의 약속을 믿었다. '네 자손이라 칭할 자는 이삭으로 말미암으리라'는 약속이다. 그렇다면 이삭이 죽으면 그 약속이 이루어질 수 없으니 어떤 방식으로든 '이삭을 죽은 자 가운데서 다시 살리실 줄로 생각'한 것이다. 이 사건을 통해 아브라함의 믿음이 진짜임이 드러났다. "우리 조상 아브라함이 그 아들 이삭을 제단에 바칠 때에 행함으로 의롭다 하심을 받은 것이 아니냐 네가 보거니와 믿음이 그의 행함과 함께 일하고 행함으로 믿음이 온전하게 되었느니라" (약 2:21-22) '행함으로 믿음이 온전하게 되었느니라'고 말한다. 하나님의 말씀을 믿고 이삭을 실제로 드리는 행함을 통해 아브라함의 믿음이 온전해졌다. 하나님의 눈에 보였다.

**22:12 네 독자까지도 내게 아끼지 아니하였으니 내가 이제야 네가 하나님을 경외하는 줄을 아노라.** 아브라함이 실제로 이삭을 바치는 행위를 할 때 하나님은 그것 때문에 아브라함의 믿음을 '아노라'고 말씀하셨다. 여기에서 '알다'를 '본다'고 번역해도 된다. '본다'는 단어가 '안다'는 의미로 사용될 때가 있기 때문이다. 우리의 믿음이 하나님의 눈에 보여야 한다. 하나님은 우리를 지켜보고 계신다. 우리의 믿음이 하나님의 눈에 보이기를 바라면서 지켜보신다. 오늘 우리는 어떤 행동을 통해 우리의 믿음이 하나님의 눈에 구체적으로 보이게 될까? 행동을 해야 한다. 믿음이 있다고 하면서 실제로는 믿음대로 행하지 않으면 결코 믿음이 있는 것이 아니다. 믿음이 눈에 보이지 않을 때도 있지만 눈

에 보일 때도 있다. 눈에 보여야 할 때 실제로 보여야 한다.

**22:13 아브라함이 눈을 들어 살펴본즉 한 숫양이…수풀에 걸려 있는지라…숫양을 가져다가 아들을 대신하여 번제로 드렸더라.** 이제야 이 이야기를 듣던 사람들은 '휴'하고 안도할 수 있을 것이다. 사람이 죽지 않고 숫양이 죽게 되었으니 말이다. 사람이 죽었으면 얼마나 끔찍하였을까?

**22:14 그 땅 이름을 여호와 이레라 하였으므로.** '이레'는 흔히 아는 것처럼 '준비'가 아니라 '보다'는 뜻이다. 성경에 아주 많이 나오는 단어다. 오늘 본문만 개역개정은 '제공하다'는 의미로 의역하여 번역하고 있다. 다른 성경도 대부분 오늘 본문을 그렇게 의역하여 번역한다. 유대인 성경은 '보다'로 번역한다. 나도 '보다'로 번역하는 것이 훨씬 낫다고 생각한다. 그러면 '하나님께서 보신다'는 뜻이다. 무엇을 보셨을까? 아브라함의 믿음을 보셨다. **준비되리라 하더라.** 이것은 주어를 생략하고 번역하였다. 직역하면 '여호와가 보여지리라 하더라'이다. '여호와가 보여진다'는 것은 대체 무슨 말일까? 그래서 이것을 잘 번역하지 않는다. 여호와 대신 숫양으로 해석하여 '그것이 제공될 것이다'라고 번역하기도 한다. 그러나 가능하면 히브리어를 있는 그대로 번역하는 것이 좋다. **여호와의 산.** 2절의 '모리아산'으로 '시온산'을 의미한다. 이삭은 아브라함에게 '번제할 어린 양'이 어디에 있는지 물었다(7절). 아브라함은 하나님께서 보여주실 것(8절)이라 하였다. 수수께끼 같은 말이다. 그러나 오늘날 우리는 이것의 퍼즐을 충분히 맞출 수 있다. 예수 그리스도의 십자가 사건을 알기 때문이다.

하나님께서 '수풀에 걸린 숫양'을 보여주셨다. 그것은 이후에 그 자리에 골고다 언덕에서 나무에 매달리시는 예수님을 상징적으로 보여준다. 아브라함의 아들 이삭 대신 숫양을 번제로 드리게 될 때 사람들은 '휴'하고 안도하였을 것이다. 그러나 실상은 무엇인가? 이삭 대신에 '예수 그리스도'께서 잡히시는 것이다. 이삭이 죽지 않은 것 또는 나의 사랑하는 것을 잃지 않은 것에 대한 '안도'가 아니라 하나님의 사랑하시는 외아들의 잃음 앞에 '충격'받는 것이 정상일 것이다. 하나님이 보여지고 하나님의 깊은 사랑이 보여지는가? 14절에서 '여호와 이레'는 '하나님께서 보실 것이다'는 뜻이다. 하나님께서 그곳에서 아브라함의 믿음을 보셨다. 이후에 성전에 와 제사하는 사람들의 믿음을 보실 것이다. 후반부의 '준비되리라(보여지리라)'는 수동형으로 히브리어는 '여호와 예라(하나님께서 보여지실 것이다)'이다. 하나님 자신이 그들에게 보여지실 것이다. 아브라함 때는 숫양이 보였지만 이후에 여호와 자신의 본체이신 삼위의 예수 그리스도께서 보여지실 것이다.

**22:15 두 번째 아브라함을 불러.** 이야기의 장소는 앞에서 나온 '여호와 이레(모리아)'산이다. 첫번째는 '이삭을 제사로 드리지 마라'고 말할 때 부르신 것이다. 그리고 제사를 드리고 난 후 하나님께서 다시 말씀하시는 것이다.

**22:16 나를 가리켜 맹세하노니.** 하나님께서 매우 강하게 약속하신다. 이 약속은 하나님 편에서의 완성이다. 이전에 아브라함 편에서 하나님의 약속을 믿었을 때 그것을 그의 의로 여기시고 이삭을 실제로 드림으로 하나님을 믿는 그의 믿음을 행함으로 완성하였다. 하나님께서도 이전에 약속하신 것을 아브라함의 믿음을 보시고 더 확장하고 더 강하게 약속하여 주셨다. 약속의 완성이다. **네가 이같이 행하여 네 아들 네 독자도 아끼지 아니하였은즉.** 하나님께서 그렇게 강하게 언약하여 주시는 것은 아브라함이 이삭을 드리면서 그의 믿음을 확실하게 보였기 때문이다.

**22:17-18 씨가 크게 번성하여 하늘의 별과 같고...네 씨가 그 대적의 성문을 차지하리라...네 씨로 말미암아 천하 만민이 복을 받으리니.** 지금까지 아브라함에게 약속하신 것을 다시 말씀하시는 것인데 조금 더 확장하여 말씀하신다. '대적의

성문을 차지하리라'는 것은 강한 성을 차지하게 될 것이라는 말씀이다. 당시 성벽과 성문이 있는 성은 매우 희소하였다. 강한 성이라는 증거다. **이는 네가 나의 말을 준행하였음이니라.** 16절에 이어 18절 하반절의 이 말씀 사이에 약속의 내용이 들어 있다. 그만큼 아브라함이 이삭을 드리는 행위를 통해 믿음이 확증되었음을 말하는 것이다. 언약이 확증되었음을 말한다. 지금 아브라함의 나이는 120세 정도 되었을 것이다. 지난 세월 우르를 떠나고 50년 정도 시간이 지난 이 시간에야 그의 믿음이 확증되고 있다. 이 믿음을 위해 참으로 얼마나 힘들게 걸어왔는지 모른다. 많은 사건과 어려움 등은 지금 확증되는 믿음을 위한 여정이었다. 한 송이의 국화꽃을 피우기 위해 봄부터 소쩍새가 그렇게 울었을까? 아브라함의 믿음을 위해 하나님께서 인도하셨다. 그 여정이 힘들었어도 믿음의 꽃을 피움으로 아브라함의 인생은 찬란하게 빛난다.

**22:20 밀가가 당신의 형제 나홀에게 자녀를 낳았다 하였더라.** 자신의 형제 나홀의 소식을 들었다. 아브라함이 고향을 떠나 척박한 땅 가나안에서 삶을 개척하는 동안 나홀은 문명의 땅 메소포타미아 지역에서 살았다. 그는 하란에 살고 있었다.

**22:23 여덟 사람은 아브라함의 형제 나홀의 아내 밀가의 소생이며.** 나홀은 본 부인에게서 8명의 자녀를 얻었다. 자손이 큰 민족을 이루게 하리라는 약속을 따라 가나안에 온 아브라함은 아직 이삭 한 명 밖에 없었다. 그런데 나홀은 8명의 자녀가 있었다.

**22:24 나홀의 첩 르우마.** 그는 4명의 자녀를 낳았다. 아브라함은 하갈과의 사이에서 이스마엘 한 명만 낳았다. 그것도 집에서 쫓아내어 이제는 없는 상태였다. 결국 나홀은 자녀가 12명이요 아브라함은 1명이다. 자손의 수에 있어 나홀이 12배다. 그렇다면 나홀이 훨씬 더 복된 것이 아닐까? 나홀은 메소포타

미아에 남았다. 그의 고향에 남았기 때문에 문화적으로나 모든 면에서 편하였다. 그러니 더 잘 살았다 할 수 있다. 그에 비해 아브라함의 고생은 참으로 컸다. 집 나가면 고생인 것은 분명하다. 그러나 우리는 아브라함의 삶이 비교도 할 수 없을 정도로 더 존귀하다는 것을 안다. 지금 나홀의 이야기를 하는 이유가 무엇일까? 나홀의 아들 브두엘이 '리브가'라는 딸을 낳았는데 그가 이후에 이삭의 아내가 되기 때문이다. 그는 오직 아브라함과 관련된 측면에 있어서만 가치를 가졌다. 그 외에 그가 얼마나 많은 재산이 있는지 또는 얼마나 더 편하였는지 살아가면서 무슨 일이 있었는지에 대해서는 전혀 나오지 않는다. 그의 삶은 '믿음의 역사'가 아니었기 때문이다. 그는 하나님의 뜻을 좇아가는 삶이 아니라 단지 자신의 욕망에 따라 사는 삶이었기 때문이다.

# 23 장

**23:1 백이십칠 세를 살았으니.** 성경 전체에서 여성의 죽은 나이를 말한 경우는 이 기록이 유일하다. 그는 아브라함과 믿음의 여정을 함께 걸었다. 아브라함이 믿음의 아버지라면 그는 믿음의 어머니다. 그가 죽을 때 아브라함은 137세다. 그는 175세에 죽음을 맞이하게 되니 이후로도 38년을 더 살게 된다. 그런데 이후에 아브라함이 특별히 무엇인가를 더 이루었다는 이야기는 없다. 사라가 죽을 때의 이야기가 거의 마지막 이야기다. 하란을 떠나 가나안에 온 지 62년 되었다. 아브라함은 사라의 죽음 때문에 많이 슬퍼하였다. 이제 사라의 장례를 치러야 한다. 그런데 문제는 그를 장사 지낼 무덤이 없었다.

**23:3-4 나는 당신들 중에 나그네요 거류하는 자이니 당신들 중에서 내게 매장할 소유지를 주어.** 아브라함은 장사할 땅을 얻기 위해 헤브론의 사람들을 만났다.

아브라함은 가나안 땅 전체를 소유하게 될 것이라는 약속을 따라 꿈을 가지고 왔지만 지금 그는 자신의 가장 소중한 아내를 매장할 땅도 없었다. 그는 '나그네요 거류자'로서 땅을 소유할 권리가 없었기 때문이다. 꿈을 가지고 아내 사라와 함께 가나안에 왔다. 자손이 큰 민족을 이루고 가나안 땅을 차지하게 될 것이라는 약속을 가지고 있었다. 그런데 자식은 이삭 한 명 밖에 없었다. 그리고 땅은 우기 때만 사람이 살 수 있는 곳으로 다른 사람은 거의 관심도 가지지 않는 브엘세바에 어느 정도 터전을 잡은 것밖에 없었다. 사라가 죽었을 때는 헤브론 인근에 거처를 삼고 있었다. 그런데 문제는 사라를 장사 지낼 땅 조차도 없었다. 아내 사라가 죽음으로 꿈을 이루어도 함께 기뻐할 사람이 없으니 꿈의 절반은 끝난 것이나 마찬가지다. 그러면 아브라함의 꿈은 반 토막 난 것일까? 그렇지 않다. 아브라함의 꿈은 아브라함이 죽을 때도 이루어지지 않았다. 그의 꿈은 한참 후에나 이루어진다. 그런데 하나님께서 이미 이전에 말씀하셨었다. 그의 자손이 애굽에서의 400년 종살이 이후에 가나안 땅을 얻게 될 것이라고 말씀하셨었다. 아브라함의 꿈은 본래부터 아주 먼 미래의 이야기였다. 아브라함의 꿈이 먼 미래의 일이기 때문에 의미 없을까? 아니다. 오히려 더 의미가 있다. 아브라함의 꿈은 먼 미래의 일이고 더 중요하게는 천국에서의 일이다. 천국이라는 큰 관점에서 아브라함의 꿈은 이 당시에도 분명하게 이루어지고 있었다. 아브라함의 믿음이 탄탄하게 기초를 쌓는 것이 거대한 꿈을 이루는 기초가 되기 때문이다. 아브라함은 아내 사라와 함께 있을 때에 그가 이루어야 하는 모든 꿈을 이루었다. 사라는 훌륭하게 인생을 살고 죽은 것이다.

**23:6 우리 중에서 자기 묘실에 당신의 죽은 자 장사함을 금할 자가 없으리이다.**
아브라함이 사용한다면 어느 누구도 자신의 땅을 내주는 것을 반대할 사람이 없을 것이라는 말이다. 사실 아브라함은 힘으로 헤브론을 점령할 수도 있었을 것이다. 그러나 아브라함은 결코 힘으로 땅을 정복하지 않았다. 그는 지금까지 헤브론을 이롭게 하는 사람이었던 것으로 보인다. 헤브론을 향한 복의 근원이 되었던 것이다.

**23:9 그의 밭머리에 있는 그의 막벨라 굴을 내게 주도록 하되 충분한 대가를 받고 그 굴을 내게 주어.** 아브라함은 남의 땅에 자신의 아내를 매장하는 것이 아니라 땅을 구입하여 매장하기를 원한다고 말하였다. 사람들을 자극하지 않기 위해 굴이 밭의 구석에 있으니 밭의 구석만 조금 사겠다고 말하였다.

**23:11 밭을 당신에게 드리고 그 속의 굴도 내가 당신에게 드리되.** 땅 주인은 굴만이 아니라 그 굴이 포함된 밭까지 거저주겠다고 제안하였다.

**23:13 그 밭 값을 당신에게 주리니.** 막벨라 굴과 밭의 소유자가 모두 주겠다는 말을 듣고 아브라함은 절을 하며 감사를 표현했다. 대신 그는 정당한 대가를 치르고 구매하기를 원하였다. 그래야 그것이 영구적인 그의 소유가 될 수 있기 때문이다.

**23:15 은 사백 세겔.** 아브라함의 말을 들은 땅의 주인은 은 사백 세겔(4.6kg)을 제시하였다. 이것을 두고 바가지를 씌웠다고 주장하는 경우도 있으나 그것은 섣부른 주장이다. 일단 밭의 크기를 모르기 때문에 싸게 구매하였다거나 비싸게 구매하였다고 말할 수 없다. 내가 보기에는 적당한 가격 같다. 은 사백 세겔이 어느 정도 가격인지 알아보기 위해서는 일단 비슷한 시대를 생각해 보아야 한다. 가장 가깝게는 요셉이 은 20세겔에 팔리는 이야기가 나온다. 노예의 가격이 비슷한 시기의 함무라비 법전을 보면 은 20세겔로 나온다. 노예는 그 이후에 가격이 조금 더 오르기는 하지만 보통은 사람의 2년 품삯에 형성된다. 그렇다면 400세겔은 12억(3천만*2*20)정도 된다. 만약 고대의 노예의 가격을 조금 더 저렴(1년 품삯)하게 생각하면 6억 정도 된다. 그렇다면 6억-12억 정도로 생각할 수 있다. 굴이 있는 큰 밭을 구매하려면 그 정도의

가격은 적당해 보인다.

**23:18 성 문에 들어온 헷 족속이 보는 데서.** 모든 사람이 보는 데서 공적으로 아브라함이 땅을 구매하였다. 성의 다른 사람들이 모두 그것을 공적으로 인정하였다. 땅의 매매 체결이었지만 이것은 땅의 매매체결만이 아니라 이제 아브라함이 가나안 지역의 나그네가 아니라 땅을 소유한 정당한 권리가 있는 사람이 된다는 것을 의미하기도 한다. 이것은 하나님께서 약속하신 가나안 땅의 소유에 대한 작은 실현이다. 비록 막벨라 굴이 가나안 전체에 비해서는 매우 작은 땅이지만 땅 소유는 가나안 땅을 주시겠다는 하나님의 약속의 작은 징표다. 이것이 시작이 되어 가나안 땅 전체를 차지하게 될 것이다. 아내 사라의 죽음은 꿈의 좌절이 아니라 꿈의 연장선에 있었다. 막벨라 굴을 소유하게 됨으로 꿈이 이루어지고 있다는 것을 보여주었다. 막벨라 굴은 이후에 믿음의 후손들에게 전설적인 땅이 된다. 지금도 이스라엘에 가면 헤브론의 막벨라 굴에 수많은 사람이 방문한다. 유대교, 기독교, 이슬람교까지 수많은 사람이 그곳을 방문한다.

# 24 장

**24:2 모든 소유를 맡은 늙은 종에게 이르되 청하건대 내 허벅지 밑에 네 손을 넣으라.** 아브라함은 아들의 배필을 구하기 위해 집안의 제일 믿을만한 사람을 불렀다. '허벅지 밑에 네 손을 넣으라'는 것은 어쩌면 '허벅지'가 남자의 생식기에 대한 유화적 표현일 수 있다. 여하튼 이것은 생식기이든 허벅지이든 자손과 관련된 것 같다. 그래서 아브라함 한 사람이 아니라 이후의 모든 자손의 이름을 다 합한 것을 두고 하는 맹세로서 매우 강력한 맹세를 할 때 사용하였

다. 이후에 야곱이 요셉에게 맹세를 시킬 때도 이 방법을 사용한다. 아브라함에게 이 일이 매우 중요함을 의미한다.

**24:3-4 가나안 족속의 딸 중에서 내 아들을 위하여 아내를 택하지 말고.** 왜 가나안에서 아내를 택하지 말아야 하는지 이유가 나와 있지 않다. 아무래도 가나안은 함의 자손이요 또한 저주와 죄의 영향을 많이 받은 민족으로 이야기하는 측면이 강할 것이다. **내 족속에게로 가서 내 아들 이삭을 위하여 아내를 택하라.** 이유가 정확하지는 않지만 첫번째는 순전히 민족의 관심으로 당시의 관습이 가장 큰 이유가 되었을 것이다. 아브라함도 이복 누이와 결혼하였다. 가까운 인척과 결혼함으로 민족의 순수성을 보존하려는 문화가 강하였던 것으로 보인다. 신앙적 이유에서 그랬을 수도 있다. 이것에 대해 구체적으로 나와 있지는 않지만 이후에 리브가가 아브라함처럼 고향을 떠나 가나안으로 오는 것에서 그렇다. 또한 믿음이 갑자기 하늘에서 떨어지는 것은 아니기 때문에 아브라함의 아버지 데라와 그 자녀들에게 믿음의 면이 조금 있었을 수도 있다. 데라는 믿음의 계보의 한 부분을 이루고 있다.

**24:5 여자가 나를 따라 이 땅으로 오려고 하지 아니하거든 내가 주인의 아들을 주인이 나오신 땅으로 인도하여 돌아가리이까.** 아마 대부분의 여인은 오지 않으려 할 것이다. 그래서 아들 이삭의 결혼이 최우선 순위를 가지는 것인지 물었다.

**24:6 내 아들을 그리로 데리고 돌아가지 아니하도록 하라.** 이삭이 아버지 아브라함의 족속과 결혼하는 것이 중요하지만 그것이 가나안을 떠나는 것보다는 중요하지는 않음을 분명히 하였다. 왜 그렇게 말하였을까? 같은 족속과의 결혼은 소신이지만 가나안을 떠나지 않는 것은 하나님과의 약속이기 때문일 것이다. 하나님과의 약속을 최우선 순위로 하고 있는 것이다.

**24:7 그 사자를 너보다 앞서 보내실지라.** 아브라함은 하나님의 말씀을 믿었다.

그것에 근거하여 이렇게 판단하였다. 말씀하시지 않아도 하나님께서 늘 세밀하게 인도하셨음을 알았기 때문에 이번에도 하나님께서 말씀하신 것은 없지만 하나님의 영광을 위하여 가는 그의 믿음의 길에 하나님께서 인도하실 것이라고 믿고 있었다.

**24:8** 원칙은 분명했다. 이삭이 가나안에 머무는 것이다. 만약 여자가 따라오지 않는다면 그것은 여자의 몫이다. 그러면 그 부분은 받아들여야 한다. 중요한 것은 아브라함과 그 하인이 지켜야 하는 원칙이다. 이삭이 메소포타미아에 가서는 안 된다. 상황이 쉽지 않다. 그러나 그래도 여전히 원칙을 철저히 지키고 있음을 볼 수 있다.

**24:10 나홀의 성에 이르러.** 나홀에 대해 두 가지 가능성이 있다. 나홀이 사는 성을 말할 수 있고 아니면 성 이름이 나홀 일 수도 있다. 아브라함의 할아버지 나홀의 이름을 따서 성의 이름이 정해질 정도로 아브라함의 친척이 많이 사는 곳일 수 있다. 그런데 '나홀이 사는 성'이라는 의미일 가능성이 더 많다. 종은 나홀이 사는 곳에 대한 정보가 거의 없이 갔을 가능성이 높다.

**24:12 오늘 나에게 순조롭게 만나게 하사 내 주인 아브라함에게 은혜를 베푸시옵소서.** 종은 하나님의 사람이었다. 종은 막연함 가운데 기도하였다. 하나님께서 그에게 어떤 특별한 방식으로 인도하신 것은 아니다. 그는 기도하였다. 기도함으로 하나님께서 인도하시는 길을 걷게 된다. 하나님의 인도함을 받고자 한다면 기도하라. 기도할 때 하나님께서 꿈이나 어떤 특별한 방식이 아닌 가장 평범함 가운데서도 놀랍게 인도하신다. 중요한 것은 기도하는 것이다.

**24:14 너는 물동이를 기울여 나로 마시게 하라 하리니 그의 대답이 마시라 내가 당신의 낙타에게도 마시게 하리라...주께서 주의 종 이삭을 위하여 정하신 자라.** 종은 이삭의 배필이 인성이 착해야 한다고 생각한 것 같다. 그래서 나그네에게

물을 주며 목마른 동물에게까지 마음을 써서 물을 주는 사람을 원하였다. 10마리의 낙타에게 물을 준다는 것은 대단히 친절한 마음이다. 1000리터 이상의 물을 샘에서 가져와서 주어야 한다. 샘은 두 종류다. 계단을 통해 아래로 내려가서 퍼야 하는 것이 있고, 두레박으로 끌어 올리는 것이 있다. 어느 경우이든 매우 힘든 작업이다. 종이 신부감을 찾을 때 나홀의 자손이면 좋겠지만 꼭 나홀의 자손을 신부감으로 찾은 것은 아니었던 것 같다. 나홀의 성으로 찾아왔지만 그것보다는 나그네에게 친절을 베풀고 동물에게까지 친절한 대단히 착한 심성을 가진 사람을 더 선호하였다. 종은 주인 이삭의 배필을 찾기 위해 800km이상을 걸어왔다. 한 달 이상의 시간이 필요하였을 것이다. 그렇다고 아무나 선택할 수는 없었다. 종이 내건 조건은 매우 어려운 조건이다. 그러나 하나님께서 신부감을 미리 준비시켜 놓으셨고 물동이를 메고 오는 첫 여인이 종이 기도한 그대로 행동하였다.

**24:15 아브라함의 동생 나홀의 아내 밀가의 아들 브두엘의 소생이라.** 종은 그 여인이 누구인지 몰랐지만 아브라함의 조카 손녀였다. 어떻게 이런 우연이 있을 수 있을까? 하나님의 인도는 수많은 우연이 기막히게 이루어진다. 우연이 아니라 하나님의 섭리이기 때문이다. 믿음의 사람들은 지난 세월 수많은 놀라운 우연이 실제로는 하나님의 섭리였음을 고백한다. 하나님은 그렇게 늘 하나님의 백성을 세밀하게 인도하신다.

**24:19-20 우물로 달려가서 모든 낙타를 위하여 긷는지라.** 여인은 얼굴이 아리따울 뿐만 아니라 마음도 매우 아름다웠다. 우물로 달려가 낙타를 위해 물을 구유에 붓고 또 모든 낙타를 위하여 우물로 달려갔다. 물을 제대로 먹지 않은 낙타 한 마리가 95리터 정도의 물을 마신다고 한다. 그러면 열 마리의 낙타를 위해서는 950L정도가 필요하다. 그러면 여인은 100번 정도 우물에서 물을 길러야 했고 그것을 여러 번 날라야 했다. 시간으로 따져도 족히 몇 시간이 걸

렸을 것이다. 목마른 낙타를 위하여 그렇게 수고하였다. 물을 긷고 있는 그 모습이 얼마나 아름다웠겠는가? 대단한 친절이요 착한 마음씨다. 종이 기도하였던 것을 마치 들은 것처럼 그대로 행하고 있다.

**24:22 열 세겔 무게의 금 손목고리 한 쌍을 그에게 주며.** 자신의 기도가 그대로 성취되는 것을 보고 종은 매우 놀랐을 것이다. 자신이 기도하였지만 실제로 일어났을 때는 매우 놀랐을 것이다. 보통 금은 최소한 은의 20배 정도의 가치를 가지고 있다. 그렇다면 은 200세겔이다. 2개이니 400세겔이다. 이것은 아브라함이 막벨라 굴을 살 때 지불하였던 400세겔과 같다. 아마 최소한 6억 이상의 가치다. 이 비싼 것을 처음 본 여인에게 준다는 것은 그가 기도한 것의 응답이라는 확신을 가졌기 때문일 것이다.

**24:23 누구의 딸이냐.** 이제야 물었다.

**24:24 나홀에게서 낳은 아들 브두엘의 딸이니이다.** 이 말을 들었을 때 종이 얼마나 놀랐을까? 나홀의 손녀라면 이삭의 배필로서는 금상첨화였다.

**24:26-27 머리를 숙여 여호와께 경배하고.** 종은 하나님께서 자신의 길을 인도하신 것을 깨달았다. 참으로 놀라운 인도였다. 어느 네비게이션보다 더 정확하게 종을 '내 주인의 동생 집에 이르게 하셨나이다'라는 고백처럼 인도하셨다.

**24:28 소녀가 달려가서.** 소녀는 아브라함의 종이 기도하기 전 출발하였을 수도 있고 아니면 기도하는 것을 보고 출발하였을 수도 있다. 재빨리 가서 지금 일어난 놀라운 일을 알리고자 하였다.

**24:30 누이의 코걸이와 그 손의 손목고리를 보고 또 그의 누이 리브가가 그 사람이 자기에게 이같이 말하더라 함을 듣고.** 리브가의 오빠 라반은 리브가가 가지고

있는 손목고리를 보고 매우 놀랐을 것이다. 최소한 6억 이상 가는 것이니 얼마나 놀랐을까? 누이 리브가가 말을 할 때 그 내용은 별로 관심도 두지 않았던 것 같다. 그가 지금 아주 비싼 금 손목고리를 보고 있기 때문이다.

**24:31 여호와께 복을 받은 자여.** 이것은 리브가가 들은 말을 반영할 수 있고 라반 또한 여호와라는 이름을 알고 있었으며 그 집안이 여호와에 대해 어느 정도 신앙을 가지고 있었다고 볼 수도 있다. '복을 받은 자여'라는 말에 더 초점이 있는 것 같다. 처음 만난 여인에게 그렇게 비싼 금 손목고리를 선물할 정도면 대단히 부자라는 것을 의미하기 때문에 그렇게 표현하고 있다.

**24:33 내가 내 일을 진술하기 전에는 먹지 아니하겠나이다.** 먹는 것보다 그가 해야 하는 일과 지금 벌어지고 있는 일 가운데 있는 하나님의 뜻이 중요하였다. 돈에 관심을 가지고 있는 라반의 마음과 하나님의 뜻 진술에 관심을 가지고 있는 아브라함 종의 모습을 볼 수 있다. 서로 다른 관심인데 누가 이길까? 더 열정이 있는 사람이 이긴다. 라반이 돈에 가지고 있는 열정은 매우 대단할 것이다. 그런데 아브라함의 종은 지금 하나님의 뜻에 대한 확신을 가지고 있었다. 그래서 돈에 대한 열정보다 더 큰 마음과 확신으로 라반에게 단호하게 말하였다. 결국 라반의 마음은 아브라함의 종의 마음에 관심을 기울이게 된다.

**24:35 여호와께서 나의 주인에게 크게 복을 주시어 창성하게.** 하나님께서 아브라함에게 복을 주셔서 부자가 되게 하셨다고 말한다. 부자라는 사실도 말하고 있지만 하나님의 인도하심에 대해 말하기 시작한다.

**24:42 종은** 그 날 우물에 이르러 그가 기도하였던 내용과 실제 일어난 사건을 그대로 다시 말하였다. 앞의 내용과 거의 같다. 그런데 성경은 그것을 다시 그대로 반복하여 기록하고 있다. 매우 길다. 성경 어느 곳에도 종이 한 말을 이렇게 길게 기록하고 있지 않다. 그는 종이었지만 어느 왕보다도 위대하

였다. 그가 하나님의 뜻을 성실히 찾고 따라가고 있기 때문이다. 그가 기도할 때 특별한 현상이 있었던 것도 아니다. 환상이 나타난 것도 아니다. 그러나 그는 정확히 하나님의 뜻을 찾았고 그 뜻을 따라 갔다.

**24:48 여호와께서 나를 바른 길로 인도하사.** 자신은 이 모든 것이 하나님의 인도하심이라고 확신하는데 라반과 리브가는 어떻게 생각하는지 말하라고 요청한다. 그가 마치 신앙간증처럼 하고 있는 그 말은 결국 라반과 리브가에게도 호소력이 있어 하나님의 뜻이니 순종할 수밖에 없다는 생각을 갖게 하였다.

**24:50 이 일이 여호와께로 말미암았으니 우리는 가부를 말할 수 없노라.** 리브가의 오빠 라반과 아버지 브두엘도 리브가를 가나안에 보내는 것이 하나님의 뜻임을 받아들이게 되었다. 하나님의 뜻이면 가부를 말할 것이 아니라 순종해야 하는 것을 말한다. 결국 하나님의 뜻이 전염되었다. 아브라함의 종만 확신하였던 하나님의 뜻이 이제 리브가의 집안 사람들에게까지 전해졌고 모두 받아들이게 되었다. 종에게 일어난 일을 그들이 들었기 때문이다.

**24:52 여호와께 절하고.** 결혼이 결정되고 그는 하나님께 감사 찬양하였다. 그 결혼에 하나님께서 어떤 이적으로 역사하신 것은 아니지만 하나님께서 그 모든 과정에 인도하신 것은 명백하다.

**24:53 은금 패물과 의복.** 이 당시의 결혼 문화는 비슷한 시기의 누지 문서를 통해 엿볼 수 있다. 신랑이 주는 결혼 예물은 두 번에 걸쳐 진행되었다. 이미 앞서 금 20세겔에 해당하는 아주 비싼 예물을 주었었다. 누지 문서를 보면 이 당시 결혼에 신랑이 지출하는 평균 비용은 오늘날 물가로 하면 9천만원에서 1억 2천만원(은 30-40세겔)이었다. 그런데 은보다 20배-80배 비싼 금으로 팔찌만 20세겔에 해당하는 것을 지출했으니 이 결혼이 쉽지 않은 결혼이라는 것과 아브라함의 부를 잘 드러내준다. 그리고 이제 결혼 직전에 주는 은금 패

물을 라반과 어머니에게 주었다. 그것은 공식적인 결혼 절차를 밟고 있는 것이다.

**24:54 아침에 일어나서...나를 보내어 내 주인에게로 돌아가게 하소서.** 아브라함의 종은 리브가 집안 사람들의 마음이 바뀌기 전에 빨리 가나안으로 떠나고자 하였던 것 같다. 자신은 하나님의 뜻에 사로잡혀 있지만 리브가 집안 사람들은 그렇지 않을 것이기 때문이다. 그들은 언제든지 바뀔 수 있다고 생각한 것이다.

**24:55 아이로 하여금 며칠 또는 열흘을 우리와 함께 머물게 하라.** 이것은 정당한 요구였다. 당대의 결혼식은 신부 집에서 보통 7일간 머물렀다. 그것을 생각하면 당연한 요구다. 또한 지금 가면 언제 올지 모르는데 800Km 멀리 떠나는 딸을 마음의 준비도 없이 이렇게 갑자기 떠나보내는 것은 결코 받아들일 수 없었을 것이다.

**24:56 나를 만류하지 마소서.** 아브라함의 종은 지금 떠나는 것이 하나님의 뜻이라 생각하였다. 지금 결혼식이 공식적으로 진행되는 것이 아니다. 자신은 홀로 아주 먼 곳에 와서 결혼할 신부를 데리고 가는 것이기 때문에 시간이 길어질수록 리브가 사람들의 마음이 변할 것이 걱정되었을 것이다. 또한 가나안에서는 아브라함을 비롯한 많은 사람들이 계속 기다리고 있을 것을 알기에 이 문제에 있어서는 리브가 집안 사람들의 의견이 아니라 자신의 단호한 입장을 전하였다.

**24:57 소녀를 불러 그에게 물으리라.** 소녀는 당연히 부모와 더 있고 싶을 것이라 생각하였다. 이들은 하나님의 뜻이 아니라 소녀의 뜻을 더 중요하게 생각하였다.

**24:58 그가 대답하되 가겠나이다.** 리브가는 아주 대범한 결심을 하였다. 부모가 아니라 처음 본 사람의 뜻을 따르겠다고 말하였다. 이것은 그녀의 신앙으로 설명하지 않고는 설명이 되지 않는다. 어떤 소녀가 바로 떠나겠다고 말할까? 소녀는 하나님의 뜻을 생각한 것 같다. 지금 일어나는 일 속에서 함께 바로 떠나는 것이 지금 그녀가 하나님의 뜻을 따르는 것이라고 판단한 것 같다. 하나님의 뜻이라고 판단되면 그것을 따르는 것을 미루어서는 안 된다. 결단해야 할 때 결단해야 한다. 하나님의 뜻이 우선이어야 한다.

**24:59 유모.** 아버지가 딸에게 주는 지참금(신랑 가족이 아니라 딸에게 주는 것임. 신부의 재산)도 주어졌다. 유모가 지참금으로 주어진 것만 나오지만 아마 지참금이 더 주어졌을 것이다.

**24:60 천만인의 어머니가 될지어다 네 씨로 그 원수의 성 문을 얻게 할지어다.** 아브라함이 받은 하나님의 언약과 매우 흡사하다. 리브가의 믿음은 결국 믿음이 별로 없는 사람의 입까지 빌려 하나님의 언약이 선포되게 하고 있다. 리브가의 모습은 마치 12장에서 아브라함이 우르를 처음 떠나던 날의 모습과 매우 비슷하다. 리브가의 모습은 여자 아브라함을 보는 것 같다.

**24:62 그 때에 이삭이 브엘라해로이에서 왔으니.** 이삭은 양을 치러 브엘라해로이(가데스 바네아)에 갔었다. 그리고 이제 자신의 집이 있는 곳으로 오고 있었던 것으로 보인다. 그렇다면 종의 동선과 겹치지 않는다. 이삭과 종은 브엘세바를 기준으로 서로 반대 방향이다. 그런데 이삭은 누군가를 기다리는 마음으로 집을 지나쳐 가서 들판에 있었던 것으로 보인다.

**24:63 들에 나가 묵상하다가.** '묵상하다'로 번역한 단어를 성경에서 이곳에 한 번 사용한다. 그래서 그 뜻이 무엇인지 정확하지 않다. 묵상하다, 배회하다 등으로 주로 번역한다. 전통적으로 '묵상하다' 또는 '기도하다(탈굼역)'로 번역한

다. 이삭은 묵상하며 기도하고 있었던 것으로 보인다. 아버지 아브라함의 종이 자신의 배필을 찾아 하란으로 갔다. 왕복 1600km 이상의 아주 먼 길이다. 오고가는 길에 강도를 만나기 쉽다. 또한 자신의 배필을 만나는 것도 어렵고 데리고 오는 것은 더욱더 어렵다. 그런데 그가 할 수 있는 것은 아무것도 없었다. 오직 기도밖에 없었다. 이삭은 자신의 결혼에서 홀로 떨어져 있었지만 기도로 깊이 함께 있었던 것으로 보인다. 기도는 무엇보다 더 함께 하는 방법이다. 결국 그는 기도의 힘 가운데 자신의 아내될 사람으로 리브가가 오고 있을 때 가장 먼저 그를 보는 기쁨을 누린다.

**24:66 그 행한 일을 다 이삭에게 아뢰매.** 그가 행한 일의 중심에는 기도가 있다. 기도의 응답으로 하나님께서 행하신 일이다. 그렇게 이삭의 결혼에는 기도와 기도가 만나고 있다. 기도를 통해 하나님의 강력한 인도하심이 있는 것을 볼 수 있다.

**24:67 아내로 삼고 사랑하였으니 이삭이 그의 어머니를 장례한 후에 위로를 얻었더라.** 어머니를 장례한지 3년만이다. 어머니를 잃고 위로받지 못하고 아마 기도만 하던 그의 마음을 하나님께서 리브가를 만나게 하셔서 위로하셨다. 아마 리브가는 어머니 사라를 많이 닮았을 것이다. 이삭은 기도하였고 기도하는 그의 마음을 하나님께서 들으시고 만지시고 인도하셨다.

# 25 장

**25:1-2 그두라.** 시기가 정확하지는 않지만 아브라함은 첩 그두라를 통해 여섯 아들을 낳았다. 사라가 살아 있었을 때 일 가능성이 많다. 이후에는 너무 나이가 많기 때문이다. 하갈과 그두라에 대해 개역개정은 아내의 의미를 가진

일반적 단어(이사)를 첩(하갈) 또는 후처(그두라)라고 번역하고 있다. 그런데 그두라도 그런데 6절에서 '서자'는 문자적으로는 '첩의 자식'이다. 역대상 1:32에서도 그두라를 '첩'(필레게쉬)이라는 단어(개역개정은 '소실'로 번역)를 사용한다. 그러기에 이들은 모두 좁게 번역하려면 동일하게 '첩'이라고 번역하는 것이 낫다. 이 당시와 비슷한 누지 문서를 보면 자식을 낳지 못한 여인은 자신의 종을 남편에게 주어 자식을 낳게 할 의무가 있었으며 그 자식에 대한 권리를 가졌다. 그런데 이 경우 첩은 오늘날 우리들이 이해하는 첩과는 조금 다른데 아들을 낳아도 첩은 여전히 주인 마님의 종의 신분이다. 그리고 만약 주인 마님이 아들을 낳으면 첩의 자녀들은 어떤 권리도 주장할 수 없었다. 첩의 자식들은 재산을 상속하는 것이 아니라 주인의 재산처럼 주인의 아들에게 상속되었다.

**25:5-6 이삭에게 자기의 모든 소유를 주었고...서자들에게도 재산을 주어.** 이삭에게는 자신이 소유한 모든 것을 주었고 서자들에게도 '재산'을 주었다 말한다. 이것을 많은 번역본은 '선물'로 번역한다. 이것은 일종의 부동산이 없이 동산만을 의미하는 단어다. 값비싼 보석이나 동물들을 포함하지만 재산과는 다르다. 당시 사회법은 그들이 노예이거나 자녀가 될 수도 있었으나 아브라함은 관대함으로 선물을 주어 분가시켰다. 이삭처럼 자녀로 여기지도 않았다. 아브라함이 후처를 얻은 것은 오늘날 우리들의 시각으로 보기에는 별로 좋아 보이지 않는다. 그런데 당시의 문화에서는 당연한 일일 것이다. 아브라함은 시대를 넘는 탁월한 생각이나 문화를 초월하는 멋이 있는 사람은 아니었다. 그러나 그가 하나님의 뜻으로 아는 일에 대해서는 분명하게 순종하였다. 이삭을 그의 유일한 아들로 삼은 것을 보면 분명해진다. 그도 다른 아들에 대해 자식의 정이 있을 수 있는데 이 부분에 대해서는 정확히 하였다. 이것이 그의 믿음의 길의 뚜렷한 특징이다.

**25:7 향년이 백칠십오 세.** '향년'은 '누린 나이' 즉 이 땅에서 산 세월이 175세라는 말이다. 아브라함이 우르에서 가나안으로 가라는 하나님의 말씀과 언약을 듣고 하란으로 옮긴 이후 하란에서 떠날 때가 75세다. 하란을 떠나 가나안에서 죽을 때까지 세월이 100년이다. 갈대아 우르에서 하나님의 음성을 듣고 약속을 얻기 전에도 믿음의 길을 갔던 것 같다. 하란에 가서도 그랬다. 그러나 하란에서 75살에 떠날 때부터 믿음의 결단이 이루어졌고 그의 삶은 새지평이 열렸다. 그렇게 믿음에 굳게 서서 확실하게 산 삶이 100년이다.

아브라함이 죽을 때 세상적으로도 결코 적지 않은 것을 이루었다. 그러나 그보다 더 많이 가진 사람도 수없이 많았다. 사실 아브라함이 얼마나 부자로 살았는지에 대해서는 성경에서 거의 별로 말하지 않는다. 그의 이야기가 많이 나오니 간접적으로 추측할 뿐이다. 예를 들어 그가 롯을 구하기 위해 가솔 318명의 군사를 데리고 갔다. 집안에 싸울 장정이 그렇게 많았다면 그가 거느린 사람들의 규모가 최소 1000명이 넘는다는 것이다. 그러면 대단한 부자다. 그가 아들 이삭의 배필을 데리고 오기 위해 사용한 결혼준비금도 매우 값비싼 것이다. 그러나 성경은 아브라함의 부에 초점을 맞추어 설명한 적이 없다. 그의 부는 그의 삶을 설명하는데 거의 상관이 없기 때문이다. 오늘날 누가 아브라함의 부 때문에 그를 기억하고 있을까? 아브라함은 '믿음의 조상'으로 기억된다. 사람들이 기억하는 믿음의 전환점은 사실 야곱이다. 야곱의 아들 12명이 이스라엘의 12지파를 이룬다. 아브라함은 믿음에 있어서도 보이는 부분에서는 결코 이룬 것이 많아 보이지 않는다. 그러나 성경은 아브라함 이야기를 가장 중요한 전환점으로 이야기한다. 그의 이야기가 창세기 전체에서 가장 많은 부분을 차지한다. 아브라함의 이야기는 온 우주를 창조하신 이야기보다도 훨씬 더 길게 기록되어 있다. 그만큼 아브라함의 믿음의 길은 중요하다. 그는 확고한 믿음의 길을 시작하였다. 매우 긴 시간이었고 이룬 것도 없어 보이지만 그는 믿음의 기초를 탄탄히 세웠다. 그래서 그는 믿음의 조상이 된다.

아브라함의 이름이 창대하게 되었나? 아니다. 우리는 그가 믿음의 조상이 되어 어떤 누구보다 더 창대한 이름이 된 것을 안다. 그런데 우리는 과거로 보기 때문에 알지만 아브라함은 그것조차도 확실히는 알 수 없었을 것이다. 아브라함은 그렇게 인생을 마쳤다. 그렇다면 아브라함은 꿈을 이루지 못한 사람으로 마쳤을까? 아브라함을 보라. 하나님의 처음 약속이 나중 일이지만 믿었다. 이삭을 주신다는 말씀에도 그것이 이후의 일이지만 믿었다. 그는 계속 믿었다. 먼저 믿고 따라갔다. 그러니 지금 아직 이루어지지 않은 일도 믿고 있을 것이다. 믿고 죽은 것이다. 그것은 나중에 이루어진다. 그의 믿음이 이루어진 것이다.

**25:9 장사.** 아브라함은 자손과 가나안 땅에 대한 약속을 가지고 살아왔다. 사라를 통한 자손은 아직 이삭 한 명과 이삭의 아들 에서(15살)와 야곱밖에 없는 상황이다. 땅은 브엘세바와 헤브론의 막벨라 밭 밖에 없는 상황이다. 그가 개인적으로 가지고 있는 부와 가솔의 풍요에 비해 약속으로 받은 것은 초라하기까지 하다. 그러나 그의 믿음의 여정은 그것으로 충분하였다. 그는 믿음의 조상이 되었는데 그의 재산이 많거나 집안 식구가 많아서가 아니라 그가 믿음으로 가나안에 거주하였고 믿음으로 이삭을 낳았기 때문이다. 그러한 이주와 자녀는 그의 믿음의 열매였다. 우리가 이 땅의 삶을 마칠 때도 그러하다. 우리 삶의 화려한 모습이 아니라 믿음으로 걸어간 삶이 가치가 있다. 우리에게 주어진 약속을 바라보고 약속을 믿으며 약속을 따라 걸어간 삶이 귀하다. 우리는 오늘날 많은 약속을 가지고 있다. 성경 전체가 약속이다. 성경에서 말씀하신 것을 지키기 위해 애쓰고 수고하는 모든 걸음이 약속을 따라 가는 발걸음이다. 그 귀한 삶을 걸어가는 우리가 되기를 응원한다.

**25:16 족속대로 열두 지도자.** 이스마엘의 아들들은 '족속대로 열두 지도자들'이 된다. 나름대로 광야와 사막의 주인이 된다. 오늘날 이슬람은 창시자인 예언

자 무함마드를 이스마엘의 자손으로 생각한다. 아라비아 거주인들을 아랍인이라 하는데 이스마엘은 그들 중에 대표격 사람이다.

**25:17 자기 백성에게로 돌아갔고.** 그의 죽음이 순탄하였음을 의미한다. 어쩌면 그의 신앙을 의미할 수도 있다. 아버지 아브라함을 보았기 때문에 그는 최소한 자신은 믿음을 가졌을 수 있다. 그의 자손은 아니겠지만 말이다.

**25:18 그 자손들은...모든 형제의 맞은편에 거주하였더라.** 이것의 해석은 여러 가지가 가능하다. 개역개정처럼 '맞은편에 살았다'로 해도 되고 '적대적으로 살았다'로 번역해도 된다. 대부분은 후자의 경우로 번역한다. 그렇다. 이스마엘의 자손은 대대로 이삭의 자손의 적대자로 살게 된다. 현대에는 더욱더 그러하다. 이슬람 사람들이 기독교인을 적대시하는 경우가 많다.

**25:21 이삭이 그의 아내가 임신하지 못하므로 그를 위하여 여호와께 간구하매.** 아직 아브라함이 살아 있을 때다. 그러나 이제 이삭과 리브가가 믿음의 계보를 이어가야 할 때가 되었다. 이삭은 아버지 아브라함을 의존하지 않고 그가 하나님께 기도하였다. 이삭은 조금 늦은 40에 장가를 들었다. 결혼 후 20년이 되어가는데 자식이 없었다. 이삭의 간구 후에 60이 되어서야 자식을 낳았다. 아브라함이 100세에 이삭을 낳았고 이삭은 60세에 에서와 야곱을 낳았으며 야곱은 78세에 자식을 낳았다. 믿음이 더 많이 확장되기 위해서는 빨리 더 많은 자식을 낳아야 할 것 같다. 그런데 오히려 그들은 더 늦게 자식을 낳았다. 믿음은 많은 숫자가 중요한 것이 아니라는 것을 볼 수 있다. 빨리 자녀를 더 많이 낳는 것이 중요한 것이 아니라 자녀를 낳는 것이 하나님의 은혜로 낳는 것임을 아는 것이 더 중요하였다. **여호와께서 그의 간구를 들으셨으므로 그의 아내 리브가가 임신하였더니.** 리브가의 임신은 이삭의 기도가 있었기 때문에 가능하였다. 이삭의 기도는 기복주의 신앙이 아니다. 하나님의 사람은 기도해야

한다. 그것이 어떤 일이든 마찬가지다. 자신의 삶에 하늘이 담기게 해야 한다. 자신의 모든 일에 하늘의 뜻을 구해야 한다. 하늘의 도움을 구해야 한다.

**25:22 그 아들들이 그의 태 속에서 서로 싸우는지라 그가 이르되 이럴 경우에는 내가 어찌할꼬.** 그는 배 안에서 요동하는 두 아기 문제를 느꼈다. 그래서 기도하였다. **여호와께 묻자온대.** 그는 문제를 만나 하나님께 물었다. 하나님의 해답을 찾았다.

**25:23 큰 자가 어린 자를 섬기리라.** 리브가의 기도에 하나님께서 구체적으로 대답해 주셨다. 미래의 일에 대해 말씀해 주셨다. 아브라함이 하나님의 언약 말씀을 들었던 것처럼 리브가에게 주신 하나의 언약이 되었다. 이러한 하나님의 계시가 이삭과 리브가의 마음에 오래 남게 되었을 것이다. 이 구절을 칼빈은 아주 자세하게 설명하면서 신약의 말씀대로 이 구절은 하나님께서 사람을 선택하실 때 사람의 공적이나 다른 어떤 것에 의한 것이 아님을 증거한다고 말한다. 그러나 하나님의 비밀스러운 선택에는 모호함이 있다고 말한다. 여기에서 분명한 것은 하나님께서 이렇게 선택하셨기 때문에 에서와 야곱이 그렇게 행동한 것은 아니라는 것이다. 하나님의 선택이 사람에게 근거한 것이 아닌 것처럼 사람의 행동 또한 하나님의 선택에 근거한 것이 아니다. 하나님의 주권과 사람의 책임은 고유한 영역을 가지고 있다.

**25:25-26 야곱.** 고대에 이름은 매우 중요하였다. 그 사람의 운명과 낳을 때의 상황을 반영한다. 낳을 때의 상황이 이름에 담길 때는 비슷한 발음의 어휘플레이(우리식으로는 말장난)를 담아 진지한 이름으로 하였다. 야곱의 경우 고대에 그와 비슷한 이름이 많았다. 그의 이름은 '발꿈치'라는 단어와 비슷한 발음이어서 상황을 반영하는 어휘플레이가 가능하고 그 의미는 정확하지는 않지만 아마 '하나님께서 보호하시길'일 것이다.

**25:28 에서가 사냥한 고기를 좋아하므로.** 맛 있는 음식을 먹는 것을 좋아하는 것처럼 그는 자연스럽게 에서를 좋아하였다. 리브가가 야곱을 좋아한 이유는 무엇일까? **리브가는 야곱을 사랑하였더라.** 이유가 나와 있지 않다. 옛날 어머니들을 생각해 보라. 대부분 장남을 아주 끔찍이 좋아한다. 그런데 리브가는 장남이 아니라 야곱을 사랑하였다. 그것은 본성을 거스리는 것이다. 그것은 말씀 때문일 것이다. 하나님께서 말씀하신 것을 기준으로 야곱을 좋아했던 것이다.

**25:30-31 내가 피곤하니 그 붉은 것을 내가 먹게 하라.** 에서는 배고프고 피곤하여 빨리 무엇인가를 먹기 원했다. 그 순간을 야곱이 포착하였다. **형의 장자의 명분을 오늘 내게 팔라.** '장자권'이란 이 당시 꼭 그래야 하는 것은 아니지만 일반적으로 장자는 다른 형제의 2배의 몫 재산을 받았다. 그것은 더 많은 책임이 있기 때문이다. 어머니와 결혼하지 않은 여자 형제를 돌보아야 하고 묘실을 돌보는 등 장자로서의 여러 책임이 있었다. 그런데 또 하나 생각해 보아야 할 것은 여기에서 야곱이 에서에게 말한 것이 '진지하게 말하는 것일까' 하는 것이다.

**25:32 내가 죽게 되었으니 이 장자의 명분이 내게 무엇이 유익하리요.** 에서는 야곱의 장자권을 팔라는 말을 진지하게 생각하지 않음이 분명하다. 진지하게 생각하였으면 누가 죽 한그릇에 장자권을 판다고 하겠는가? 거의 농담 수준이었을 것이다. 그것을 말하고 있는 야곱도 그러하였을 것이라고 생각하였을 것이다.

**25:33 오늘 내게 맹세하라 에서가 맹세하고 장자의 명분을 야곱에게 판지라.** 그런데 이야기가 조금 더 진전되었다. 맹세는 주로 하나님의 이름으로 한다. 그렇다면 지금 둘 다 많이 잘못하고 있다. 장자권이라는 것은 부모가 장자에게 더

많은 재산을 주는 것이다. 장자권을 판다는 것도 아버지 이삭의 허락없이 장자권을 판다는 것은 말도 안 된다. 실제로 야곱이 자신이 장자권을 샀으니 자신이 장자라고 주장한 적도 없다. 이것은 하나의 해프닝이다. 그러나 이것은 에서와 야곱의 마음을 아주 잘 대변해 준다. 이 거래는 야곱에게는 사기꾼이라는 타이틀을 가져다주었다. 분명 야곱은 형을 음식으로 농락하였다. 그러나 에서가 보여준 행동은 더욱더 처참하다. 히브리서에서는 그의 그러한 모습을 '믿음이 없는 모습'으로 말한다.

**25:34 팥죽...에서가 장자의 명분을 가볍게 여김이었더라.** 결국 에서는 장자권과 렌틸콩 죽을 바꾸어 빵과 함께 먹었다. 야곱과 에서 둘 다 잘못하였다. 그런데 성경은 에서의 잘못을 조금 더 진지하게 말한다. 그는 하나님께서 그에게 주신 장자권을 가볍게 여겼기 때문이다. '죽'으로 형의 약점을 잡아 장자권을 파는 맹세를 하도록 만든 야곱도 나쁘지만 에서는 실제로 그렇게 거짓 맹세까지 하였기에 더 나쁘다. 에서가 가볍게 여긴 장자권은 그를 장자로 태어나게 하신 하나님에 대한 '가볍게 여김'이다. 이것을 욕심낸 야곱의 경우는 비록 방법이 잘못되었지만 '하늘의 것에 대한 욕심'을 내고 있는 것이다. 그는 진정 하늘의 것이 좋음을 알았다. 그는 무엇보다 늘 집에 있으면서 이전에 할아버지 아브라함이 살아 계실 때 하나님의 언약에 대해 듣지 않았을까? 그것에 대한 욕심이었을 가능성이 크다. 세상의 일에 욕심을 내면 탐욕이다. 그러나 하늘에 일에 욕심을 내면 믿음이다. 야곱의 경우 비록 치사한 방식으로 형을 놀린 것에 가깝지만 그만큼 그가 하늘의 것을 사모하는 욕심을 가지고 있었다고 말할 수 있다. 아브라함의 믿음이 이삭의 믿음으로 그리고 이삭의 믿음은 야곱으로 이어질 수밖에 없는 모습이다.

# 〈아브라함-요셉의 사건 비교〉

| 아브라함 | | 이삭 | | 야곱 | | 요셉 | |
|---|---|---|---|---|---|---|---|
| 주전 2166-1991 | | 주전 2066-1886 | | 주전 2006-1859 | | 주전 1915-1805 | |
| 75세 | 하란에서 가나안으로 | | | | | | |
| 81 | 소돔멸망 | | | | | | |
| 100 | | | 출생 | | | | |
| 140 | | 40 | 결혼 | | | | |
| 160 | | 60 | | | 출생 | | |
| 175 | 죽음 | 75 | | 15 | | | |
| | | 100 | | 40 | 에서 결혼 | | |
| | | 137 | | 77 | 하란으로 | | |
| | | 144 | | 84 | 결혼 | | |
| | | 151 | | 91 | | | 출생 |
| | | 157 | | 97 | 가나안으로 | 6 | |
| | | 168 | | 108 | | 17 | 애굽에팔림 |
| | | 180 | 죽음 | 120 | | 29 | |
| | | | | 121 | | 30 | 왕궁으로 |
| | | | | 130 | 애굽으로 | 39 | |
| | | | | 147 | 죽음 | 56 | |
| | | | | | | 110 | 죽음 |

# 26 장

**26:1 그랄로 가서.** 이삭은 브엘라헤로이보다 상대적으로 물사정이 좋은 해안가 쪽인 그랄로 이동하였다. 그런데 가뭄이기에 그곳도 이방인인 이삭이 거주하기에는 적합하지 않았을 것이다.

**26:2 애굽으로 내려가지 말고.** 사람은 더 좋은 곳을 찾아 이사하는 것이 정상이다. 물사정이 더 좋은 애굽으로 이주할 생각을 가졌던 것 같다. 그러나 하나님께서 '애굽으로 내려가지 말라'고 하셨다. 하나님의 뜻이 있기 때문에 그렇게 말씀하신 것이다.

**26:3 이 모든 땅을 너와 네 자손에게 주리라.** 하나님께서 이삭과 언약을 맺으신다. 아브라함과 언약을 맺으신 것처럼 이삭과 언약을 맺으신다. **내가 네 아버지 아브라함에게 맹세한 것을 이루어.** 아브라함의 언약이 이어지는 것이다. 아브라함과 언약을 맺으신 하나님께서 이삭과 언약을 맺으신다 또한 오늘날 우리와 언약을 맺으신다. 하나님은 모든 백성이 하나님과 언약을 맺고 구원에 이르기를 원하신다.

**26:5 이는 아브라함이 내 말을 순종하고.** 아브라함이 하나님의 말씀에 순종한 것이 이삭과 언약을 맺는 것으로 이어진다. 오늘날 우리들에게도 그러하다. 아브라함의 믿음이 이삭에게 이어진 것처럼 동일하게 우리들에게도 그 믿음이 복이 되어 우리에게 이어진다. 우리의 믿음이 또한 다른 누구에게 복을 주는 이유가 된다.

**26:7 그는 내 아내라 하기를 두려워함이었더라.** 세상에는 많은 일들이 있다. 이삭은 자신의 아내가 매우 예쁘다는 사실이 자신에게 위험이 된다 생각하여 거짓말을 하였다. 이삭은 자기도 모르게 아버지 아브라함의 거짓말을 모방하였

다. 그는 아브라함의 신앙을 계승하였을 뿐만 아니라 그의 불신앙도 계승하였다. 사실 사람은 좋은 것보다 나쁜 것을 닮는 것이 더 쉽다. 좋은 것은 따라하기가 어렵지만 나쁜 것은 쉽기 때문에 더 빨리 습득한다. 그래서 이삭이 아버지 아브라함을 따라하는 잘못된 정책(아내를 누이라 속임)은 '어떻게 그렇게 똑같냐'하면서 이상하게 생각하기 보다는 자연스러운 것이라는 것을 알아야 한다. 하나님의 사람이라 하여 세상과 완전히 관계가 단절된 것이 아니다. 신앙인은 여전히 세상을 살아가야 한다. 세상은 하나님과 언약을 맺지 않았다. 그들은 자신들의 멋대로 행동한다. 그래서 가치 충돌이 일어난다. 그 속에서 많은 연약함이 드러난다. 힘의 약함이 있다. 믿음의 약함이 있다. 그런데 언약을 맺은 백성을 하나님께서 보호하신다.

26:8 우연히 블레셋 왕 아비멜렉이 이삭이 리브가와 친밀한 스킨쉽을 하는 것을 보았다. 그때 하나님께서 아비멜렉의 마음을 만지셔서 이삭에게 친밀하게 대하게 하셨다.

26:10 아비멜렉의 마음을 부드럽게 하셔서 이삭의 허물이 큰 죄로 이어지지 않도록 하셨다. 언약 백성을 하나님께서 지키셨다. 하나님의 백성이면서도 여전히 허물이 있다. 허물에도 불구하고 언약 백성을 아름답게 만들어가실 것이다. 허물을 이기게 하실 것이다. 그러기에 허물이 아니라 언약에 초점을 맞추고 앞으로 나가야 한다.

26:11 이삭의 잘못이 들통났지만 오히려 아비멜렉은 이삭의 아내를 공적으로 보호해 주었다. 하나님께서 그의 언약 백성인 이삭을 보호하시는 것을 볼 수 있다.

26:12 **농사하여 그 해에 백 배나 얻었고.** 이삭이 농사를 지었다. 농사도 아주 잘 되었다. 그의 물질적 부요는 '여호와께서 복을 주시므로' 얻은 것이라고 말

한다. 물질적 부요가 모두 하나님의 복은 아니지만 하나님께서 복을 주셔서 물질적 부요를 얻게 되기도 한다. 하나님께서 하나님의 백성 이삭에게 복을 주셔서 물질적으로 부요하게 하셨다.

**26:14 블레셋 사람이 그를 시기하여.** 부요해지면 그 사람 안에 교만한 마음을 가지기 쉽다. 그리고 다른 사람에게는 '시기'심을 일으킨다. 교만한 마음이 매우 위험하지만 그것을 잘 조정할 수 있는 사람이 있다. 그런데 '시기'는 당사자가 조절할 수 있는 것이 아니다. 다른 사람들의 마음이기 때문에 어쩔 수 없다. 시기는 잘 보이지 않지만 항상 있으며 매우 위험하다.

**26:15 아브라함 때에 그 아버지의...우물...흙으로 메웠더라.** 그랄 사람들이 이삭의 우물들을 막아버렸다. 어떻게 그럴 수 있을까? 지금까지 함께 잘 살아왔는데 어느 순간 변하였다. 그들의 악행에 대해 어떻게 해야할까? 악행에 맞서 싸워야 할 것 같다. 그러나 이삭은 피하는 방법을 선택하였다.

**26:20 다툼으로 말미암아 그 우물 이름을 에섹이라 하였으며.** '에섹'은 다툼이라는 뜻이다. 그랄을 떠나 그랄 골짜기에 물러가서 그곳에 우물을 다시 팠다. 그런데 그랄 사람들이 와서 우물의 소유권을 가지고 또 다투었다. 그랄 사람들의 악행을 어떻게 해야할까? 이삭은 다툼을 피하여 이번에도 물러갔다.

**26:21 싯나.** 이삭은 더 멀리 가서 또 하나의 우물을 팠다. 그런데 그 우물을 가지고 또 그랄 사람들이 와서 다투었다. 그래서 '싯나(적대감)'라 이름을 붙였다. 이삭은 그러한 적대감에 맞서 싸우는 것이 아니라 또 뒤로 물러섰다.

**26:22 르호봇.** 새로 판 우물에 대해서는 그랄 사람들이 싸움을 걸어오지 않았다. 이삭은 그 우물을 '르호봇(넓은 공간)'이라 이름 붙였다. 걸어오는 다툼에 맞서지 않고 더 넓은 지역으로 옮겼다. 이삭이 그랄 사람들의 다툼과 적의를

이기고 그들과 싸우지 않는 곳으로 이주하였다. 그의 지경이 넓어졌다. 사람들이 지경이 넓어지는 것을 좋아하는데 그러려면 오늘 본문의 이삭에게 르호봇이 그러한 것처럼 넓은 마음을 가지는 것이 우선이다. 이삭은 도망다닌 것 같으나 실상은 큰 복을 얻었다. 진정한 부요다. '물질적 부요'를 넘어 '영적 부요'다. 이길 때까지 용납하고 받아들였으니 참으로 영적 부요다. 이웃을 끝까지 사랑하였으니 영적 부요의 모습이다. 이삭이 우물을 팔 때 결국은 그랄에서 조금씩 더 떨어지고 그의 아버지 아브라함의 본거지 브엘세바까지 갈 수 있게 되었다. 그가 만약 그랄에서 잘 되었다면 그것에 만족하여 브엘세바로 올 기회를 더 잃었을 것이다. 그의 양보는 결국 브엘세바로 가는 거룩한 길이 되었다. 용납함으로 여러 면으로 '영적 부요'의 길을 걸어갈 수 있었다.

26:24 그 밤에. 그가 브엘세바에 도착한 첫 날 밤을 말한다. 이전에 아버지 아브라함의 터전이기도 하였던 브엘세바는 사람이 없는 황량한 상태였을 것이다. 브엘세바에서의 밤은 외롭고 막막하고 서글프기까지 한 밤이었을 것이다. 아버지 아브라함이 유독 더 생각나는 밤이었을 것이다. 그러나 그 날 밤 하나님께서 그에게 나타나셔서 말씀하여 주셨다. **두려워하지 말라 내 종 아브라함을 위하여 내가 너와 함께 있어 네게 복을 주어.** 브엘세바에서의 생활은 두려운 날이 아니라 밝은 날이 될 것이다. 하나님께서 함께하시는 날이 될 것이기 때문이다. 아무리 어두운 곳에서도 하나님께서 함께 하시면 밝은 곳이 된다. 브엘세바는 하나님께서 아브라함에게 약속하신 땅의 소유권을 인정받은 곳이다. 하나님께서 약속하신 가나안 땅의 시작이다. 비록 척박하지만 말이다.

26:25 이삭이 그곳에 제단을 쌓고 여호와의 이름을 부르며 거기 장막을 쳤더니. 이삭은 브엘세바에서 예배하였다. 그의 아버지 아브라함도 이전에 예배하였던 곳이다. '아브라함의 하나님이니'라고 말씀하셨다. 아브라함과 함께 하셨던 하나님께서 이삭과 함께 하시는 것이다.

**26:28 너와 계약을 맺으리라.** 아비멜렉이 이삭과 계약하는 것은 아브라함이 아비멜렉과 계약을 맺은 것과 많이 비슷하다. 그래서 같은 사건을 잘못 기록하여 이름만 바뀐 것이 아닌가 하는 의심을 받기까지 한다. 그러나 이것은 잘못 기록된 것이 아니라 이삭이 아버지 아브라함의 믿음을 마치 바둑에서 복기하듯이 그대로 발자취를 따라가는 모습이다. 하나님께서 이삭에게 아브라함의 믿음의 발자취를 따라가게 하셔서 믿음 다지기를 시키시는 것이다.

**26:31-32 그 날에 이삭의 종들이 자기들이 판 우물에 대하여 이삭에게 와서 알리어.** 계약을 맺고 아비멜렉 일행이 떠난 그 날 또 하나의 좋은 소식이 들렸다. 그동안 우물을 파고 있었는데 드디어 또 하나의 우물이 터졌다.

**26:33 그 이름을 세바라 한지라.** '유레카'를 외친 철학자처럼 이삭이 '세바'라 외쳤다. 감탄처럼 외쳤을 것이다. 히브리어를 음역한다면 '시브아'라고 해야 한다. 이 뜻은 풍성인데 맹세, 일곱의 의미까지 비슷한 발음을 통해 어휘플레이를 하고 있다. 이삭은 브엘세바에서 우물을 팠다. 그런데 아비멜렉과의 계약 체결 이후 또 하나의 우물파기가 성공하였다는 소식을 들은 것이다. 풍성함을 이룬 것이다. **오늘까지 브엘세바더라.** '브엘세바'는 '일곱 샘' 또는 '맹세 샘'이라는 뜻이다. 브엘세바에서의 두 번째 샘은 그랄에서의 2개의 샘과 이후에 쫓겨나오며 판 3개의 샘 그리고 브엘세바에서의 2개의 샘을 합하면 7개의 샘이 된다. 브엘세바에서 2번째 판 샘이 이삭이 판 총 우물 개수다. 그래서 브엘세바라는 이름이 붙여진 것 같다. 그것은 아브라함이 일곱 마리의 양을 잡아 계약을 체결하였던 것의 성취이기도 하다. 자신은 양 일곱을 잡지 않았는데 일곱번째 샘이 터진 것을 보고 아브라함의 양 일곱이 생각났을 수 있다. 또한 아브라함의 때와 마찬가지로 아비멜렉과 언약(맹세)을 맺는 것이었다. 그래서 맹세의 샘이 된다. 아브라함의 때와 동일하게 말이다. 브엘세바는 아브라함 때에 붙여진 이름이지만 또한 이삭의 때에 동일하게 성취된 이름이기도

하다. 같은 듯 달랐다. 다른 듯 같았다.

# 27 장

**27:2 어느 날 죽을는지 알지 못하니.** 사람은 참 많이 모른다. 그는 이 사건 이후에도 60년 이상을 더 살게 된다. 그는 분명 늙어 기력이 쇠한 것 같아 마지막 축복기도를 조금이라도 힘이 있을 때 하려고 했는데 그렇게 오래 더 살게 된 것이다. 자신의 삶의 날수를 알지 못한 것보다 더 모르는 것이 있으니 그가 축복기도해야 하는 대상이다. 그는 큰 아들 '에서'에게 축복기도를 해야 한다고 생각하였다. 그것이 그에게 당연한 일이었다. 물론 에서가 지금 이삭에게 못 마땅하기는 했다. 에서가 이방 여인과 결혼한 것이 그러하였다. 그러나 그래도 장자 에서에게 축복기도를 해야 한다고 생각하였다.

**27:4 내가 즐기는 별미를 만들어 내게로 가져와서 먹게 하여.** 이삭은 에서가 사냥한 음식을 먹고 힘을 내어 기쁜 마음으로 아들을 축복하기를 원하였다. 이삭은 자신이 하는 축복기도의 중요성을 인식하였다. 그는 창조주 하나님을 믿었다. 하나님께서 복을 주시는 분임을 믿었다. 그래서 자신이 사랑하는 아들을 위해 복을 비는 기도를 하고 싶어하였다. 이삭의 하늘을 향한 열망은 매우 바른 자세다. 자신이 하는 축복기도를 뭐가 그리 중요하다고 생각하였을까? 그것은 자신의 말에 대한 신뢰가 아니라 하늘의 하나님에 대한 신뢰다. 하나님이 주시는 복을 믿었고 자신의 입술을 도구로 삼아 그 일을 하시는 것을 믿었다. 그것이 매우 중요함을 믿었다. 그가 그것의 중요함을 믿은 만큼 그 축복기도는 중요하였다. 여기에서의 축복기도는 거의 공식적인 형식의 축복기도였던 것으로 보인다. 마치 후계자를 임명하는 것과 같다. 공식적인 의식이면

다른 가솔들이 참석하여야 정상이다. 그러나 이삭은 리브가가 반대할 것을 잘 알고 있었을 것이다. 그래서 다른 식구들 몰래 일을 진행하고자 하였다. **네게 축복하게 하라.** 이삭은 전통에 따라 큰 아들 에서를 장자로서 축복하기를 원하였다. 임종 전 축복은 유언장과도 같은 것이며 공적인 것으로서 맹세로 하기에 바꿀 수도 없는 것이었다. 이 축복은 장자권과 어느정도 일맥상통하는 것이기도 하였다.

**27:5 이삭이 그의 아들 에서에게 말할 때에 리브가가 들었더니.** 이삭의 말을 들은 리브가는 매우 놀랐을 것이다. 고민을 많이 했을 것이다. 리브가는 하나님께 들은 계시로서 '큰 자가 작은 자를 섬길 것이니라'는 하나님의 말씀을 간직하고 있었다. 아마 그것을 이삭에게 말하였을 것이다. 그런데 이삭이 그것을 직접 들은 것이 아니기 때문에 그것을 간과하고 있는 것 같다. 그러나 리브가는 그것을 늘 마음에 품고 있었다. 게다가 에서의 모습을 보면 믿음이 제대로 없었다. 어쩌면 '저 양반이 기어코 하나님의 뜻을 어기는 구만'이라고 생각하였는지 모른다. 그래서 어려운 결단을 내렸다.

**27:10 그가 죽기 전에 네게 축복하기 위하여 잡수시게 하라.** 이삭은 에서에게 축복기도를 하기 원하지만 리브가는 야곱이 축복기도를 받아야 한다고 생각하였다. 그래서 야곱이 축복기도를 받을 수 있도록 야곱에게 시켰다.

**27:13 너의 저주는 내게로 돌리리니 내 말만 따르고 가서 가져오라.** 리브가는 대장부같은 여인이었다. 문제가 생기면 자신이 모든 저주를 받을 것이라 말하였다. 그에게는 야곱이 축복기도를 받는 것이 중요하였다. 축복기도를 받는 것이 얼마나 중요한지를 인식하는 리브가의 마음은 바른 마음이다. 그러나 잘못된 것이 있으니 그의 방법이다. 리브가가 생각하기에 야곱이 축복기도를 받는 방법은 오직 그것 밖에 없었다. 그러나 그럼에도 불구하고 거짓으로 축복기도

를 받는 것은 잘못된 것이다.

27:15 리브가는 야곱을 에서처럼 보이게 하여 축복기도를 받도록 하기 위해 여러 가지를 꾸몄다. 이삭이 안 속을 것 같다. 그런데도 시도하였다. 리브가의 필사적인 자세다. 그만큼 그에게는 절박하였다. 그것이 옳다고 생각하였기 때문일 것이다. 그가 받은 계시가 큰 역할을 하였을 것이다. 리브가는 에서가 아니라 야곱이 축복을 받아야 한다는 것을 알았다. 에서는 아브라함의 믿음의 계승자가 될 수 없다. 야곱이 그 일을 감당하게 될 것이다. 그것은 바른 판단이다. 그러나 그는 수많은 가짜를 만들어냈다. 그가 만들어 낸 가짜로 인하여 그는 이후로 그가 그토록 사랑했던 아들 야곱을 다시는 보지 못하게 된다. 그는 가짜를 만들어 낼 것이 아니라 하나님께서 약속하신 것을 믿었어야 한다, 그가 하고자 했던 일이 진정 하나님의 뜻이라면 그가 가짜를 만들지 않아도 하나님께서 하실 것이다. 그는 하나님의 일을 자신의 일로 격하시켰고 진실한 일을 가짜로 만들었다.

27:22-23 **음성은 야곱의 음성이나 손은 에서의 손이로다.** 그는 야곱의 소리를 듣고 의심하였다, 그러나 손의 털을 보고 의심을 거두었다. 손의 털이라는 것도 염소의 피부와 털이었다. 음성을 들으면서 어찌 그것을 구분하지 못할까? 그런데 이삭은 그것을 구분하지 못하였다. 이것을 어찌 구분하지 못할 수 있을까? 이삭은 에서와 야곱 중에 누가 축복기도를 받아야 하는지를 구분하지 못하였다. 그것을 구분하지 못한 것이 음성과 손의 털을 구분하지 못한 것처럼 말이 안 되는 것이라는 것을 상징적으로 보여주는 것 같다.

27:28-29 가짜와 진짜가 여러 모양으로 얽혔지만 결국 축복을 받아야 하는 진짜가 축복을 받았다. 신앙인은 자신의 생각이 아니라 하나님의 뜻에 맞추는 사람이 되어야 한다. 오직 진실에 맞추어야 한다. 목적과 수단까지 모두 오직

진실해야 한다. 결국은 하나님의 뜻이 이루어질 것이다. 중요한 것은 신앙인이 그것을 자신의 무엇으로 이루려 하지 말고 오직 순종하여 진실의 편에 서야 한다는 것이다.

**네가 형제들의 주가 되고 네 어머니의 아들들이 네게 굴복하며.** 리브가가 임신 중에 들었던 하나님의 말씀과 같다. 결국 하나님의 주권적인 말씀대로 야곱에게 축복이 주어지고 있다. 야곱의 거짓이 그 안에 담겨 있고 에서의 불신앙이 담겨 있는 아픔이 있지만 결국은 하나님의 주권이 그대로 이루어지고 있는 것을 볼 수 있다. 하나님의 주권과 인간의 책임은 서로 고유한 영역이 있다. 그러나 또한 완벽히 조화를 이룬다. 하나님의 주권의 내용에는 모든 것이 하나님께서 기뻐하시는 뜻은 아니다. 그러나 큰 그림에서 보면 그 모든 것이 합력하여 선을 이루게 하시는 주권을 행사하신다. 아담이 선악과를 따 먹는 것이 하나님의 기뻐하시는 뜻은 아니지만 그러나 그것까지도 합하여 결국 모든 일에 선을 이루어 가시는 하나님의 뜻과 같다.

**27:30 이삭이 야곱에게 축복하기를 마치매.** 이삭이 야곱을 축복하였다. 이 당시 족장인 이삭은 제사장과 선지자의 역할까지 하고 있었다. 가나안에서 그러한 역할을 하는 사람이 따로 없기 때문에 가장이 모든 역할을 하였다.

**27:31 마음껏 내게 축복하소서.** 에서는 아버지 이삭에게 축복기도를 요청하였다. 그러나 이삭은 그가 원하는 축복을 할 수 없었다. 이미 야곱에게 축복하였기 때문이다.

**27:33 이삭이 심히 크게 떨며 이르되.** 이삭은 방금 전 축복할 때 에서인 줄 알고 그가 축복하고 싶었던 것을 축복하였다. 그런데 그가 야곱이었다. 그것을 알고 이삭은 크게 떨었다. 분노가 아니라 떨림을 느꼈다. '떤다'는 표현만도 매우 강한 말인데 이것을 두번이나 더 강조하여 '심히 크게 떨었다'고 말하고

있다. 이것보다 더 강한 표현은 없을 것이다. 이삭은 천지가 크게 흔들리는 것처럼 그의 마음이 크게 흔들리는 것을 느꼈다. 이 순간 이삭은 수많은 생각들이 한순간에 스쳐 지나갔을 것이다. 이삭은 아마 아내 리브가로부터 들었던 태아의 다툼과 그들의 앞날에 대한 하나님의 말씀이 생각났을 것이다. 그러나 장자 에서를 포기할 수 없었던 자신의 그동안의 노력도 생각하였을 것이다. 무엇보다 그가 두려워 떤 것은 하나님의 통치에 대한 인식 때문이었을 것이다. 어쩌면 지금까지 자신이 하나님의 통치에 순종하지 못하고 오히려 하나님의 뜻에 적대적으로 싸워온 것은 아닌지 하는 생각 때문에 두려워 떨었을 것이다. **그를 위하여 축복하였은즉 그가 반드시 복을 받을 것이니라.** 이삭은 정신이 번쩍 들었던 것 같다. '그가 반드시 복을 받을 것이니라'고 선포한다. 그가 전하는 축복은 하나님 앞에서 하는 공적인 것이다. 그것이 법적인 구속이 있는 것이 아니기에 이제라도 취소할 수도 있을 것이다. 그러나 그는 그 모든 일에 증인이 하나님이시며 하나님의 통치를 느꼈던 것으로 보인다. 그래서 순종하였다. 이전에 에서에게 축복기도를 하려던 이삭은 축복기도를 할 자격이 없는 모습이었다. 그러나 역시 이삭은 아브라함 믿음의 계승자로서 축복할 자격을 가지고 있는 사람이었다. 그는 축복기도를 함부로 번복하지 않았다. 축복기도는 자신이 하는 것이지만 자신 멋대로 하는 것이 아니다. 자신 멋대로 번복할 수 있는 것이 아니다. 축복기도를 들으시고 복을 내리시는 분은 오직 하나님 한 분이다. 축복기도를 마음대로 변경하는 것은 하나님을 멋대로 부리려는 마음이다. 축복기도에 응답하시는 분이 하나님임을 이삭은 알았다. 그래서 축복기도를 함부로 대하지 않았다.

**27:34 내게 축복하소서.** 에서가 보기에는 그것이 이상하였다. 축복이라는 것이 그냥 말만 하면 되는 것으로 생각하였다. 그러나 이삭은 야곱을 축복할 때 종교의식으로서 공적으로 축복한 것이었다. 하나님의 이름으로 축복한 것을 결코 바꿀 수가 없었다. 축복은 매우 실제적이다. 빵을 1개 들고 있는데 한 사

람에게 주고 나면 다른 사람에게는 줄 수 없듯이 야곱에게 축복기도를 한 것에 어긋난 축복기도를 에서에게 할 수 없다. 이삭이 그것을 제대로 알았기 때문에 번복할 수 없었다. 축복할 때 중요한 것은 사람이 아니라 하나님이다. 사람의 뜻대로 하는 축복기도는 오히려 화가 될 것이다. 하나님의 뜻대로 하는 축복기도가 진정한 축복기도다. 축복 기도하는 사람은 그것을 명심해야 한다. 아무에게나 축복기도하는 것이 아니다. 아무것이나 축복기도하는 것이 아니다. 오직 하나님의 뜻에 따라 하나님의 복을 받아야 하는 사람에게 축복기도를 해야 한다.

**27:36 전에는 나의 장자의 명분을 빼앗고.** 에서는 야곱이 장자권을 빼앗았다고 비난하였다. 진정 그렇다면 지금 야곱이 '축복받는 것'이 당연하다. 사실 그가 장자권에 대한 복을 쉽게 여기고 함부로 차 버렸다. **내 복을 빼앗았나이다.** 에서는 축복을 받지 못하였다. 야곱이 빼앗았기 때문이 아니라 받을 자격이 없었기 때문이다. 본래 장자가 받는 것이 일반적이다. 그러나 그는 장자였으나 장자로서 축복기도를 받을 자격이 없었다. 축복기도를 받는 것이 아니라 축복기도를 받을 자격이 되는 것이 중요하다. 아무리 많은 축복기도를 받아도 자격이 없으면 복을 받지 못한다. 아무리 축복기도를 받지 못하였어도 자격이 있으면 하나님께서 복을 주실 것이다. 복을 주시는 분은 하나님이지 축복기도가 아니다.

**27:38 소리를 높여 우니.** 그는 반복하여 소리 높여 축복을 요청하였다. 그는 사실 축복의 의미를 많이 놓치고 있다. 이삭이 말하는 축복은 당시의 아버지가 아들에게 말하는 물질적인 축복 그 이상이었다. 이삭의 믿음의 계승이었다. 그는 믿음의 계승에 대해 무지하였다. 그는 이삭의 축복을 받을 준비가 되어 있지 않았다. 그래서 하나님께서 야곱을 축복하게 하셨다.

**27:41 아버지를 곡할 때가 가까웠은즉 내가 내 아우 야곱을 죽이리라.** 에서가 축복기도를 받을 자격이 없다는 것을 증명하는 단적인 모습이다. 에서는 아버지 이삭이 죽으면 야곱을 죽일 계획을 세웠다. 얼마나 악한 일인가? 이런 그가 진정 하나님의 복을 사모하는 사람이었을까? 단지 복을 좋아하는 사람에 불과하다. 축복기도는 기계적인 것이 아니다. 누군가 축복기도를 받으면 하나님께서 꼭 그에게 복을 내리셔야 하고 누군가 축복기도를 받지 못하면 그에게는 복을 내리실 수 없는 것이 아니다. 하나님은 축복기도에 자유하신 분이며 또한 인격적으로 반응하시는 분이다. 만약 여기에서 에서가 축복기도를 받았다고 해도 에서를 믿음의 계승자로 세우지 않으실 것이다. 축복기도는 상징적인 면이다. 결국 야곱이 축복기도를 받도록 하셔서 믿음의 계승이 눈으로 보이도록 하셨다.

**27:46 야곱이 하란에서 신부감을 찾아야 한다는 것은 매우 합리적인 이유다.** 야곱은 지금 나이가 77세다. 신부감을 벌써 얻었어야 하는데 가나안에서는 얻을 수 없어 미루어지고 있었다. 그래서 야곱이 하란으로 떠나게 된다.

# 28 장

**28:1 너는 가나안 사람의 딸들 중에서 아내를 맞이하지 말고.** 야곱이 하란으로 떠나게 된 것은 형 에서의 분노 때문이다. 그런데 이삭은 야곱을 하란에 보내며 임무를 주었다. '라반의 딸 중에서 아내를 맞이하는 것'이다. 사실 야곱의 결혼이 많이 늦었다. 지금 나이가 77세다. 에서는 결혼한지 37년이나 지났다. 이삭이 벌써 야곱을 위해 하란에서 며느리를 맞았어야 했는데 무슨 이유인지 미루어지고 있었다. 어떤 면에 있어서는 에서의 분노를 피하는 것보다 결혼을

위해 하란에 가는 것이 더 필요해 보인다. 이삭이 야곱을 하란에 보내는 것은 이전에 아브라함이 이삭의 배필을 위해 종을 하란에 보낸 것과 매우 비슷하다. 이삭의 특징은 아브라함의 발자취를 따라가는 것이다. 이삭이 야곱을 하란에 보냄으로 아브라함의 믿음이 이삭에게 그리고 이삭의 믿음이 야곱에게 이어지고 있는 것을 볼 수 있다.

**28:3 생육하고 번성하게 하여.** 이삭은 야곱을 축복하며 보냈다. 창조 이후 이어지는 사람에 대한 하나님의 뜻이며 복이다.

**28:4 아브라함에게 주신 땅 곧 네가 거류하는 땅을 네가 차지하게 하시기를 원하노라.** 아브라함에게 주어진 자손과 땅에 대한 약속이 야곱에게 주어졌다. 야곱은 이제 확실히 아브라함에게 주어진 약속의 계승자가 되었다.

**28:6 가나안 사람의 딸들 중에서 아내를 맞이하지 말라.** 이삭이 야곱에게 하는 말을 들었다. 그는 자신이 가나안의 딸을 아내로 맞이한 것 때문에 부모가 자신을 신뢰하지 않는다는 것을 다시 생각하게 되었다. 사실 그가 가나안의 딸을 아내로 맞이하여 부모의 근심이 되었다는 것을 이전부터 잘 알고 있었다. 그냥 외면한 것일 뿐이다.

**28:9 에서가 이스마엘에게 가서 그 본처들 외에 아브라함의 아들 이스마엘의 딸... 아내로 맞이하였더라.** 자신의 아버지 이삭의 핏줄이기 때문에 이스마엘 집안의 딸을 맞이하면 아버지가 좋아할 것이라고 생각하였다. 그러나 오판이었다. 이스마엘은 언약에서 어긋난 자손이다. 이삭이 야곱을 하란으로 보냈으나 에서를 이스마엘로 보낸 것은 아니다. 그는 처음 결혼에서도 자신의 멋대로 가나안의 여자를 맞이하였고 이번에도 자신의 멋대로 이스마엘의 딸을 아내로 맞이한 것이다. 그것은 아버지가 기뻐할 것이 아니라 오히려 싫어할 일이었다. 그가 진정 해야 할 일이라면 이제라도 야곱에 대한 분노를 그치는 것이다.

**28:12 사닥다리가 땅 위에 서 있는데.** '사닥다리'는 '돌계단'이라고 하는 것이 더 나은 번역 같다. 야곱은 바벨론 지구라트의 돌계단처럼 하늘로 길게 뻗은 돌계단을 보았을 것이다. **하나님의 사자들이 그 위에서 오르락내리락 하고.** 천사들이 계단을 계속 왕래하고 있는 모습이다. 하늘과 땅이 단절된 것이 아니라 계속 왕래하고 있는 것을 볼 수 있다.

**28:13 여호와께서 그 위에 서서 이르시되.** '위에 서서'는 돌계단 상단을 의미할 수도 있으나 아마 땅 위를 의미하는 것으로서 바로 옆에서 야곱을 내려다보시는 모습을 의미할 것이다. 하나님께서 야곱에게 말씀하셨다. **네가 누워 있는 땅을 내가 너와 네 자손에게 주리니.** 하나님께서 아브라함과 이삭에게 약속하셨던 것을 이제 야곱에게 약속하고 계신다. 땅과 티끌 같이 많은 자손을 약속하여 주셨다.

**28:15 내가 너와 함께 있어 네가 어디로 가든지 너를 지키며.** 야곱은 이제 약속의 땅 가나안을 떠나야 한다. 그러나 그곳을 떠나더라도 가나안으로 다시 돌아오게 하실 것이며 그 모든 과정에 야곱과 함께 하실 것이라 약속하여 주셨다. 꿈을 꾸기 전 그곳은 황량한 땅이었다. 그러나 꿈을 꾸고 보니 그곳은 돌계단으로 하늘과 이어진 곳이었다. 그런데 사실 그것은 그곳이 아니라 그가 어디를 가든지 바로 그곳이 하늘에 이어진 돌계단이 있는 곳임을 말씀하시는 것이다. 눈을 뜨면 보이지 않으나 실상은 그가 있는 그곳에 하늘과 이어진 돌계단이 있었다. 천사들이 늘 그 돌계단으로 바쁘게 오가며 땅의 일을 하늘에 보고하고 하늘의 명령을 땅에 가지고 올 것이다.

**28:17 이것은 다름 아닌 하나님의 집이요 이는 하늘의 문이로다.** 그곳에 돌계단이 있었음을 말하는 것이다. 그래서 그곳을 '하나님의 집'이라는 뜻으로 벧엘이라 이름하였다. 야곱은 그 앞에 펼쳐진 돌계단을 잘못 알았다. 그 앞에 보

였던 돌계단은 그곳이 하나님의 집이라는 뜻이 아니라 그가 있는 곳에 '하나님께서 임재하신다'는 의미였다. 그는 하나님께서 그와 그렇게 함께 하신다는 놀라운 사실을 들었으면서도 잘 몰랐다. 그는 그가 본 그 장소만 그렇게 거룩한 장소로 여겼다.

**28:18 돌을 가져다가 기둥으로 세우고.** 이것은 일종의 오벨리스크다. 당시 애굽이나 가나안에는 기념하는 우상적인 의미의 돌기둥을 많이 세웠다. 지금도 애굽의 박물관에 수많은 오벨리스크가 있다. 로마의 베드로 성당이나 터키의 이스탄불에 가면 애굽에서 가져온 아주 긴 돌기둥인 오벨리스크가 있다. 돌기둥은 당시 애굽과 가나안에 흔한 방식이다. 그것은 이후에 신명기에서 이스라엘에게는 금지된 방식이다. 그러니 이 때에도 좋은 방식은 아닐 것이다. 단지 당시 문화에 영향을 받은 종교심이다.

**28:20 야곱이 서원하여.** 야곱은 앞에서 하나님께서 약속하신 것에 덧붙여 서원하였다.

**28:22 하나님께서 내게 주신 모든 것에서 십분의 일을 내가 반드시 하나님께 드리겠나이다.** 십일조는 십 분의 일 밖에 되지 않지만 실상은 대단한 부분이다. 오늘날 국가마다 물건을 사고 팔 때 부가가치세로 보통 십 분의 일을 세금으로 한다. 부가가치세를 내지 않는 국민은 없다. 나라를 사랑하는 마음이 많든 적든 말이다. 십일조는 자신이 하나님 나라에 속하였다는 실질적 고백이다. 십일조는 자신의 삶의 모든 것이 하나님의 통치이며 자신의 모든 재산이 하나님이 주신 것임을 인정하는 것으로 드리는 것이다. 또한 이후에는 구체적으로는 레위인들의 생활을 위해 필요한 것이기도 하다. 지금 레위인이 없는 상태에서도 하나님의 인도하심과 하나님 나라의 통치에 대한 인정과 실질적인 교회의 운영에도 필수적이다.

# 29 장

**29:1 동방 사람의 땅에 이르러.** '동방'은 이스라엘의 동쪽을 의미한다. 야곱은 브엘세바의 집을 떠날 때 매우 슬픈 마음이었을 것이다. 그러나 벧엘에서 꿈에 하나님을 만나고 난 이후 많이 달라졌던 것 같다. 하란에 도착하였을 때 그는 이미 다른 사람이었다. 이전에 브엘세바에서의 좁은 세계에 갇힌 이미지를 벗어나 새로운 삶을 시작한다. 세상은 변하지 않았어도 나의 마음이 변하면 세상도 변한다. 이전의 야곱과 벧엘 사건 이후의 야곱이 마치 다른 사람인 것처럼 다른 삶을 살기 시작한다.

**29:2 큰 돌로 우물 아귀를 덮었다가.** 하란에 가까이 이르렀을 때에 그는 우물을 발견하였다. 우물을 돌로 덮은 이유는 1.우물의 오염 방지 2.우물에 빠지는 것을 방지 3.우물의 물을 다른 사람이나 동물이 먹지 못하도록 등의 이유일 수 있다.

**29:3 모이면 그들이 우물 아귀에서 돌을 옮기고.** 우물은 큰 돌로 막아 놓았다가 일정한 시간이 되면 목자들이 모여 함께 돌을 들어내고 물을 길렀다. 그래서 충분한 숫자의 목자들이 모일 때까지 기다렸다. 그러나 야곱이 보기에는 더 많은 목자들이 오기 전에도 그들이 돌을 옮길 수 있을 것 같은데 그렇게 하지 않는 것이 이상하게 보였다.

**29:5 라반을 아느냐 그들이 이르되 아노라.** 간단한 질문과 대답이지만 놀라운 일이다. 오늘날 미국에 있는 친척을 찾아 가는 것을 생각해 보라. 핸드폰으로 연락을 하고 며칠 몇 시에 비행기를 타고 간다고 말을 한다. 친척은 비행기 출국장에서 큰 글씨로 적힌 종이를 들고 기다린다. 눈은 계속 비행기가 몇 시에 도착하는지 본다. 핸드폰이 없던 시기에는 어떠했을까? 사람을 찾기가 매

우 어려웠을 것이다. 나는 고향 친구를 서울에서 만나기로 하고 정문에서 몇 시간을 기다린 적도 있다. 서로 바로 옆에 두고도 몰라보고 기다렸었다. 그런데 왕래도 없던 먼 친척을 찾아 가는 야곱의 경우는 어떨까? 성경에서는 야곱이 라반을 참 쉽게 찾는 것 같다. "라반을 아느냐"라는 질문을 야곱이 지금까지 몇 번이나 했을까? 성경은 그것을 말하지 않고 있으니 정확히 모른다. 그러나 수없이 하지 않았을까? 몇 번을 했을지는 모르지만 분명한 것은 서울에서 김서방을 찾는 것처럼 어려울 것 같은 일이 이루어졌다는 것이다. '라반을 아느냐 그들이 이르되 아노라'고 할 때 야곱은 얼마나 감격하였을까?

**29:6 그가 평안하냐 이르되 평안하니라.** 죽었는지 살았는지도 모르고 왔다. 이사 갔을 수도 있다. 그런데 라반이 살아 있었다. **그의 딸 라헬이 지금 양을 몰고 오느니라.** 마침 라반의 딸이 오고 있다고 말한다. 이 만남은 운명적인 만남이 된다. 아마 첫눈에 반할 것이다. 여성이 목자로 나오는 경우가 흔하지 않다. 아마 라반의 아들들은 아직 나이가 어려 딸들이 양을 치고 있었던 것으로 보인다. 그렇게 야곱은 자신의 운명적인 여인을 우연과 우연이 겹쳐서 만나게 된다. 실상은 하나님의 섭리 때문이다. 하나님의 섭리는 확률이 아무리 없는 일도 가능하게 한다. '하나님께서 인도하셨다'라는 구절은 없지만 실제로는 하나님께서 야곱에게 약속하신 것에 따라 함께 하시며 인도하셨다. 하나님은 늘 그 백성을 그렇게 인도하고 계신다.

**29:8 우리가 그리하지 못하겠노라 때가 다 모이고 목자들이 우물 아귀에서 돌을 옮겨야 우리가 양에게 물을 먹이느니라.** 목자들은 우물을 덮고 있는 돌이 매우 커서 다른 목자들이 오면 함께 돌을 옮기고 그때 물을 먹인 후 풀을 먹이러 다시 갈 수 있다고 말하였다.

**29:10 우물 아귀에서 돌을 옮기고 외삼촌 라반의 양 떼에게 물을 먹이고.** 야곱은

우물가로 성큼성큼 가서 우물을 막고 있는 큰 돌을 들어 올려 우물을 연 이후 라헬의 양들이 물을 먹을 수 있도록 하였다. 야곱이 혼자 돌을 옮긴 것을 통해 볼 때 아마 야곱은 힘이 매우 셌던 것 같다. 그래도 다른 목자들 세 사람이 힘을 합하였으면 그 돌을 옮길 수 있었을 것이다. 그러기에 그들이 더 많은 목자들이 와야 함께 옮길 수 있다고 말한 것은 그들의 게으름을 반영하는 것일 것이다. 그들은 아마 고용된 목자들이었을 것이다. 그들은 자신들의 양이 아니기에 애써 힘들여 돌을 옮기려 하지 않았던 것이다. 그렇게 하면 돌을 옮기는 것도 힘들고 또 일을 더 해야 하기 때문이다. 야곱이 우물가에서 보인 모습은 그가 힘이 셌다는 것을 의미하기도 하지만 그가 또한 성실하다는 것을 보여준다. 그리고 그것은 드러나지 않지만 하나님의 성실하심을 말하기도 한다. 야곱의 우물가의 이야기는 아브라함의 종이 우물가에서 리브가를 만난 이야기를 상기하게 한다. 그때와 같이 지금도 하나님께서 신실하게 야곱의 길을 인도하고 계시다는 것을 볼 수 있다. 하나님의 사람은 그렇게 성실함을 배경으로 한다. 이삭이 리브가를 만나고 야곱이 라헬을 만난 운명적 만남은 성실함이 배경이었다.

**29:11** 야곱은 묵묵히 우물에서 물을 길었다. 라헬의 양에게 물을 다 먹이기 위해서는 시간이 꽤 걸렸을 것이다. 그렇게 양들에게 물을 다 먹이고 나서 라헬에게 입맞춤을 하면서 자신이 누구인지를 알렸다. 그렇게 하여 야곱의 새로운 인생이막이 시작된다.

**29:14-15 한 달을 그와 함께 거주하더니...네 품삯을 어떻게 할지 내게 말하라.** 야곱이 하란에 도착하고 열심히 일하지 않았다면 계산이 빠른 라반이 그에게 노동계약을 맺자고 제안하지 않았을 것이다. 야곱이 하란에 도착한 이후 한 달이 지났을 때 라반은 야곱의 적극적인 태도와 일하는 솜씨에 마음이 끌렸던 것 같다. 아마 당시에 라반은 딸들은 컸으나 아들들은 아직 어렸던 것

같다. 그래서 드물게 딸들이 목자 일을 하고 있었기에 일 잘하는 야곱의 출현은 그에게 크게 반가운 일이었을 것이다.

**29:16-17 레아는 시력이 약하고 라헬은 곱고 아리따우니.** 자매는 보통 닮는다. '눈이 약하고'로 번역한 것은 '눈이 예쁘고'로 번역하는 것이 더 적당하다. 아마 레아는 눈이 예쁘고 라헬은 모든 면이 예뻤던 것 같다. 야곱이 하란에서 와서 처음 본 여성이 라헬이고 그의 외모에 반했기 때문에 그는 일편단심 라헬을 바라보았다. 그런데 어쩌면 레아도 야곱만을 바라보았을 수 있다.

**29:18 라헬을 위하여 외삼촌에게 칠 년을 섬기리이다.** 7년 섬기는 것이 라반에게서 먼저 나온 것인지 야곱에게서 먼저 나온 것인지는 정확하지 않지만 협상 가운데 나온 것은 분명하다. 지금 품삯 이야기를 하면서 신부 값 이야기가 함께 나오고 있다. 당시 남성이 신부를 맞이할 때 신부 값으로 보통 30-40세겔을 주었다. 10세겔은 한 사람의 연봉이다. 그렇다면 야곱은 보통의 2배 값을 치르고 있는 것이다. 야곱이 신부 값을 2배나 치르는 것은 일종의 불평등 계약인데 그것은 그의 처지가 약자의 위치에 있기 때문일 것이다. 라반은 야곱이 어려운 처지에 있는 것을 십분 활용해서 자신의 이익을 취한 것이다.

**29:20 칠 년을 며칠 같이 여겼더라.** 야곱은 라헬을 위하여 칠 년을 일하였다. 불평하는 마음이 아니라 사랑하는 마음이었기에 칠 년을 며칠 같이 여기며 행복하게 보냈다. 본래는 아브라함 때처럼 야곱의 부모인 이삭이 신부 값을 주어야 맞다. 그런데 그는 신부를 얻기 위해 칠 년을 일해야 했으니 불평이 가득할 수 있다. 그러나 성경은 그가 며칠 같이 일하였다고 말한다. 그는 많이 바뀌어 있었다. 신앙인은 행복하게 일해야 한다. 어떤 일이든지 부당함을 찾으면 수없이 많을 것이다. 그러면 삶이 고달프기만 하다. 다시 행복을 찾으면 또한 분명히 행복할 수 있다. 하나님께서 함께 하시는 삶이니 그곳에서 행복

을 찾아 일해야 한다.

행복하지 않은 것은 세상이 이상해서가 아니라 우리의 마음이 하나님을 보지 못하고 하나님 나라를 살지 않기 때문이다. 우리의 마음이 바뀌면 세상이 바뀌어 있을 것이다. 세상은 온통 하나님 나라인 것을 보게 될 것이다. 힘들어도 긴 시간이 아니라 참 짧게 느낄 것이다. 사랑을 회복하라. 믿음을 회복하라.

**29:25 어찌하여 내게 이렇게 행하셨나이까.** 아침에 일어난 야곱은 소스라치게 놀랐다. 가장 절망스러운 날이 된다. 자신과 함께 지난 밤을 보낸 여인이 칠 년 동안 늘 사랑하며 기다렸던 라헬이 아니라 레아였기 때문이다. 그래서 야곱은 삼촌 라반에게 절규하며 소리쳤다.

**29:26 언니보다 아우를 먼저 주는 것은 우리 지방에서 하지 아니하는 바이라.** 처음부터 이렇게 이야기해야 했다. 그리고 지금까지 드러난 당시의 문화에서는 그의 주장을 뒷받침하는 어떤 문서도 나오지 않았다. 라반이 야곱을 속인 것이다. 왜 이런 일이 일어났을까? 어쩌면 레아가 야곱을 좋아해서 그랬을 수도 있다. 아니면 라반은 야곱이 탁월하게 일하는 것을 보고 조금 더 그를 붙잡아 두고 싶어서 그랬을 수도 있다. 여하튼 라반은 야곱을 속였다. 레아도 함께 야곱을 속였다. 리브가와 야곱이 함께 아버지 이삭을 속인 것과 비슷하다.

**29:27 칠 일을 채우라 우리가 그도 네게 주리니...또 나를 칠 년 동안 섬길지니라.** 다행히 라반은 또 하나의 제안을 하였다. 레아와의 결혼 기간 7일 후에 다시 라헬과 결혼하고 대신 라헬과의 결혼을 위해 신부 값으로 7년을 더 일하라고 요구하였다. 삼촌이 속인 것이 명백한 이 상황에서 야곱은 어떻게 해야 할까?

**29:30 칠 년 동안 라반을 섬겼더라.** 야곱은 불평등 조약으로 두 배의 신부 값

을 치르게 되었지만 반절의 열심이 아니라 오히려 두 배 열심히 일하였던 것으로 보인다. 삼촌에게 속아서 7년을 더 일하게 되었지만 또한 매우 성실하게 일하였다. 그래서 라반은 야곱을 계속 더 잡아 두고 싶어했다. 하나님의 섭리와 인도하심을 맛보며 살고 있었기 때문에 가능했던 것으로 보인다. 그는 라반에게 속았다. 그러나 절망하기 보다는 다른 희망을 보았다. 주관하시는 하나님을 알았기에 하나님을 바라보았기에 성실히 살았다. 그의 성실은 이후에 보상을 받게 된다. 신앙인은 야곱처럼 성실해야 한다. 신앙인은 세상에서 살고 있지만 궁극적으로는 하나님 앞에 살고 있으며 하나님을 섬기는 것이다. 혹 세상이 속여도 여전히 하나님을 섬기는 것만은 변함이 없기에 성실히 살 수 있다.

**29:31 여호와께서 레아가 사랑 받지 못함을 보시고.** 사람들은 자신들의 상황을 하나님께서 관심두지 않으신다고 생각한다. 그러나 하나님은 사람들의 모든 것을 아신다. 관심두신다. 특별히 사람들이 세상에서 아픔을 겪을 때 더욱더 관심을 두신다. 레아가 자신의 동생 라헬보다 덜 사랑받았기에 그녀의 마음이 아팠을 것이다. 하나님께서 그의 그런 상황과 마음을 긍휼히 여기셨다. **그의 태를 여셨으나.** 하나님께서 레아를 긍휼히 여기셔서 자녀를 낳게 하셨다. 이 당시 아들을 낳는 것은 여인에게 어떤 일보다 더 중요하고 큰 일이었다. 레아가 자녀를 낳게 하심으로 레아의 마음을 위로하셨다.

**29:32 르우벤.** '보라 아들이라'는 의미를 갖고 있다. 그런데 히브리어가 '나의 괴로움을 보셨다'와 비슷한 발음이다. 아들에 대한 집착을 가지고 있었고 아들을 주신 하나님에 대한 고백이 담겨 있다. **여호와께서 나의 괴로움을 돌보셨으니.** 그는 임신하기 전에 기도하였던 것 같다. 아마 자식을 낳을 수 있도록 기도하지 않았을까? 그리고 야곱의 사랑을 받는 라헬보다 그가 먼저 아들을 낳았다. 이것을 얼마나 기도했을까? 그가 아들을 낳고 말하고 있는 것을 보면

그가 아들을 낳기 전에도 기도하였고 아들을 낳고 난 이후에도 기도하였다는 것을 충분히 생각할 수 있다.

**29:33 여호와께서 내가 사랑받지 못함을 들으셨으므로.** 그는 계속하여 '여호와'의 이름을 부른다. 그는 여호와 하나님에 대한 신앙을 가지고 있었다. 기도하는 사람이었다. 깊이 기도하였다. 그의 그러한 열망은 장자가 아니었으나 하나님을 열망한 야곱과 비슷하다. 그녀는 장녀였으나 장녀의 권한이라는 것이 없었다. 라헬이 더 예뻤으며 야곱이 라헬을 더 사랑했다. 그래서 그녀는 낮은 자라 할 수 있다. 그러나 하나님을 향한 열망을 가졌다. 그 열망은 결국 이스라엘의 민족을 이루는 가장 중요한 4명의 아들을 낳는 놀라운 결과를 낳았다. **시므온.** 히브리어가 '듣다'와 비슷한 발음이다. 그녀는 아들을 낳고 말놀이로 우리의 애칭처럼 '여호와께서 내가 사랑받지 못함을 들으셨다'는 것을 담았다. 레아는 하나님께서 자신의 기도를 들으실 뿐만 아니라 관련된 주변 사람들의 말까지도 들으시는 분임을 고백한다. 레아는 자신이 다른 사람들의 이상한 말을 들으면서 아프고 힘든 상황을 하나님께서 다 들으셨기에 이번에도 라헬에게는 아들을 주지 않으시고 자신에게 두번째 아들을 주셨다고 고백하고 있다.

**29:34 레위.** '묶다(연합하다)'와 비슷한 발음이다. **그의 이름을 레위라 하였으며.** 이것의 히브리어는 지금까지 그녀가 이름을 붙인 것과 조금 다르다. 히브리어는 주어가 '그녀'가 아니라 '그'로 되어 있다. 히브리어 문장은 레위 이름을 붙여준 사람이 야곱이라고 말하고 있는 것으로 보인다. 그렇다면 야곱이 레아에게 조금 더 마음을 열었다고 볼 수 있다. 그래서 레위로 인하여 레아와 야곱이 함께 마음이 연합하게 되는 것을 말하는 것일 수 있다.

**29:35 유다.** '찬양하다'와 발음이 비슷하다. 이 이름을 통해 레아는 '내가 이제

는 여호와를 찬송하리로다'라는 마음을 담고 있다고 말한다. 드디어 하나님께 온전히 집중하고 있는 모습이다. 이전에 두 아들을 낳을 때까지 자신의 슬픔에 집중하고 있었다. 셋째 아들을 낳았을 때 야곱과의 관계가 회복되었다. 관계가 조금 넓어졌다. 그리고 넷째 아들을 낳고 그가 진정 바라보아야 할 하나님을 집중하여 보고 있다. 그가 아들을 낳으면서 해야 하는 일은 자신의 슬픔에 집중하거나 야곱과의 관계 회복에 기뻐하는 것이 아니라 자신을 긍휼히 여기신 하나님을 찬양하는 것이었다. 그것을 넷째 아들인 유다를 낳고 나서야 고백하게 되었다.

# 30 장

**30:1 아들을 낳지 못함을 보고 그의 언니를 시기하여.** 언니는 아들을 4명이나 낳았고 자신은 아들이 하나도 없었으니 충분히 시기하는 마음을 가질만 하다. 시기의 마음의 화살이 엉뚱한 데로 날아갔다. **야곱에게 이르되 내게 자식을 낳게 하라 그렇지 아니하면 내가 죽겠노라.** 라헬은 야곱을 붙잡고 강하게 말하였다. 야곱이 그녀가 아기를 낳지 못하도록 막고 있는 것도 아닌데 말이다.

**30:2 내가 하나님을 대신하겠느냐.** 자식을 낳는 것이 야곱에게 달린 것이 아니라 하나님께 달려있음을 말한다. 그렇다. 오직 하나님께 달린 것이다. 자식을 낳는 일만이 아니다. 우리의 모든 일이 그러하다. 우리는 모든 일이 하나님께 달려있음을 명심해야 한다. 사람들이 욕심 때문에 자신이 하나님인 척 행동할 때가 많다.

**30:3 내 여종 빌하에게로 들어가라 그가 아들을 낳아 내 무릎에 두리니.** 처음부터 빌하 이야기를 하면 이미 아들을 많이 둔 야곱이 반대할 것 같아 억지를 부린

것 같다. 라헬은 자신이 아들을 낳지 못하자 법적인 아기라도 얻기 위해 자신의 여종을 야곱에게 주었다. 이것은 일종의 씨받이와 비슷하다. 빌하가 아들을 낳으면 그것은 빌하의 아기가 아니라 그의 주인 라헬의 아들이 된다.

**30:6 단.** 아들을 낳아 '단'이라 이름을 지었다. '단'은 '그가 심판하다' '호의 가운데 심판하다' 와 비슷한 발음이다. 이 이름을 통해 라헬은 '하나님이 내 억울함을 푸시려고 내 호소를 들으사'라는 마음을 담았다. 그녀 또한 하나님께서 아들을 주셨다 생각하였다. 아들을 얻어 자신의 정당함을 하나님께서 입증하셨다 생각하였다. 믿음의 고백을 하였다.

**30:8 납달리.** 빌하가 두 번째 출산하였다. '납달리'라 이름을 붙였다. 이것은 '싸우다'와 발음이 비슷하다. 이것을 통해 라헬은 '언니와 크게 경쟁하여 이겼다'는 마음을 담았다. 아무리 보아도 이긴 것 같지 않다. 그러나 라헬은 그가 이미 야곱의 사랑을 받고 있었고 이제 아들을 둘이나 얻었으니 그가 결국 이겼다고 생각한 것 같다. 스스로를 위로하는 마음일 것이다.

**30:9 실바.** 레아는 자신의 여종 실바를 야곱에게 주어 자녀를 낳아 자신의 자녀를 늘리고자 하였다.

**30:11 갓.** '행운'이라는 의미를 가지고 있다. 레아는 자신이 하나님 앞에 복을 받은 자라는 것을 이 이름으로 표현하였다. 아들이 이미 넷이나 있는데 또 한 명의 아들을 주셨으니 얼마나 복 받은 사람인가?

**30:13 아셀.** 실바가 또 아들을 낳았다. 레아는 아기 이름을 '아셀'이라 붙였다. '아셀'은 '행복한'이라는 의미를 가지고 있다. '기쁘도다'라는 마음을 담았다. 그는 자신이 참으로 행복한 사람이라고 말한다.
레아는 실바를 통해 두 아들을 얻음으로 이제 6아들이 되었다. 야곱은 총 8명의 아들을 두게 되었다. 레아와 라헬의 시기와 경쟁은 사람들이 사는 과정에 아주 흔하게 있는 일이다. 많은 경우 그것 때문에 인생을 망친다. 시기와 경쟁이 상대방을 파괴하는 것에 초점을 두기 때문이다. 그런데 레아와 라헬의 경우에는 시기와 경쟁이 상대방을 파괴하기 보다는 자신들의 아들 낳기에 초점이 맞추어 있었다. 그들이 아들을 낳을 때마다 하는 고백을 보면 그들은 아들을 낳는 과정속에서 하나님의 인도하심을 경험하는 것을 볼 수 있다.

**30:14 르우벤이 나가서 들에서 합환채를 얻어.** '합환채(合歡菜)'는 국어사전에 없는 단어로 만들어진 단어다. 합할 합, 기쁠(사랑할) 환, 채소 채로서 '합하여 사랑을 나누게 하는 채소'라는 뜻이다. 그러나 좋은 번역이 아니다. 새번역의 '자귀나무'는 아예 다른 식물로서 더 나쁜 번역이다. 히브리어는 '사랑열매(두다임)'로서 보통 '멘드레이크의 열매'로 생각한다. 그래서 보통 멘드레이크로 번역한다. 아가서에서는 아로마로 사용하는 이야기가 나온다. 멘드레이크라면 최음제로서 뿌리가 사람 모양을 하고 있어 더 특별히 여기는 식물이다. 영화 해리포터에도 나온다. 멘드레이크에 대한 신비한 생각은 약간의 최음제 성분과 미신적 정서가 영향을 미친 것으로 보인다. 르우벤이 우연히 멘드레이크를 발견하고 자신의 어머니 레아에게 드렸는데 그것을 본 라헬이 아기를 낳고 싶은 마음에 멘드레이크를 자신에게 달라고 요청하였다. 그런데 그 소중한 것을 레아가 그냥 줄리 없다. 그래서 라헬은 협상에 들어간다.

**30:15 내 남편이 언니와 동침하리라.** 라헬은 '멘드레이크'와 '야곱과의 동침권'을 맞바꾸자고 제안하였다. '동침권' 이야기는 많이 의아하다. 야곱의 마음이지 '라헬이 그런 권리를 가지고 있나?'라고 생각할 수 있다. 어쩌면 두 아내가 기간을 정하여 남편과 잠자리를 함께 하였고 지금은 라헬과 함께 하는 기간인데 그 날을 레아에게 양보한다는 의미일 가능성이 높다.

**30:17 하나님이 레아의 소원을 들으셨으므로.** 라헬이 아니라 레아가 아들을 임신하여 아들을 낳았다. 멘드레이크는 아무 효과가 없었다. 레아는 멘드레이크 사건 이후 아들 2명을 더 낳았다. 레아는 합하여 6명의 아들을 낳았다. 게다가 딸도 한 명 낳았다. 그렇게 모든 것이 끝나가는 것 같았다. 그런데 구석에서 라헬의 기도가 이어지고 있었다.

**30:22 하나님이 라헬을 생각하신지라.** 하나님께서 라헬을 잊어버리지 않으셨다. 사람들의 마음에는 라헬이 없었을 것이다. 그러나 하나님의 마음에는 라헬이 있었다. **그의 소원을 들으시고 그의 태를 여셨으므로.** '그의 소원을 들었다'는 것은 라헬이 하나님께 임신을 위해 계속 기도하였다는 것을 의미한다. 단순히 한 번 기도하였기보다는 계속 기도하였을 것이다. 가능성은 거의 사라지고 마음만 남았을 것이다. 소원하는 마음. 지금까지 오랜 시간 아들을 낳지 못하였으니 가능성은 없었다. 열정도 없을 수 있다. 그러나 마음은 여전히 있었다. 어쩌면 마음만 남아서 가장 순수한 마음일 수 있다. '하나님' 하면서 울음 섞인 기도하기를 반복하였을 것 같다. 그녀가 아기를 갖기를 기도한다 하면 다른 사람은 비웃을지 모르겠다. 아직도 정신차리지 못하였느냐고. 그러나 하나님은 비웃지 않으신다. 하나님은 신음 소리 같은 라헬의 소리를 들으시고 그의 태를 여셨다. 드디어 라헬도 아들을 낳았다.

**30:24 요셉.** 라헬은 그가 그토록 꿈에 그리던 아들을 낳았다. 아들의 이름을 '요셉'이라 지었다. 요셉은 '더하시길'이라는 뜻을 어근으로 하며 '씻다'라는 단어와 비슷한 발음이다. 라헬은 그렇게 기다리던 아기를 낳았을 때 '하나님께서 내 수치를 거둬 가셨다'라는 마음을 담았다. 그리고 '내게 아들을 하나 더 주시기를 바랍니다'라는 마음을 담아서 이름을 지었다. 하나님의 마음이 그의 마음을 만져 주셔서 아들을 낳았다. 그런데 그 순간 하나님의 마음을 더 깊이 보는데는 실패한 것 같다. 오랜 세월 기다리고 아파하는 그를 위해 하나

님께서 일하실 때 어떤 마음인지 생각했어야 하는데 자신의 마음만 생각하고 있는 것 같다. 하나님의 마음에 감격하고 하나님의 마음 앞에 엎드리면 더욱 좋을텐데 여전히 자신의 마음에만 더 신경쓰며 아들 하나 더 얻기를 바라고 있다. 기뻐하며 찬양해야 하는 순간을 놓치고 있다.

**30:25 라헬이 요셉을 낳았을 때에...나를 보내어 내 고향 나의 땅으로 가게 하시되.** 하란에서의 14년을 마칠 때에 마침 라헬이 아들을 낳았다. 만약 라헬이 아들을 낳지 못하였다면 가나안으로 떠나는데 제약이 되었을 것이다. 결혼한 여인이 아들을 낳지 못하면 아내로서의 충분한 자격 요건이 되지 못한다. 언제든 이혼을 당할 수 있다. 그래서 라헬이 고향을 떠나는 것을 주저할 수 있다. 그러나 아들을 낳음으로 가나안으로 가는 것을 막는 모든 방해물이 사라졌다. 그래서 야곱은 가나안으로 가고자 하였다.

**30:27 여호와께서 너로 말미암아 내게 복 주신 줄을 내가 깨달았노니.** 라반은 야곱이 있는 동안 재산이 많이 증식되었는데 왜 그런가 생각하고 점까지 쳐 보았다. 점괘가 '야곱 때문에 하나님께서 그에게 복을 주셨다'는 것으로 나왔다. 라반은 더 많은 부를 위해 야곱을 잡기로 마음먹었다.

**30:29 어떻게 외삼촌의 가축을 쳤는지 외삼촌이 아시나이다.** 야곱은 당당하게 말할 수 있을 정도로 지난 14년간 열심히 일하였고 결국 외삼촌은 부자가 될 수 있었던 것으로 보인다. 야곱은 라헬과의 결혼을 위해 결혼 때 여자 집에 주어야 할 돈보다 2배나 더 일하였다. 그런데 그가 사랑하지도 않았던 레아를 위해 억울하게 7년을 더 일하여야 했다. 그렇다면 삼촌이 밉고 억울하여 게으르게 일할 수 있다. 그러나 야곱은 비록 속아서 일을 하게 되었지만 모든 일을 삼촌 라반을 위해 일하는 것이 아니라 하나님을 위해 일하는 것임을 믿었던 것으로 보인다. 그래서 14년을 정직하게 열심히 일하였다.

**30:30 야곱이 열심히 일하여 삼촌이 부자가 되었다.** 야곱은 그것을 자신 있게 말할 수 있었다. 그렇게 일한 것이 삼촌을 부요하게 하였지만 결과적으로는 이후에 야곱이 부자가 되는 과정이기도 하였다. 당장은 불공평하였지만 공평하게 하시는 하나님께서 이후에 채워주실 것이기 때문이다. 그러기에 지금 당장 불공평하다 할지라도 하나님을 바라보며 정직하고 성실하게 일하는 것이 중요하다.

**30:31 내게 아무것도 주시지 않아도.** 고대근동에서 목동이 일을 하면 임금으로 양의 털이나 우유를 일정 비율로 받았다. 야곱은 그렇게 부산물로 임금 받기를 원하지 않았다.

**30:32 아롱진 것과 점 있는 것과 검은 것을 가려내며 또 염소 중에 점 있는 것과 아롱진 것을 가려내리니 이같은 것이 내 품삯이 되리이다.** 당시 계약에 흔하지는 않지만 양의 부산물이 아니라 양의 퍼센트를 임금으로 받는 경우도 있었다. 당시의 한 문서를 보면 목동이 임금으로 양의 20퍼센트를 받는 내용이 이야기가 나온다. 야곱이 요청하고 있는 양과 염소는 털 색깔이 조금 특이한 것들이다. 이러한 특이한 것은 20퍼센트가 되지 않았음에 분명하다. 그러나 서로의 양을 구분하기에는 아주 좋은 방법일 것이다. 야곱이 자신의 품삯을 그렇게 정한 이유는 나중에 밝혀진다. "그 양 떼가 새끼 밸 때에 내가 꿈에 눈을 들어 보니 양 떼를 탄 숫양은 다 얼룩무늬 있는 것과 점 있는 것과 아롱진 것이었더라"(창 31:10) 야곱은 꿈을 통해 계시를 받아 자신의 품삯을 정하였다. 하나님께서 그가 라반에게 속임을 당한 것을 갚아주시기 위해 야곱을 인도하셨다.

**30:39 가지 앞에서 새끼를 배므로.** 야곱은 건강한 양이 임신할 때 '껍질을 벗겨 흰 무늬를 낸 가지'를 양과 염소가 보게 하였다. 그런데 이것은 그의 마음의

표현일 뿐 실제는 전혀 상관없다. 그가 자신의 양과 염소가 많아지도록 취한 여러 행동들은 사실 전혀 검증된 방법이 아니다. 당시의 어떤 문헌에도 그런 내용은 없고 오늘날에도 전혀 효과가 없어 보이는 방식이다. 오직 공평하게 하시는 하나님께서 야곱을 위해 야곱이 품삯으로 정한 무늬의 양과 염소가 많이 태어나게 하신 것이다.

**30:43 번창하여.** 야곱이 6년 동안 이룬 부는 그가 20년 동안에 이루어도 이루지 못할 많은 양이었다. 그의 전반기 잃어버린 14년을 후반기 6년을 통해 다 보상받게 하셨다. 억울하게 잃어버리는 세월이 있으면 또한 채워지는 세월도 있다. 공평하신 하나님께서 평가하고 인도하시기 때문이다. 혹 이 땅에서는 결국 잃어버린 세월로 끝날 수는 있어도 이후에라도 하나님께서 심판하시기에 공평하게 하실 것이다. 우리의 할 일은 상황이 어떠하든 상관없이 정직하고 신실하게 사는 것이다. 당장은 열매가 없어도 모든 성실함에는 열매가 있으니 열매가 있는 것으로 여기고 끝까지 신실하게 살아야 한다.

# 31 장

**31:1 야곱이 우리 아버지의 소유를 다 빼앗고.** 라반의 아들들은 야곱이 자신들의 아버지의 소유를 빼앗아 부자가 되었다 생각하면서 노골적으로 말하고 다녔다. 라반의 아들들의 노골적인 불만과 라반의 차가운 반응이 갈수록 더 깊어져 갔다. 그러한 적대적 환경에서 야곱은 더 이상 살 수 없음을 느꼈다. 이제 고향 가나안으로 가야만 하는 때가 되어가고 있었던 것이다.

**31:2 라반의 안색을 본즉...전과 같지 아니하더라.** 라반은 야곱 때문에 자신이 부자가 되었다고 생각하였기 때문에 아주 잘 대했다. 그런데 야곱의 재산이

늘어가는 것을 보고 좋지 않은 시선으로 보기 시작했다. 라반과 그 아들들의 미움은 단순히 야곱에게 나쁘게만 작동한 것은 아니었다. 그들의 미움 때문에 야곱은 가나안으로 가는 것을 쉽게 결정할 수 있었다. 가나안으로 가는 것은 이미 20년 전 벧엘에서 결정되어 있었다. 언제 가야 하는지가 아직 결정되지 않았는데 라반과 그 아들들의 미움으로 새로운 길이 생긴 것이다. 한쪽 문이 막히고 다른 쪽 문이 열렸다.

**31:3 네 조상의 땅 네 족속에게로 돌아가라 내가 너와 함께 있으리라.** 가나안으로 돌아가는 것은 많은 문제를 가지고 있다. 가나안에는 여전히 형 에서가 있다. 그래서 망설이고 있었을 것이다. 그런데 하나님께서 '돌아가라' 하셨다. 가나안으로 돌아가는 것에 두려운 마음이 있겠으나 하나님께서 '내가 너와 함께 있으리라' 약속하여 주셨다. 이전에 가나안에서 하란으로 올 때도 들었던 약속의 말씀이다.

**31:4 라헬과 레아를...들로 불러다가.** 하나님의 말씀을 들은 야곱은 바로 가나안으로 가기로 결정하였다. 하나님의 뜻을 알게 된 이상 더 이상 고민할 것이 아니다. 신앙인이 그렇다. 하나님의 뜻이 무엇인지 모를 때는 많이 고민해야 한다. 그러나 하나님의 뜻을 알게 되면 고민할 필요가 없다. 그 이후부터는 하나님의 뜻을 따라 행하기 위해 어떻게 해야할지를 생각해야 한다. 야곱은 가나안에 가는 방법을 고민하였고 그에게 가장 중요한 아내들을 설득하기 위해 아내들을 조용히 밖으로 불러냈다. 비밀스럽게 말하기 위해 들로 불러냈을 것이다. 어쩌면 비밀유지를 위해 설득 그 이상의 것도 생각했을 수 있다. 야곱의 단호한 자세를 엿볼 수 있다.

**31:5 아버지의 안색을 본즉 내게 대하여 전과 같지 아니하도다.** 아버지와 더이상 함께 할 수 없게 된 상황을 말한다. **하나님은 나와 함께 계셨느니라.** 라반과 달

리 하나님은 야곱과 함께 계셨다. 그것을 대조하여 말한다. 이것은 야곱이 아내들에게 라반과 하나님 중에 하나를 선택해야 할 것을 말하고 있는 것 같다.

**31:7 그대들의 아버지가 나를 속여 품삯을 열 번이나 변경.** 결혼도 그러했지만 이후 6년의 일에서도 그랬다. 야곱의 품삯으로 주기로 한 털 색깔이 특이한 양과 염소가 갑자기 매우 많이 태어났기 때문이다. 양과 염소의 임신 기간은 5달이기 때문에 새끼가 태어나는 주기가 6년 동안 14번 정도 있다. '10번이나'는 '여러 번'에 대한 관용구이다. 그렇지만 매우 자주 여러 번 바꾼 것이 분명해 보인다. 그래서 색깔이 이상한 양이 아니라 오직 줄 무늬가 있는 것으로 더 좁히기도 하면서 여러번 조건을 바꾼 것으로 보인다. 라반은 자신의 우월적 지위를 이용하여 바꾼 것이다. **하나님이 그를 막으사 나를 해치지 못하게 하셨으며.** 여기에서도 야곱은 라반과 하나님을 비교하며 대조하고 있다. 둘 중에 하나를 선택해야 하는 상황을 말하고 있다.

**31:10 내가 꿈에 눈을 들어 보니.** 그가 동물의 무늬로 품삯을 받을 때 그가 정한 무늬의 새끼가 많이 나온 것은 하나님께서 꿈에 보여주셔서 그렇게 된 것이라고 말한다. 반면에 라반은 야곱의 재산증식을 막고자 모든 힘을 다하였다. 여기에서도 하나님과 라반이 대조되고 있다.

**31:13 지금 일어나 이 곳을 떠나서 네 출생지로 돌아가라 하셨느니라.** 하나님께서 '떠나라'하셨다. 그런데 라반은 막을 것이다. 여기에서도 대조된다. 그래서 야곱은 하나님의 뜻에 의해 떠날 것인데 아내들은 그들의 아버지 라반과 하나님 아버지 중에 누구를 선택할 것인지 물었다.

**31:16 하나님이 당신에게 이르신 일을 다 준행하라.** 그들은 하나님을 선택하였다. 그들은 아버지 라반보다 믿음이 더 있었던 것으로 보인다. 자식을 낳을 때마다 그 믿음을 볼 수 있었다. 그들은 고모 리브가가 믿음으로 하란을 떠난

것처럼 믿음으로 하란을 떠나 가나안으로 가기로 결정하였다. 아브라함부터 이어진 믿음으로 '고향을 떠남'의 연속선에 있다. 믿음으로 어려운 길을 선택하였다.

**31:19 라헬은 그의 아버지의 드라빔을 도둑질하고.** 야곱이 하란을 떠날 때 야곱이 라반의 마음을 훔치기 전 하나의 훔침이 먼저 있었다. 라헬이 아버지의 드라빔을 훔친 것이다. 야곱은 고민고민하다 어쩔 수 없는 선택이라 생각하여 라반에게 말없이 하란을 떠나지만 라헬은 어리석은 마음으로 드라빔을 훔쳤다. 드라빔은 가족수호신과 같은 역할을 하는 것인데 그것이 상속권을 주장할 수 있는 근거가 되는 것이기도 하지만 그것보다는 그것이 귀한 재료로 만들어져 마치 보석을 훔치는 것과 같은 마음으로 가져온 것 같다. 라헬은 아버지에게서 결혼지참금으로 받은 것이 없다 생각하여 최소한 그 정도는 자신이 가지고 와도 된다고 생각한 것 같다. 그러나 그것은 훔친 것이다. 잘못된 것은 위험을 초래한다.

**31:20 떠났더라.** 이 단어는 직역하면 '라반의 마음을 훔쳤다'이다. '속였다'의 의미다. 마침 라반이 양털을 깎는 축제를 하기 위해 먼 지역으로 갔다. 야곱은 라반이 자리를 비운 사이에 라반에게 말없이 가나안으로 출발하였다. 그것은 그가 가나안으로 떠나는 일이 얼마나 어려운 상황이었는지를 반증한다. 그는 매우 큰 위협을 느끼는 가운데 하나님의 말씀에 순종하여 가나안으로 가기로 하였던 것이다.

**31:26 나를 속이고 내 딸들을 칼에 사로잡힌 자 같이 끌고 갔으니.** 라반은 야곱이 자신의 딸을 칼로 협박하고 몰래 떠났다고 생각하였다. 그러니 단단히 화가 나는 것이 당연하다.

**31:27-28 내가 즐거움과 노래와 북과 수금으로 너를 보내겠거늘 어찌하여 네가**

**나를 속이고 가만히 도망하고.** 라반은 야곱이 속인 것에 대해 책망하며 속이지만 않았으면 자신이 잔치를 해서 보냈을 것이라고 말한다. 과연 그랬을까? 야곱이 라반을 속인 것이 잘한 선택인지 그렇지 않은지에 대해서는 복잡한 것 같다. 야곱은 '가나안으로 가라'는 하나님의 말씀을 수행하기 위해서는 라반에게 말하지 않고 떠나야 가능하다고 판단하였다. 결과론적으로는 라반은 야곱이 말하지 않은 것을 책망하고 있지만 말하였더라면 오히려 더 떠나지 못하였을 수도 있다. 하나님의 뜻을 따르지만 구체적인 방법에 있어서는 무엇이 옳은지 그렇게 복잡함이 내재되어 있다.

**31:29 너희 아버지의 하나님이 어제 밤에 내게 말씀하시기를 너는 삼가 야곱에게 선악간에 말하지 말라 하셨느니라.** 하나님께서 꿈에 라반에게 나타나 '야곱에게 해를 가하지 말라'고 말씀하셨다. 하나님께서 위험에 처한 야곱을 보호하신 것이다. 야곱이 하나님의 뜻을 행하면서 겪는 어려움에 대해 하나님께서 확실하게 보호하심으로 그 길을 갈 수 있게 하셨다.

**31:30 네가 네 아버지 집을 사모하여 돌아가려는 것은 옳거니와.** 라반은 야곱이 말하지 않고 가나안에 가는 것을 비난하였지만 기본적으로 가나안에 가려는 마음은 이해한다 말하였다. 그러나 '어찌 내 신을 도둑질하였느냐'라고 말하면서 드라빔을 가져 간 것은 결코 용서할 수 없다고 말하였다. **내 신.** 드라빔을 의미한다. '드라빔'은 '가족신'이라 말하고 있는데 이것은 조상의 형상을 조각한 조각품이다. 이것은 조상숭배와 관련이 있기도 하지만 점을 칠 때 사용을 하기도 하였으며 또한 장자가 드라빔을 상속하였기 때문에 장자권이나 상속권과 관련이 있기도 하였다. 그래서 이것을 잃어버린 것은 집안의 보물을 잃어버린 것이나 마찬가지다.

**31:32 외삼촌의 신을 누구에게서 찾든지 그는 살지 못할 것이요.** 야곱은 자신이

라반에게 말하지 않고 떠난 것은 라반이 자신의 아내들을 보내지 않을 것을 걱정하였다고 말한다. 그렇지만 드라빔에 대해서는 그도 단호하였다. 엉뚱한 곳에서 일이 터졌다. 라헬의 작은 욕심 때문에 야곱도 위험에 처하였다. 세상은 그렇게 폭탄이 많다. 야곱이 가나안에 가는데 드라빔이 문제가 될 것이라고는 전혀 생각하지 못했던 일이다. 그것이 문제가 되면 야곱도 부끄럽게 되고 문제가 심각하게 된다.

**31:34 라헬이 그 드라빔을 가져.** 라헬은 그 드라빔이 가지고 있는 가치를 생각한 것으로 보인다. 그녀는 여성이기 때문에 그것을 가지고 있어도 재산권 주장을 하지는 못할 것이다. 아마 그 드라빔이 비싼 재질로 만든 것이기 때문일 것이다. 몰래 도망가는 자신들의 상황을 깊이 인식하지 못하고 그동안 아버지가 자신들에게 잘 하지 못한 것에 대한 보상심리로 그렇게 하였을 수도 있다.

**31:35 라반이 그 드라빔을 두루 찾다가 찾아내지 못한지라.** 라헬이 잘못하였지만 결국 라반이 찾지 못함으로 위기를 모면할 수 있었다. 이것은 라헬의 잘못만이 아니라 라반의 잘못에 대한 책망이기도 할 것이다. 라반은 자신이 옳다고 생각하고 드라빔의 도둑을 찾고자 하였지만 사실 그가 딸들에게 해주어야 하는 결혼지참금을 주지 않은 것은 그의 잘못이다. 거짓이 많은 세상에서 생각지도 않은 거짓으로 위기에 처했지만 그 일 또한 결국은 하나님의 길을 가는 것을 막지는 못하였다. 하나님의 섭리가 그 안에 있기 때문이다.

**31:36 야곱이 노하여 라반을 책망할새.** 그때까지 마음 졸이며 초조하게 상황을 지켜보던 야곱은 드디어 삼촌 라반에게 서운한 마음을 토로하였다. 자신은 죄가 없는데 죄가 있다고 단정하고 자신을 추적하여 온 라반에게 반격할 수 있는 마음의 여유가 생긴 것이다.

**31:37 여기 내 형제와 외삼촌의 형제 앞에 그것을 두고 우리 둘 사이에 판단하게**

**하소서.** '형제'라고 번역한 단어는 '친척'이나 '집안 사람들'로도 번역이 가능하기 때문에 여기에서는 집안 사람들로 번역하는 것이 낫다. 야곱과 함께하고 있는 사람들과 라반과 함께한 사람들을 배심원으로 하여 판단하게 해 보자는 것이다. 마치 이후에 애굽 군대가 이스라엘을 쫓아왔지만 결국 갈대바다에 수장되는 것과 비슷한 모습이다. 아주 위험한 상황이었으나 하나님의 은혜로 상황이 반전된 것이다.

**31:38 내가 이 이십 년을 외삼촌과 함께 하였거니와...낙태하지 아니하였고...내가 먹지 아니하였으며.** 야곱이 라반과 함께 한 20년 동안 그는 성실하게 일하였다. 삼촌의 것을 함부로 대하지 않았다. 밤낮으로 열심히 일하였다. 지금 야곱이 큰 소리 칠 수 있는 것은 사실 과거에 그가 부끄럽지 않게 살았기 때문이었다. 뒤돌아볼 때 우리도 이렇게 말할 수 있어야 한다. 우리는 많은 허물을 가지고 있다. 그러나 허물을 가지고 있다고 우리의 불성실까지 다 뭉뚱그리지 말아야 한다. 허물이 있기에 더욱더 성실해야 한다. 뒤돌아볼 때 누구에게도 부끄러움이 없는 인생을 살아야 한다. 그렇게 살아도 허물이 많다. 그런데 그렇게 살지 않으면 얼마나 더 많은 허물이 있겠는가?

**31:40** 그는 라반이 아니라 하나님을 경외함으로 열심히 일하였다. 라반이 그를 대한 것처럼 그가 라반을 대하였다면 그는 지금 서로 논쟁의 대상이 되었을 것이다. 그러나 그는 하나님 앞에서의 삶을 살았기 때문에 지금 당당히 라반에게 자신의 삶에 대해 말할 수 있었다.

**31:41 외삼촌께서 내 품삯을 열 번이나 바꾸셨으며.** 라반은 야곱이 정한 무늬의 양과 염소가 많이 나오는 것을 보고 계약을 바꾸어 야곱에게 품삯으로 돌아가는 무늬를 바꾸었다. 라반은 야곱을 향하여 신실하지 못하였다. 그래서 그는 결정적인 순간에 할 말이 없었다.

**31:42 이삭이 경외하는 이가 나와 함께 계시지 아니하셨더라면.** 야곱은 자신의 아버지 이삭이 하나님을 경외하는 것을 보았다. 야곱도 하나님을 경외하였다. 벧엘에서 하나님께서 그에게 '함께 하겠다' 말씀하셨고 야곱은 그것을 기억하면서 살았다. 동행하면서 살았다. **외삼촌께서 이제 나를 빈손으로 돌려보내셨으리이다.** 하나님의 은혜로 그가 많은 재산을 가지게 되었음을 알고 있었다. 하나님의 은혜 가운데 살아왔기 때문이다. 야곱이 지금 자신 있게 말할 수 있는 것은 라반이 먼저 자신의 지난 밤 꿈에 대해 말했기 때문이다. **하나님이 내 고난과 내 손의 수고를 보시고 어제 밤에 외삼촌을 책망하셨나이다.** 야곱은 하나님께서 꿈에 라반에게 말씀하셨기 때문에 자신이 지금 조금 세게 나가도 라반이 받아들일 것을 알았다. 하나님의 인도하심을 알았기 때문에 있는 그대로 말하였다. 특별히 하나님의 인도하심에 대해 강하게 말하였다.

**31:43** 사실 라반의 앞에 있는 사람들은 원수가 아니라 자신의 사위요 딸이요 손주들이다. 그러니 어찌 그들에게 해코지할 수 있겠는가? 결국 사랑의 대상임을 말한다. 라반이 그렇게 말할 수 있었던 것은 지금까지 야곱이 사랑으로 대응하였기 때문에 가능한 일이었을 것이다.

**31:45-46 야곱이 돌을 가져다가 기둥으로 세우고.** 야곱이 큰 돌을 기둥으로 세운 이후 '형제들에게 돌을 모으라'고 하여 돌 기둥 옆에 돌무더기를 쌓았다. '형제들'이 지칭하는 것은 여러 가능성이 있지만 라반 편에 속한 사람들을 의미하는 것으로 보인다. 어쩌면 야곱이 세운 기둥은 일신교(여호와 신앙)를, 라반 측이 세운 무더기는 다신교를 상징할 수도 있다.

**31:47 여갈사하두다...갈르엣.** '여갈사하두다'나 '갈르엣'이나 뜻은 '증거의 무더기'라는 것으로 같다. '여갈사하두다'는 아람어이고 '갈르엣'은 가나안어(서방 셈어)로 이후의 히브리어와 비슷하다. 이 명칭에서 야곱은 이제 그의 할아버

지 아브라함의 고향이었던 아람어 사용 지역(메소포타미아 지역)에서 구분되고 있다. 야곱은 가나안이 그의 고향이 된다.

**31:49 미스바.** 이 돌무더기를 보고 라반은 '우리가 서로 떠나 있을 때에 여호와께서 나와 너 사이를 살피시옵소서'라고 하였기 때문에 이후에 이 지역을 '미스바'라 불리게 되었다. '미스바'는 '망대'라는 의미를 가지고 있으며 '지켜보다'와 같은 어근이다. **서로 떠나 있을 때.** 라반과 야곱은 이 언약 후에 서로 고향으로 돌아갈 것이다. 서로 볼 수도 없다. 그렇게 각자 고향에서 살고 있을 때를 말한다. 그러나 모든 것을 보시는 여호와께서 둘 다 지켜보실 것이다. 언약을 잘 지키는지 지켜보신다는 것이다. 여호와께서 지켜보시는 언약을 하고 있다.

**31:50 하나님이 나와 너 사이에 증인이 되시느니라.** 언약의 내용은 두 가지다. 첫째는 야곱이 라반의 딸인 그의 아내들을 박대하지 않고 다른 여인을 아내로 받아들이지 않는다는 내용이다. 라반이 딸을 멀리 보내며 아버지의 마음으로 충분히 가질 수 있는 마음이다. 두번째는 '경계선을 넘어 서로 적대하지 않는다'는 것이다. 그것의 증거로서 돌기둥과 무더기를 쌓았다.

**31:52 이 무더기, 이 기둥을 넘어 내게로 와서 해하지 아니할 것이라.** 일종의 국경선이 된다. 야곱과 라반이 맺는 국경선 협정은 조금 의아하다. 그들은 그럴 자격도 없고 그럴 일도 거의 없기 때문이다. 그런데 이러한 언약이 매주 진지하게 의식적으로 행해진다. 식사를 하는 것은 공적인 의식적 요소이다.

**31:53 아브라함의 하나님, 나홀의 하나님, 그들의 조상의 하나님.** 라반은 언약의 증인으로서 '신'을 언급하고 있다. 이것이 모두 구약 성경이 말하는 여호와 하나님을 의미하는 것일 수도 있다. '하나님'에 해당하는 단어가 히브리어로는 같은 단어(엘로힘)이다. 그러나 '하나님(엘로힘)'은 '지고의 신' 또는 '자신들의

신'을 말할 때 사용하기도 한다. '나홀의 하나님과 조상의 하나님'에서는 '하나님'을 영어로 번역할 때 God로 번역한 번역본이 있기도 하고 god로 번역한 번역본이 있기도 하다.동사(판단하옵소서)가 복수형이다. 그렇다면 앞의 '하나님'은 한 대상이 아니라 여러 대상을 의미할 것이다. 그래서 같은 단어이지만 다른 대상이라고 판단할 수 있다. 그런데 야곱은 '이삭이 경외하는 이'를 가리켜 맹세하였다. 여호와 하나님을 대상으로 한다.

**31:55 라반이...그들에게 축복하고 떠나 고향으로 돌아갔더라.** 야곱은 라반의 축복 가운데 하란에서의 생활이 끝나고 그의 고향 가나안에서의 생활이 시작된다. '미스바'하시는 하나님께서 야곱의 하란 생활을 지켜보시며 보호하셨고 이제 가나안에서의 생활을 지켜보시며 돌보실 것이다.

# 32 장

야곱은 삼촌 라반과의 관계가 완전히 잘 정리되었다. 그런데 더 큰 장애물인 형 에서와의 관계 정리가 남아있었다. 과연 이 난관을 해결할 수 있을까? 야곱은 하나님의 약속을 믿었다. 그래서 도망가지 않고 폭풍의 중심부 속으로 걸어 들어갔다.

**32:1 하나님의 사자들이 그를 만난지라.** 참 특이하다. 야곱 이야기를 하고 있으니 '야곱이 천사들을 만난지라'라고 말하는 것이 자연스러울텐데 이 구절은 '하나님의 사자들이 그를 만난지라'고 말하고 있다. 야곱의 의지가 아니라 천사들의 의지를 말하기 위해 그렇게 말하고 있는 것 같다. 하나님의 사자들이 야곱에게 왔고 그들이 야곱을 만난 것이다.

**32:2 하나님의 군대.** 야곱은 하나님의 사자들을 보고 '이는 하나님의 군대라' 고 말하였다. '군대'로 번역한 단어는 기본적으로 '캠프' '무리'라는 뜻을 가지 고 있다. 무리를 이루어 임시로 거주하는 모습을 의미한다. 군대가 그렇게 임 시로 캠프를 차릴 때가 많기 때문에 '군대'라는 의미까지 갖는다. 여기에서는 '군대'라고 번역하는 경우도 있지만 나는 그렇게 번역하지 말아야 한다고 생 각한다. 천사들이 무기를 들고 있는 모습이 아니라 무리를 지어 있는 모습이 다. 아마 숫자가 많았나 보다. 그래서 야곱은 그 모습에 신기하여 '하나님의 캠프'라고 말하고 있다. 하나님께서 천사들을 보내셔서 야곱과 함께하심을 보 여주신 것이다. **마하나임.** 야곱은 그 땅 이름을 '마하나임'이라 부르게 된다. '마하나임'은 '두 무리'라는 뜻이다. 어떤 사람은 '하나님의 캠프'가 두 떼라고 말하기도 하지만 그것은 오역이다. 앞 부분에서 '하나님의 캠프'라고 할 때 ' 단수'이다. 그렇다면 여기에서는 왜 쌍수를 사용하고 있는 것일까? 아마 야곱 자신의 무리를 생각하고 있는 것 같다. 하나님의 캠프와 자신의 캠프가 함께 있는 것을 생각한 것이다. 야곱의 눈에는 자신의 캠프만 있는 줄 알았는데 눈 을 들어보니 '천사들의 캠프'가 또 하나 더 있었던 것이다. 사실 모든 신앙인 들의 캠프가 그렇다. '마하나임'이다. 교회가 그렇다. 우리만 있는 것이 아니 라 하나님께서 보내신 천사들의 무리도 함께 있다. 마하나임이다. 신앙인들이 있는 곳이 그렇다. 어떤 신앙인도 홀로 있지 않다. 하나님께서 보내신 천사들 이 있다. 그래서 마하나임이다.

**32:3 형 에서에게로 자기보다 앞서 사자들을 보내며.** '사자'는 앞에서 나온 하나 님의 사자 곧 천사들과 같은 단어다. 하나님께서 천사들을 보내셔서 하나님의 마음을 자신이 알게 하셨듯이 자신의 마음을 사자들을 보내어 에서에게 알리 는 지혜를 생각해 낸 것이다.

**32:4 에서에게 이같이 말하라 주의 종 야곱이 이같이 말하기를.** 사자들이 에서에

게 전할 메시지를 조심스럽게 만들어 보냈다. 자신을 한껏 낮추어 말하고 에서를 높이어 말하였다.

**32:6 그가 사백 명을 거느리고 주인을 만나려고 오더이다.** 사백명이나 되는 사람을 데리고 오는 것은 분명 싸우려고 오는 것이다. 야곱은 걱정이 산더미같이 쌓였다.

**32:7 두 떼로 나누고.** 자신과 함께 하는 사람을 '두 떼'로 나누었다. '떼'가 앞에서 계속 나오는 '캠프' '무리'와 같은 단어다. 그는 계속 마하나임을 생각하였다. 마하나임은 '두 무리'이기도 하고 '쌍둥이 무리'로 볼 수도 있다. 쌍수이다. 야곱이 자기 진영을 '두 무리'로 나눈 것은 마하나임과 약간 다르다. 쌍수가 아니라 일반 서수로서 두개라는 의미다.

**32:9 내 아버지 이삭의 하나님 여호와여.** 그는 하나님 앞에 섰다. 우리도 하나님 앞에 서야 한다. 우리는 하나님 앞에 서야하는 존재다. 늘 하나님 앞에 서는 고백이 있어야 한다. 하나님 앞에 서는 순간 세상은 정상이 된다. 우리의 위치가 정상이 된다. **주께서 전에 내게 명하시기를 네 고향, 네 족속에게로 돌아가라 내가 네게 은혜를 베풀리라 하셨나이다.** 야곱이 지금 가나안에 돌아온 이유는 하나님의 명령 때문이다. 약속 때문이다. 하나님의 약속대로 길을 걷고 있는데 왜 이런 고난이 왔는지 묻고 있다. 하나님의 지혜를 구하는 것이다.

**32:10 나는...모든 은총과 모든 진실하심을 조금도 감당할 수 없사오니.** 그는 자격 없으나 하나님께서 그를 향해 사랑과 신실하심을 베푸셨음을 고백한다. 지금의 어려움만이 아니라 그가 지금까지 걸어온 은혜의 길을 생각하였다. 그래서 그의 생각은 또 균형을 잡게 된다.

**32:13 야곱이 거기서 밤을 지내고.** 야곱이 마하나임이라 이름을 붙인 곳을 말

한다. 그곳에서 야곱은 천사들이 모여 있는 것을 보았다. 그래서 야곱 일행만이 아니라 하나님께서도 함께 하시는 길이라는 것을 알았다. 그래서 그 지역을 '마하나임' 곧 '두 캠프'라 이름을 붙였다. 그래서 든든하였다. 그러나 현실은 여전히 힘들었다. 형 에서가 400명의 사람을 거느리고 자신에게 오고 있었다. 만일을 대비하여 자신의 무리를 두 떼로 나누고 하나님께 기도하였다. 그래도 여전히 그 밤은 편안하지 않았을 것이다. 기도하며 고민하며 보낸 긴 밤이었을 것이다. 그렇게 길고 긴 밤을 보냈다. **그 소유 중에서 형 에서를 위하여 예물을 택하니.** 밤을 지내고 아침에 일찍 일어나 형 에서에게 줄 '예물'을 택하였다. 20년 전 자신을 향해 분노하였고 지금은 400명의 사람을 데리고 자신에게 오고 있는 형의 마음을 진정시키기 위한 예물이다. 에서가 400명의 사람과 함께 오는 이유가 무엇일까? 야곱은 도망가지 않고 형에게 줄 예물을 선택하였다. 단순히 예물 선택을 넘어 그가 계속 그 길을 가겠다는 단단한 각오이고 선택이다. 여기에서 의아한 것이 있다. 아침에 일어나 다른 길로 가는 것을 선택하면 더 좋지 않을까 하는 생각이다. 지금 형 에서가 400명이나 되는 사람을 데리고 온다면 분명 싸우려고 오는 것이다. 형은 이전에 자신을 죽이려고 했던 마음을 이제 실행하려고 오는 것이 분명해 보인다. 그런데 왜 야곱은 피하는 길을 선택하지 않고 맞닥트리는 길을 선택하였을까? 에서에게 줄 예물을 준비하였다는 것은 그가 피하는 것은 선택사항에 두지 않고 있다는 것을 의미한다. 야곱은 하나님의 뜻에 따라 가나안에 왔다. 하나님께서 야곱에게 가나안을 땅으로 주며 '그 자손을 모래와 같이 많게 하겠다' 하셨다. 야곱이 가나안에 살려면 형 에서를 만나는 것이 필수다. 그래서 참으로 어려웠지만 그 길을 피하지 않고 맞닥트리기 위해 가고 있는 것이다.

**32:14** 짐승의 총합이 550마리이다. 당시에 보통 전쟁에서 이기고 얻는 노획물보다도 더 많은 숫자다. 이것은 야곱이 하란에서 부자가 되었다는 것을 의미하기도 하지만 야곱이 형 에서의 마음을 누그러뜨리기 위해 얼마나 많은 애

를 쓰고 있는지를 말한다.

**32:16 각 떼로 거리를 두게 하라.** 아마 9팀으로 나누어 서로 거리를 두어 에서를 만나도록 앞서 보냈다. 9번이나 예물을 주어 마음을 누그러뜨리고 또 누그러뜨리고 10번째에 자신을 만날 수 있도록 하였다. 얼마나 불안하면 이렇게 하였을까? 그토록 에서를 만나는 길이 어려운 길이었다. 그러나 그는 길을 돌이키는 것은 전혀 생각하지 않고 오직 방법을 고민하고 또 고민하며 앞으로 갔다. 야곱이 마하나임에서 출발하고 있다. 마하나임을 흔히 오역하여 '하나님의 군대'라고 번역하기도 하기 때문에 마치 전쟁에서의 보호로 착각하는 경우가 있다. 그러나 마하나임은 '두 캠프'라는 뜻으로 하나님께서 보내신 천사들이 야곱을 보호하는 것을 의미한다. 하나님의 임재와 보호는 싸움을 통해서가 아니다. 마하나임을 본 야곱은 '싸움'을 전혀 생각하지 않았다. 그는 첫째도 화해, 둘째도 화해만 생각하고 있는 것으로 보인다.

**32:18 주의 종 야곱의 것이요 자기 주 에서에게로 보내는 예물이오며.** 야곱은 종들에게 그들이 할 말을 가르쳤다. 에서를 '주'로 표현하고 야곱을 '종'으로 표현한다. 만약 9무리이면 에서는 9번 이 말을 계속하여 듣게 될 것이다. 야곱은 자신의 낮음을 반복하여 말하며 강조하였다.

**32:20 예물로 형의 감정을 푼 후에 대면하면 형이 혹시 나를 받아 주리라.** 예물을 주어도 형 에서가 감정을 다 푼다는 보장이 없었다. '혹시'의 확률이다. 만약 받아들여지지 않으면 그에게는 죽음만이 남겨 있다. 그런데도 불구하고 그는 화해를 시도하고 있다. 그것이 그가 할 수 있는 유일한 길인 것처럼 말이다.

**32:21-22** 계속 같은 날 일을 하고 그날 밤까지 이어졌다. 하루 종일 세심하게 제물을 나누어 보냈다. 일은 밤까지 이어져 위험한 밤에 가족들이 강을 건널 정도로 열심히 일하였다. 그가 할 수 있는 최대한의 노력을 다 하였다. 무

엇을 더 할 수 있을까? 그런데 인간의 '최대한의 노력'이라는 것이 실제로는 참으로 작은 '최소한의 일' 밖에 되지 않음을 알기에 그는 걱정이 떠나지 않았다. **밤에 일어나.** 야곱이 가족을 보호하기 위해 앞의 팀과 시간적으로 조금 더 간격을 두고 가게 하였다. '야곱'이라는 이름의 뜻은 '보호'이다. 그의 부모는 그를 낳고 '하나님께서 그를 보호하시길'이라는 마음으로 그렇게 이름을 지었을 것이다. 사람은 본능적으로 자신을 보호한다. 자신의 힘만이 아니라 누군가 자신을 보호해준다면 좋아한다. 그래서 누군가 기도해 준다면 좋아한다. 교회에 다니지 않아도 서로 종교가 달라도 기도해 준다는 말을 싫어하지 않는. 사람들은 그렇게 막역한 '야곱'의 마음으로 살아간다. 많은 기독교인들은 하나님께서 자신을 보호해주시기를 원하여 살고 있다. 그러나 여전히 불안하다.

**32:24 홀로 남았더니.** 야곱은 에서에게 줄 예물을 여러 떼로 나누어 보냈다. 그리고 적당한 시간을 두고 제일 나중에 가족들까지 보냈다. 하루 종일 그렇게 보냈다. 보낼 때마다 마음이 무거웠을 것이다. 그리고 이제 홀로 남아 수많은 생각을 하고 있었다. **어떤 사람이 날이 새도록 야곱과 씨름하다가.** 갑작스럽게 한 사람이 야곱을 덮쳤다. 누군지도 모른다. '씨름'은 우리의 씨름과 비슷한 어떤 운동이 있었는지 아니면 무엇인지 정확히 모른다. 아마 한 사람이 야곱에게 다가와 그를 넘어뜨리려고 했던 것 같다. 그래서 야곱은 그에 맞서게 되었다. 야곱은 '이게 무슨 일인가' 하였을 것이다. 서로 떼어내어 땅에 넘어뜨리려 하였다.

**32:25 치고 받는 싸움이 아니었다.** 그런데 어느 정도 시간이 흘렀을 때 갑자기 상대가 야곱의 골반 쪽을 쳐서 뼈가 어긋났다. 야곱은 매우 고통스러웠지만 손을 놓지 않았다. 야곱은 씨름을 하면서 영적인 무엇인가를 깨달은 것 같다. 그래서 손을 놓지 않았다. 이제는 씨름이 아니라 매달리는 형국이 되었다.

필사적으로 매달렸다.

**32:26 날이 새려하니 나로 가게 하라.** 처음에는 씨름이요, 나중에는 매달린 야곱의 손을 떼려하였으나 붙잡고 결코 놓지 않는 야곱으로 인하여 긴 밤이 지났다. 야곱은 '내게 축복하지 아니하면 가게 하지 아니하겠나이다'라고 말한다.

**32:28 야곱...이스라엘.** 이름이 바뀌는 것은 정체성이 바뀌는 것이다. '이스라엘'이라는 뜻은 '하나님이 그와 싸우시다' '그가 하나님과 싸우다'라는 의미다. 둘 다의 의미가 포함되어 있는 것 같다. 우리의 씨름의 대상이 중요하다. 그 이름의 문자적 의미가 아니라 내포적 의미도 말씀한다. **네가 하나님과 및 사람들과 겨루어 이겼음이니라.** 그 이름에는 '이긴자'라는 의미까지 담아 주셨다. 야곱은 이긴자가 되었다. 야곱이 이스라엘이 되었듯이 오늘날 모든 신앙인은 '이스라엘'이 된 사람들이다. 이스라엘은 야곱의 이름이 될 뿐만 아니라 모든 신앙인의 이름이다. 신앙인은 하나님과 씨름하는 사람이다. 세상 사람들은 돈과 씨름하고 명예와 씨름한다. 자신의 즐거움과 구원을 위해 그렇게 세상의 일과 씨름한다. 그러나 신앙인은 하나님과 씨름한다. 진정한 사랑을 위해. 진정한 구원을 위해.

이 이야기는 많은 미스테리를 포함하고 있다. 갑자기 나타난 사람이 그렇다. 그와 밤새 씨름하는 것이 그렇다. 이스라엘이라는 이름으로 축복받은 것도 이상하다. 모든 것이 안개 속의 무엇 같다. 그런데 하나님과 싸워서 '이긴자'가 된다는 것은 더욱더 이상하다. 어찌 하나님과 싸워 이길 수 있을까? 그런데 이겼다. 여기에서 이겼다는 것은 '축복을 받아냈다'는 것을 의미한다. 자신을 치러 오는 에서와 화해가 이루어지게 된다는 것을 추측할 수 있다. 무엇보다 가장 큰 것은 '구원'일 것이다. 그래서 이스라엘은 '하나님의 복을 받은 자' '구원을 얻은자'라는 의미로 확대 해석할 수 있다. '구원을 얻은 자'라는 찬란한 이름을 결코 잊지 말아야 한다.

야곱은 지금 바른 길을 가고 있었다. 에서와의 대면을 피하지 않고 싸움이 아니라 화해를 위해 가고 있었다. 그것이 하나님의 뜻임을 알았기에 그 길을 가고 있다. 그런데 그 길이 야곱의 지혜로 승리하는 것이 아니라 하나님의 복주심으로 화해가 이루어진다는 것을 보여주셨다. 신앙인의 모든 승리가 그러하다. 하나님께서 복을 주셔서 승리하는 것이다. 너무 당연한 것 같으나 가장 많이 잊는 것이 이것이다. 은혜라고 고백하면서도 실제로는 은혜이기 보다는 자신의 자랑이 되는 것이 현실이다. 신앙인은 첫번째도 은혜요 두번째도 은혜요 세번째도 은혜임을 아는 사람이 되어야 한다. 야곱이 하나님과 씨름하여 드디어 복을 받아냈다. 그런데 그것이 그의 자랑인가? 아니다. 그가 이긴 것은 드디어 은혜를 얻은 것이지 그가 쟁취한 것이 아니다. 드디어 은혜를 얻은 것이다. 쟁취한 자는 자기가 드러나지만 은혜를 얻은 자는 은혜를 주신 분이 드러나야 한다.

**32:28 하나님과 및 사람과 겨루어 이겼음이라.** 천사는 이렇게 말하지만 야곱은 이것이 쟁취가 아님을 알았다. 그는 의기양양하지 않고 두려워하였다. 이 두려움이 중요하다. 은혜를 얻은 자는 두려워한다.

**32:30 브니엘...내가 하나님과 대면하여 보았으나.** 브니엘은 '하나님의 얼굴'이라는 뜻이다. 그는 사람과 씨름하였다. 그러나 그는 하나님을 대면하여 보았음을 고백한다. 두려움으로 감사하였다.

**32:31** 야곱은 그 씨름으로 인해 '허벅다리에 부상'을 입었다. 그는 절뚝거리며 형 에서를 만나게 될 것이다. 이전에는 강함으로 이겼으나 이제는 약함으로 이기는 사람이 될 것이다. '상처 뿐인 영광'이 아니라 상처를 입음으로 오히려 더욱더 영광이 되는 사람이 될 것이다.

# 33 장

**33:1 에서가 사백 명의 장정을 거느리고 오고 있는지라.** 드디어 마지막 순간이
왔다. 야곱은 마지막 순간까지 잘 인내하며 왔다. 이곳까지 오는 것이 두려웠
으나 잘 참고 온 것이다. 야곱은 마하나임과 브니엘에서의 경험을 통해 다시
힘을 얻었다. 마하나임과 브니엘에서의 경험은 그가 형 에서를 만나러 가는
길이 얼마나 힘든 일이었는지를 잘 보여준다. 그러나 그것이 얼마나 복된 길
이었는지도 보여준다. 참으로 힘든만큼 복된 길이었다. 그가 마하나임에서 하
나님의 보호를 경험하고 브니엘에서 이스라엘로 거듭난 것은 말로 다할 수 없
는 복이었다.

**33:3 몸을 일곱 번 땅에 굽히며 그의 형 에서에게 가까이 가니.** 최고의 낮아짐과
예우로 형을 맞이하였다. 야곱의 화해는 자신을 최대한 낮추고 형을 최대한
높이는 방식이었다. 이전에 그가 형을 낮추고 자신을 높이려고 했던 것을 회
개하는 방식의 화해이다. 그는 화해의 본질을 알았다.

**33:4 에서가 달려와서 그를 맞이하여 안고.** 참으로 어려운 길이었다. 그런데 풀
릴 때는 이렇게 쉽게 풀린다. 에서는 야곱을 안고 볼키스를 함으로 그 어려운
간격이 줄어들었다. 참으로 안 될 것 같았다. 도저히 안 될 것 같았다. 그러나
야곱이 용기를 내어 화해를 시도하였고 에서는 그것을 받아들였다. 에서는 어
떻게 야곱의 화해를 받아들이게 되었을까? 여러 가능성이 있다. 1.야곱의 진심
을 보았기 때문에 2.라반의 경우처럼 그가 지난 밤에 꿈에 하나님의 지시함을
들었기 때문에 3.그가 처음부터 야곱과 화해하고 싶었던 마음을 가지고 있었
기에. 성경은 에서가 야곱과 화해한 이유에 대해 전혀 언급하고 있지 않다.
중요한 것은 그가 야곱의 화해를 받아들였다는 사실이다. 에서가 야곱의 화해
를 받아들인 것도 중요하지만 야곱이 에서에게 화해하기 위해 걸어간 것이 더

중요한 것 같다. 그것이 어려운 길이었기 때문이다. 그래서 그것을 강조하여 설명하고 에서의 경우에 대해서는 간략히 넘어가고 있다.

**33:5 주.** 야곱은 에서를 부를 때 계속 '주'라고 호칭한다. 이전에 더 높아지려고 하던 자세가 아니라 이제 철저히 낮아진 자세로 형을 대하고 있다.

**33:10 하나님의 얼굴을 본 것 같사오며.** 에서를 보면서 야곱은 '하나님의 얼굴'을 보는 것 같다 말한다. 이것을 줄이면 '브니엘'이다. 그는 브니엘에서 하나님 앞에 철저히 엎드리는 것을 배웠다. 그리고 이제 에서를 대하면서 동일하게 철저히 엎드렸다. 에서가 '하나님의 얼굴'과 같다는 것은 에서가 야곱을 용서하는 것이 하나님의 마음과 같다는 감사의 칭찬이기도 하며 또한 자신이 형을 대함에 있어 그렇게 낮은 자세로 대한다는 것을 의미하기도 한다. 그는 브니엘에서 하나님이 치신 고관절 부상으로 인해 낮아짐을 배웠다.

**33:11 하나님이 내게 은혜를 베푸셨고.** 그는 자신의 모든 것이 하나님의 은혜임을 알았다. 그래서 자신의 것을 형에게 예물로 드리는 것을 아까워하지 않았다. 진심이었다. **그에게 강권하매 받으니라.** 야곱은 에서에게 준 예물이 에서의 마음을 달래기 위한 것일 뿐만 아니라 진심으로 드리는 것이기도 했다. 그래서 강권하였고 에서가 그 예물을 받음으로 화해는 더욱더 완성되었다.

**33:12 우리가 떠나자 내가 너와 동행하리라.** 에서는 자신의 집으로 오던 야곱을 만났으니 당연히 자신의 집으로 야곱을 안내하고자 하였다.

**33:13 자식들은 연약하고...소가 새끼를 데리고 있은즉.** 야곱은 함께 가지 못하는 이유를 댔다.

**33:14 내 주는 종보다 앞서 가소서.** 야곱은 자신들은 천천히 갈테니 에서가 먼

저 돌아가라고 정중히 말하였다. 이것의 뜻은 3가지 가능성이 있다. 1.세일에 갈 의향이 없으면서 에서를 속이는 것 2.세일에 갈 의향이 없음을 정중히 말하는 것 3.실제 나중에 세일에 갔을 가능성. 3가지 다 가능성이 있다. 그런데 나는 2번이 제일 가능성이 많다고 생각한다. 야곱은 가나안에 가기 위해 하란에서 떠났다. 그런데 세일로 향하게 된 이유는 단 하나 형 에서와의 문제를 해결하기 위함이다. 이제 그 문제가 해결되었다. 그렇다면 이제 세일에 갈 필요가 없다. 이미 화해되었기 때문이다. 세일은 야곱과 전혀 상관없는 곳이다. 가보지도 않은 곳일 것이다. 헤브론에는 여전히 아버지 이삭이 있다. 그는 가나안에서 그의 젊은 시절을 보냈다. 하나님께서 가나안을 약속으로 주셨다. 그러니 그가 세일에 갈 필요는 전혀 없다. 그는 하루빨리 가나안에 가야 했다. 에서를 만났고 화해를 한 지금 이제 방향을 바꾸어 가나안에 들어가는 것이 가장 적당한 행보가 될 것이다. 더이상 과거에 머물러 있을 필요가 전혀 없었다.

**33:15** 에서가 함께 가지 않으면 자신의 사람을 몇 남기어 야곱 일행을 보호하고 에스코트하게 하겠다고 거듭 말하는 것을 보면 에서는 야곱의 완곡어법을 거절로 이해하였던 것으로 보인다. 그래서 함께 가는 것을 권하기 위해 노력하였다. 그러나 야곱은 끝까지 거절하였다.

**33:17 숙곳에 이르러 자기를 위하여 집을 짓고...그 땅 이름을 숙곳이라 부르더라.**
야곱은 숙곳에서 집을 지었다. 그렇다면 이곳에서 상당한 기간을 거주하였다는 것을 의미한다. 심지어는 동물을 위해서도 거처를 지었다. 어떤 필요에 의해서인지는 몰라도 그는 그곳에서 머물러야 했던 것으로 보인다. 그러나 그때도 그의 마음은 가나안에 있었다. 숙곳'은 '장막'이라는 뜻으로 그가 그곳에서 조금 더 머물렀지만 그곳이 그가 계속 머무를 곳이 아님을 말하기 위해 '숙곳'이라 이름을 붙인 것으로 보인다. 건물은 '집'의 형태였으나 마음은 '장막'이었다. 마음은 언제든지 떠날 준비가 되어 있었던 것이다.

**33:18 밧단아람에서부터...세겜 성읍에 이르러.** 숙곳에 머무르던 야곱은 힘을 내어 '세겜 성읍'에 이르게 된다. '하란(밧단아람)'에서 세겜으로 들어왔던 할아버지 아브라함처럼 그는 하란에서 세겜으로 돌아왔다. 그는 아브라함 언약을 생각하고 있음이 분명하다.삼촌 라반과의 문제 그리고 형 에서와의 문제라는 과거의 문제들이 해결되고 이제 하나님께서 아브라함에게 주신 언약이라는 미래에 마음을 두고 나갈 수 있게 되었다. 언약의 성취라는 미래를 위해 아브라함이 걸었던 길을 걷고 있다. 이삭이 아버지 아브라함의 발자취를 따라갔던 것과 매우 비슷하다. 야곱은 아브라함의 발자취를 따라 가고 있다.

**33:19 밭을 세겜의 아버지 하몰의 아들들의 손에서...샀으며.** 마치 아브라함이 헤브론에서 막벨라 굴을 산 것처럼 야곱은 가나안 땅 세겜에서 밭을 샀다. 가나안을 약속하신 하나님의 언약에 따른 것이다.

**33:20 엘엘로헤이스라엘.** '하나님은 이스라엘의 하나님이다'라는 뜻이다. 아브라함이 세겜에서 제단을 쌓았었다. 야곱도 쌓았다. 그 땅을 주시는 하나님께 예배하였다. 야곱이 벧엘에서 약속하였던 것의 이행이다. 하나님께서 아브라함에게 주신 약속은 과거이지만 또한 미래에 대한 것이었다. 야곱 또한 벧엘에서의 약속이 과거의 일이지만 또한 미래의 일이기도 하다. 야곱은 하나님을 자신의 하나님으로 더욱더 섬기고 순종하게 될 것이다. 하나님은 이스라엘의 하나님이 되셔서 아브라함과 이삭에게 약속하신 언약을 야곱을 통해 이루어 가실 것이다. 하나님께서 이제 야곱을 통해 그 언약을 이루어 가실 것이기에 야곱은 '이스라엘의 하나님'이라고 고백할 수 있게 되었다.

# 34 장

**34:2 그 땅의 추장 세겜.** 개역개정의 잘못된 번역. 세겜이 추장이 아니라 그의 아버지 하몰이 추장이다. **세겜이 그를 보고 끌어들여 강간하여.** 그는 소녀가 너무 예쁘고 마음에 들어 그렇게 하였다. 그러나 그것은 참으로 악한 것이다. 그가 디나를 좋아하는 것이 장난으로 하는 것은 아니었다. 그는 결혼하고자 하였다. 그러나 당시 결혼은 그렇게 하는 것이 아니었다. 디나의 나이가 15살 정도였던 것으로 보인다. 그는 매우 어린 소녀였다. 그리고 당시의 결혼은 남녀가 좋아서 하는 것이 아니라 부모가 맺어주어야 했다. 세겜이 디나를 강제로 취하고 그것을 사랑이라 여기며 결혼하고자 하였으나 그것은 분명히 디나를 무시하는 것이며 야곱의 집안을 무시하는 것이다. 디나와 야곱의 가족을 파괴하는 것이다.

**34:3 소녀를 사랑하여 그의 마음을 말로 위로하고.** 세겜이 디나를 사랑하였다 말하지만 사실 그것은 그때 그의 마음일 뿐 진짜 사랑은 아니다. 사랑은 그렇게 순간적인 감정으로 하는 것이 아니다. 고전 13장을 보면 사랑의 가장 큰 특징은 '인내'다. 사랑은 상대가 싫어하는 일을 하는 것이 아니다. 사랑이라는 미명으로 하였기 때문에 그는 자신의 죄를 조금 더 합리화하고 가릴 수 있었다. 사랑이라는 것이 폭력을 미화하는 것에 사용되면 안 된다. 그가 강간을 한 것은 힘이 셌기 때문에 가능하였다. 사랑 때문에 가능한 것이 아니다.

**34:4 이 소녀를 내 아내로 얻게 하여 주소서.** 세겜은 사랑으로 착각한 감정에 의지하여 결혼을 추진하였다. 그러나 사랑이 인격적이기 위해서는 감정만이 아니라 지정의 모든 요소가 있어야 한다. 그런데 감정적인 측면이며 게다가 일시적 감정적 측면으로 결혼을 추진하였다. 세겜은 자신의 사랑이 진정한 사랑인지 아니면 이름만 사랑인지를 생각해 보았어야 했다. 첫 시작점인 강간은

결코 사랑이 되지 못한다. 이 당시 강간은 그 여인과 집안을 무시하는 일이다. 결코 정상적인 결혼이 될 수 없다. 그가 디나를 사랑하였다면 더욱더 큰 불의일 뿐이다.

**34:5 아들들이...돌아오기까지 잠잠하였고.** 야곱은 그의 딸 디나가 더럽혀짐으로 크게 당황하였다. 힘과 지혜를 모으기를 원하였다.

**34:7 이를 듣고 돌아와서 그들 모두가 근심하고 노하였으니.** 자신의 누이동생 디나가 세상 불의의 희생양이 되었으니 슬퍼하고 분노하는 것은 당연하다.

**34:10 머물러 매매하며 여기서 기업을 얻으라.** 나그네인 그들을 거주민으로 인정하겠다는 말이다. 야곱 가족이 가나안에 정착할 수 있는 좋은 기회일 수 있다. 그러나 야곱의 아들들은 여동생 디나가 강간을 당하였다는 사실에 더 분노하였다. 그들은 자신들의 편의가 아니라 조금 더 옳은 것을 생각하였다.

**34:13 야곱의 아들들이 세겜과 그의 아버지 하몰에게 속여 대답하였으니.** 이제부터 이어지는 이야기들이 속임수라는 말이다. 이 속임수는 세겜이 오기 전에 이미 짠 작전 같다. 곧 계획된 속임수다. 아주 세밀하게 작전을 짰다. 거짓을 깊이 도모하였다. 불의가 가득한 세상에서 신앙인이 살아갈 때 명심해야 할 일이 있다. 세상의 불의에 대해 신앙인이 불의로 맞서면 안 된다는 것이다. 세상에서 살다보면 세상에 불의가 많으니 자신들도 불의에 익숙해지는 경우가 많다. 세상이 불의가 크니 자신은 작은 불의를 행하는 것이 합리화되기도 한다. 그러나 불의는 어떤 경우라도 합리화될 수 없다. 세상은 하나님 없이 살기 때문에 어떤 면에서는 불의가 당연할 수 있다. 그러나 신앙인은 하나님 앞에 살고 있다. 의로운 하나님 앞에서 산다고 하면서 불의를 행한다면 그것은 더 큰 불의가 된다. 세상 사람들의 큰 불의보다 우리의 작은 불의가 오히려 더 큰 불의이다. 그러기에 신앙인이 세상의 불의에 대항하여 불의를 계획하고

행하면 더욱 큰 죄가 된다.

**34:15-16 너희 중 남자가 다 할례를 받고 우리 같이 되면.** 할례를 받으면 결혼을 할 수 있다는 제안이다. 야곱의 아들들에게 할례는 거룩한 의식이다. 하나님의 자녀가 된 증거로 사용하였다. 그런데 그것을 거짓으로 사용하고 살인을 용이하게 하기 위한 방식으로 사용하고 있다. 이것이 얼마나 큰 죄가 되겠는가? 신앙인은 말하지 않아도 '그리스도'라는 이름을 가지고 살고 있다. 그가 사용하는 것들은 거룩하다. 하나님을 만나는 방식이며 믿음의 길을 가는 방식이기 때문이다. 그런데 그러한 것을 자신의 뜻을 성취하고 이웃에게 해를 가하는 방식으로 사용한다면 그것 안에 어찌 거룩이 임할 수 있겠는가? 그것은 어느 것 보다 더 해롭고 악하다.

**34:25 칼을 가지고...성읍을 기습하여 그 모든 남자를 죽이고.** 세겜성 안의 모든 남자들이 죽임을 당하였다. 세겜의 사랑은 그렇게 끝났다. 처음에는 달콤한 것 같았지만 결국은 자신의 죽음과 세겜성의 완전한 몰락을 가져왔다. 몰락 후에도 그것을 사랑이라고 할까?

**34:26 디나를 세겜의 집에서 데려오고.** 아마 디나는 세겜에게 강간을 당하고 계속 집에 억류되어 있었던 것 같다. 사랑이라 말하면서 그때까지 디나를 억류하고 있었다. 그것은 매우 고압적인 자세이며 잘못된 방식이다. 사랑이라 하면서도 여전히 폭력을 사용하고 있었다. 사랑이라는 아름다운 이름을 붙였으니 그 이후부터는 무엇을 해도 되는 것처럼 생각한다. 그러나 사랑이라는 이름표가 있어도 사랑이 아닌 것이 많다. 사랑이 아닌 것을 사랑이라 이름 붙이는 것을 조심해야 한다. 이름을 붙이고 나면 맹목적이 되기 때문이다. 이름표를 붙일 때 매우 신중해야 한다.

**34:27 야곱의 여러 아들이...성읍으로 가서 노략하였으니.** 세겜성 사람들을 죽인

것은 시므온과 레위다. 그런데 그 이후 야곱의 다른 아들들도 참여하여 세겜 성을 약탈하였다. 그 모든 이유는 '그들의 누이를 더럽힌 까닭'이라고 말한다. 그것이 그들의 정의였다. 그러나 그것이 진정 정의일까? 정의라 이름만 붙인 것일까? 그들이 세겜을 죽인 것은 강간보다 더 큰 죄다. 또한 그들은 세겜만 죽인 것이 아니라 그 성안의 모든 남자들을 죽였다. 그것이 어찌 정의일 수 있겠는가? 세겜이 디나를 강간하였다고 그들이 세겜의 다른 여인들을 그렇게 함부로 대해도 되는 것일까? 여인들은 하루 아침에 남편을 잃었고 자식들은 아버지를 잃었다. 그것이 진정 정의일까? 누구를 위한 무엇을 위한 정의일까?

**34:30 야곱이 시므온과 레위에게 이르되 너희가 내게 화를 끼쳐...나와 내 집이 멸망하리라.** 시므온과 레위는 동생 디나의 명예를 위한다고 했지만 실제로는 엄청난 죄를 저질렀다. 디나의 명예가 아니라 가족 전체가 몰살당할 위험에 처했다. 정의의 이름으로 행해지는 엄청난 죄악이 많다. 그것은 정의가 아니다. 악일 뿐이다. 야곱은 이후에 죽기 전 축복 예언을 하면서 시므온과 레위에 대해 말할 때 이 사건을 다시 말한다. 야곱의 마음에 두고두고 남았던 것이다. 이 사건을 다시 언급하면서 이 사건 때문에 그들을 '저주'한다. 이것은 야곱이 보기에도 결코 정의가 아니었다. 만용이었다. '죄에 사로잡힘'이었다.

**34:31 그가 우리 누이를 창녀 같이 대우함이 옳으니이까.** 시므온과 레위는 세겜이 자신의 여동생을 창녀처럼 여겼기 때문에 자신들이 그들의 죄에 대해 응징하였다고 항변하였다. 그들이 자신들의 누이를 창녀처럼 여긴 사람이 있다면 마땅히 응징할 수 있다. 그러나 그들은 응징이 아니라 과잉 응징을 하였다. 그것도 한참 많이 잘못된 과잉응징을 하였다. 그들이 세겜의 죄에 대해 응징한다 하여도 자신들의 살인을 정당화시킬 수는 없다. 강간보다 살인은 훨씬 더 큰 죄다. 정의를 외치면서 이렇게 더 큰 죄를 행하는 경우가 많다. 정의라

는 것도 때로는 사로잡히면 바른 사고를 할 수 없게 만든다. 이름이 좋기 때문에 어떤 것보다 그것에 더 강하게 사로잡힐 수 있다. 많은 사람이 정의라는 이름으로 엄청난 죄를 범하곤 한다. 그렇게 죄를 범하는 경우는 어떤 경우도 결코 정의가 아니다. 신앙인에게 정의는 '하나님의 뜻을 기준으로 자신의 삶을 판단하는 것'인데 어떤 부분에서도 하나님께서 기뻐하실 만한 부분이 없다. 그들은 처음부터 정의가 아니었다.

# 35 장

야곱은 세겜에서 매우 큰 위기에 직면하였다. 이전에 삼촌 라반이나 형 에서와의 갈등에서 생긴 위험과는 성격이 다른 위험이었다. 이것은 전쟁이었다.

**35:1 하나님이 야곱에게 이르시되 일어나 벧엘로 올라가서...네 형 에서의 낯을 피하여 도망하던 때에 네게 나타났던 하나님께 거기서 제단을 쌓으라.** 위험에 처했을 때 하나님께서 야곱에게 찾아오셨다. 야곱은 벧엘로 가서 새롭게 출발해야 했다. 야곱은 세겜성 사람들을 자신의 아들들이 죽이고 나서 주변의 사람들에게 공격을 당할 것을 염려하였다. 그 머릿속에서는 주변의 수많은 위험에 대해 생각하였을 것이다. 그때 하나님께서 그에게 나타나셨다. 그리고 벧엘에 가라고 하셨다. 벧엘은 가나안으로 더 들어가는 것이다. 겉으로 볼 때는 가나안 사람들이 있는 곳이 아니라 왔던 길을 돌아가 하란 지역으로 가는 것이 안전하게 보인다. 그런데 벧엘은 그가 이전에 약속하였던 곳이다. 이전에 그곳에서 제단을 쌓을 것이라고 말하였던 것을 실행하라고 말씀하셨다.

**35:2 이방 신상들을 버리고 자신을 정결하게 하고 너희들의 의복을 바꾸어 입으라.** 하나님 앞에 서기 위해 거룩하신 하나님 앞에 거룩하기를 원했다. 이방 신상

은 아마 식솔들 중에 일부가 하란에서 가지고 온 것일 것이다. 또한 세겜성에서 노략질할 때 가져온 것도 있을 것이다. 야곱은 그러한 것을 모두 버리고 새로 거듭나고자 하였다.

**35:3 우리가 일어나 벧엘로 올라가자.** 야곱은 리더답게 사람들에게 말하였다. 사람들의 마음을 두려움에서 믿음으로 바꾸고 있다. 사람들을 보는 마음에서 하나님을 보는 마음으로 바꾸었다. 야곱은 자신의 경험에 대해 말한다. '내 환난 날에 내게 응답하시며 내가 가는 길에서 나와 함께 하신 하나님께…제단을 쌓으려 하노라'고 말한다.

**35:4 신상들과 자기 귀에 있는 귀고리.** 야곱이 위기감 속에 단호하게 말하자 야곱 집안에 있던 우상들이 나왔다. '귀고리'는 아마 신상이 차고 있는 귀고리일 것이다. 그러한 것은 값진 것이다. 그러나 과감히 상수리나무 아래에 묻어버렸다.

**35:5 사면 고을들로 크게 두려워하게 하셨으므로.** 이전에는 야곱이 주변 사람들을 두려워하였다. 그런데 이번에는 주변 사람들이 야곱을 두려워하여 추격하지 못하였다. 위기의 때에 벧엘로 올라가라. 온전히 하나님을 바라보라.

**35:6-7 야곱과 그와 함께 한 모든 사람이…제단을 쌓고.** 지금까지 야곱의 믿음이 주로 다루어졌다면 이제는 '야곱과 그와 함께 한 모든 사람'의 믿음이 다루어지기 시작한다.

**35:8 드보라가 죽으매.** 야곱의 어머니 리브가의 유모 드보라의 죽음이다. 드보라의 죽음은 아마 야곱에게 새로운 계시로 들렸을 것이다. "네 형의 분노가 풀려 네가 자기에게 행한 것을 잊어버리거든 내가 곧 사람을 보내어 너를 거기서 불러오리라 어찌 하루에 너희 둘을 잃으랴" (창세기 27:45, NKRV) 드보

라가 언제부터 야곱과 함께 하였는지는 알려져 있지는 않지만 드보라는 어머니 리브가와 깊이 연결되어 있으며 어머니의 고향에서의 부름에 대한 성취요 계시일 수 있다. 그래서 야곱은 드보라의 죽음에 많이 슬퍼하였지만 용기를 내어 헤브론으로 갈 수 있게 되었을 것이다. **알론바굿.** '울음의 상수리나무'라는 뜻이다. 나무가 많지 않은 곳에서 '상수리나무'는 표지판과 같은 역할을 하였으며 '많이 슬퍼서 애가를 불렀던 장소'를 의미한다. 갑자기 드보라가 나와 이상하다. 나는 이것이 세겜성 학살 사건의 결론이라고 생각한다. 세겜성 학살이라는 죄를 범하고 사람들을 피하여 벧엘에 왔다. 그리고 애통하고 회개하는 눈물을 흘리지 못하였는데 드보라의 죽음으로 인하여 슬퍼하면서 대신 애통하고 회개하는 마음을 가지게 되지 않았을까를 조심스럽게 생각한다.

**35:9 밧단아람에서 돌아오매.** 하란(밧단아람)에서 벧엘로 돌아온 것을 말한다. 벧엘에서 하나님께서 야곱에게 다시 언약을 말씀해 주셨다.

**35:10 야곱이라 부르지 않겠고 이스라엘이 네 이름이 되리라.** 야곱은 이제 하나님 앞에 선 사람, 하나님의 은혜를 얻는자가 된다. 이것이 그의 정체성이 되며 모든 믿는자의 정체성이다.

**35:11 생육하며 번성하라.** 이것은 창조명령이다. 하나님께서 사람을 창조하시고 창조의 목적이 야곱과 함께 하고 있으며 야곱 안에서 이루어지고 있다.

**35:12 아브라함과 이삭에게 준 땅을 네게 주고 내가 네 후손에게도 그 땅을 주리라.** 아브라함과 이삭에게 주신 언약이 야곱으로 이어지고 있다. 하나님께서 야곱에게 언약을 다시 확인시켜주셨다. 야곱이 마음 안에서 그것을 다시 확인해야 한다. 계속 확인해야 한다. 우리는 우리의 언약을 계속 확인해야 한다. 확인하는 것은 단순반복이 아니라 '깊어짐'이다. 확인하지 않으면 그대로 있는 것이 아니라 '사라짐'이다. 그래서 우리는 반복하여 언약을 확인해야 한다. 내

안에서 확인하고 내 입술에서 확인해야 하며 나의 삶에서 확인해야 한다.

**35:18 베노니.** '슬픔의 자식'이라는 뜻이다. **라헬**은 아기를 낳고 죽음에 이르렀다. 라헬은 자신의 슬픔을 반영하여 아기 이름을 지어주고 죽었다. **야곱**은 그의 이름을 '베냐민'으로 바꾸었다. 결국 베냐민이 그의 이름이 되었다. '베냐민'은 '오른손의 아들' '남쪽의 아들'이라는 뜻을 가지고 있다. 다른 아들들은 모두 북쪽(하란)에서 났는데 베냐민만 남쪽(가나안)에서 났으니 그렇게 이름을 붙인 것 같다.

야곱은 사랑하는 아내를 잃었다. 그가 얼마나 사랑했던 아내인가? 그런데 그녀가 마지막으로 남긴 아들의 이름을 바꾸었다. 사랑하였지만 아들의 이름을 그렇게 남겨둘 수 없었기 때문이다 야곱은 잃은 사람에 집착하지 않았다. 과감히 잃은 것을 떨쳤다. 잃은 것에 집착하는 사람들이 있다. 잃은 것을 두고 두고 기억한다. 기념한다. 잃은 것에 집착하는 것은 그의 인생을 더 잃게 만든다. 잃은 것은 빨리 잊어야 한다. 인생에는 잃음이 있고 얻음이 있다. 잃음은 필연적이고 얻음은 선택적이다. 라헬의 죽음은 야곱이 어찌할 수 없는 일이었다. 그러나 아들 베냐민을 두고 어떤 이름을 붙여줄지는 그가 할 수 있는 일이었다. 그의 이름을 바꾸어 주는 것은 그가 해야 하는 일이었다. 필연적인 일에 집착하고 아파할 것이 아니라 자신이 해야 하고 할 수 있는 선택권이 있는 일을 잘해야 한다. 그것이 중요하다. 잃은 것이 아니라 새로 얻어야 하는 것에 집중해야 한다.

**35:22 르우벤이 가서 그 아버지의 첩 빌하와 동침하매.** 큰 아들 르우벤이 야곱의 첩 '빌하'와 동침하였다고 말한다. 아주 끔찍한 일이다. 르우벤의 범죄의 이유에 대해 여러 가지를 추측할 수 있다. 1. 성적 충동. 2. 야곱의 힘에 대한 도전 및 쟁탈. 3. 자신의 어머니 레아를 위한 행동. 이 중에 무엇이라 할지라도 그것은 참으로 커다란 범죄행위다. 이것은 야곱에게는 늙어가면서 권위가 무

시된 측면이 강하다. 오늘날 자식들이 직장을 다니기 시작하면 부모의 권위를 조금씩 가볍게 보기 시작하는 것을 본다. 야곱은 힘이 강하고 의지가 강하였는데 나이 먹어 이렇게 자식에게 무시당할 때 얼마나 마음이 아팠을까? 더 나아가 장남 르우벤을 잃은 것이라 할 수 있다. 야곱은 마음 안에서 르우벤을 자신의 장남에서 지운 것 같다. 이후에 죽음을 앞둔 마지막 축복기도에서 이 사건을 다시 말한다.

르우벤이 엄청난 죄를 범하였다. 그런데 누가 자식을 마음대로 할 수 있을까? 머리 큰 자식은 결코 마음대로 되지 않는다. 르우벤을 잃었다. 그런데 성경 본문은 바로 23절-26절에서 그의 12아들 이름을 기록하고 있다. 르우벤을 잃고 아버지로서 권위를 잃었지만 그래도 야곱은 아버지로서의 남은 권위를 잔잔히 유지한다. 12지파의 아버지가 된다. 잃었다고 다 잃은 것이 아니다. 죽을 때까지 그가 가진 마지막 권위까지 비록 작은 권위여도 끝까지 잘 사용해야 한다. 그는 결국 요셉에게 장자권을 그리고 유다에게 큰 축복을 한다. 그것이 야곱 당시에는 무슨 의미인지 잘 몰랐을 것이다. 그러나 그것은 큰 의미를 가진다. 죽을 때까지 사명은 남아 있다.

**35:29 이삭이...죽어.** 야곱은 아버지를 떠난 후 약 30년만에 아버지에게 돌아와 함께 있었던 것으로 보인다. 그런데 아버지 이삭이 세상을 떠났다. 아버지가 있는 것과 없는 것은 차이가 크다. 야곱은 이제 아버지를 잃었다. 본문에는 이후 이야기에서 기록되지만 역사 순서로는 이때 이미 아들 요셉도 잃은 상태이다. 요셉을 잃은지 12년이 된 시점에 아버지가 돌아가셨다. 야곱은 거의 모든 것을 잃었다고 말할 수 있다. 아버지 이삭을 잃었다. 사람의 죽음은 결코 회복할 수 없는 어떤 것이다. 결코 다시 살아 돌아오지 않는다. 모든 것이 끝난 것 같다. 그것에서 대체 무엇을 얻을 수 있을까? 그러나 가장 중요한 얻음이 그곳에 있다. 사람의 죽음은 우리를 인생에 대해 다시 생각하게 한다. 우리를 부활과 영생 앞으로 인도한다. 그래서 우리는 사람이 죽을 때 죽음 앞

에 서지 말고 부활 앞에 서야 한다. 사랑하는 사람이 죽었을 때 죽음 앞에 서지 않고 부활   앞에 서면 분명히 엄청난 것을 얻을 것이다. 부활에 대한 깊은 성찰은 그 사람이 살아있을 때 주었던 어떤 것보다 더 큰 선물이다.

노년이 되면서 잃음은 결국 얻음이다. 세상의 것을 잃고 믿음을 얻어야 한다. 하나님께서 주시는 부활과 하나님의 섭리를 신뢰하는 믿음을 얻어야 한다. 이 세상에서 잃는 것은 어차피 죽을 때 가지고 갈 수 없는 것들이다. 그런데 얻는 것은 죽을 때 가지고 갈 수 있는 것이다. 하나도 잃지 않고 다 가지고 갈 수 있다. 죽을 때 가지고 갈 수 없는 것을 잃고 죽을 때 가지고 갈 수 있는 것으로 환전하여 간다면 큰 이익이 되는 장사가 아닐까? 죽으면 어차피 잃을 것을 움켜잡고 있으려고 아등바등하고 울고불고하지 말고 잃는 것을 과감히 받아들이라. 대신 믿음을 움켜잡으라. 죽으면 영원히 빛날 믿음을 움켜잡으라. 그것이 영생을 아는 신앙인의 삶의 자세요 본질이다.


# 36 장

성경은 야곱의 후손 이야기를 하기에 앞서 에서의 후손에 대해 간략히 기술한다. 수많은 이름이 나온다. 그만큼 에서의 후손이 후대에 많이 알려졌다.   에서는 이삭의 장자다. 이삭은 아버지 아브라함이 하나님과 맺은 언약을 따라 살았다. 이삭도 마땅히 그래야 했다. 그러나 에서는 언약에 무관심하였다.

**36:2 가나안 여인 중 헷 족속 엘론의 딸...자기 아내로 맞이하고.** 그는 집안의 신앙과 전통을 무시하고 가나안 여인과 결혼하였다.

**36:4-5** 에서의 아들들이다. 야곱의 아들과 비교하여 이들은 오늘날 우리들에게 존재감을 갖지 못한다. 이 당시에는 존재감이 더 컸을텐데 오늘날은 아니

다. 이들의 존재는 믿음이라는 것에 연결되어 있지 않기 때문이다. 믿음에 연결될 때 영원한 가치를 가지지만 믿음에 연결되어 있지 않으면 영원성이라는 가치를 가지지 못하기 때문이다. 에서의 아들들은 모두 '가나안에서 태어난 자들'이라고 말한다. 야곱의 아들들은 하란에서 태어났으나 에서의 자식들은 가나안에서 태어났다. 그들이 가나안의 주인공들이 될 수 있었다. 그러나 가나안은 혈통으로 얻어지는 것이 아니었다. 가나안은 믿음을 계승하는 이들이 얻도록 약속된 땅이었다. 그래서 그들은 가나안에서 태어났음에도 불구하고 가나안을 떠났다.

**36:6 그의 동생 야곱을 떠나 다른 곳으로 갔으니.** 야곱이 하란에서 돌아왔을 때 에서도 세일에서 돌아와 이삭과 함께 몇 년을 지낸 것으로 보인다. 관계가 완전히 회복된 것이다. 그런데 에서는 결국 가나안을 떠나 다른 곳으로 갔다. 그가 거주하였던 세일로 갔다. 그들이 가나안을 떠난 이유는 롯이 아브라함을 떠난 이유와 비슷할 것이다. 그들은 자신들이 보기에 좋은 곳을 찾아갔다. 그들은 하나님께서 아브라함에게 주신 약속에 대해서는 무관심하였다. 이것이 가장 중요한 요소다. 에서는 약속에 대해 무지하였고 무관심하였다. 자신이 진정 이삭의 장자로서 살기를 원하였다면 아브라함에게 주신 약속을 가슴 깊이 새기고 있어야 한다. 그러나 그는 아브라함과 이삭에게 주신 약속에 대해 별로 개의치 않고 가나안을 떠났다.

**36:7 소유가 풍부하여 함께 거주할 수 없음이러라.** 에서와 야곱의 소유가 많아 서로 다른 지역으로 갈 수밖에 없었지만 에서가 언약에 관심을 가졌다면 가나안의 다른 지역으로 갔을 것이다. 그러나 그는 가나안을 벗어나 세일로 갔다. 언약에 대한 무관심은 장자권을 야곱에게 파는 것부터 시작해서 계속 이어졌다.

**36:8 세일 산.** 세일산은 험하고 건조한 바위로 된 구릉지역이다. 오늘날 페트라로 알려져 있고 특이함 때문에 유명한 관광지가 되었다. 에서의 후손은 세일산으로 이주하여 그 지역의 맹주가 되었다. 그러나 오늘날 볼 수 있는 페트라 유적은 에돔이 건설한 것이 아니라 에돔을 멸망시킨 나바테아인들이 지은 도시 유적이다.

**36:15** 에서에게서 나온 14족장에 대한 기술이다. 에서를 통해 많은 족장이 나왔다. 그 지역에 확실한 기반을 잡은 것이다. 여기에서 '족장'은 1000이라는 단어와도 밀접한 단어이며 그만큼의 큰 단위의 지파가 될 때 사용한다. 에서의 자손은 그렇게 번성하였다.

**36:16 아말렉 족장.** 에서의 자손으로 아말렉 족장이 나온다. 아말렉은 후에 이스라엘을 가장 괴롭힌 족속이다. 이 아말렉이 이스라엘을 괴롭힌 아말렉이라는 정확한 증거는 없으나 지역과 연대로 볼 때 그 족속일 가능성이 높다. 그렇다면 에서의 부요함과 그 자손의 부요함이 오히려 이스라엘을 괴롭히는데 사용되었다는 것을 볼 수 있다. 사람들이 그렇게 바라는 세상의 부요가 결국은 오히려 더 많은 악을 행하는데 사용될 수 있다. 그러니 어찌 단순히 부요함을 쌓는 것이 복이 될 수 있겠는가?

**36:20 그 땅의 주민.** 20절-30절은 세일에 살고 있었던 사람들에 대한 이야기다. '시브온'은 에서의 아내 오홀리바마의 할아버지(2절)다. 에서는 처가지역으로 자리를 옮긴 것이다.

**36:24 아나는 그 아버지 시브온의 나귀를 칠 때에 광야에서 온천을 발견하였고.** 에서의 장인 '아나'에 대한 이야기다. 아나는 온천을 발견하였기에 부요하게 살았을 것이다. 부요하여 사위 에서를 불러들이고 싶었을 것이다.

**36:31 이스라엘 자손을 다스리는 왕이 있기 전에 에돔 땅을 다스리던 왕.** 이스라엘이 왕정 시대를 맞기 전에 에돔은 왕이 다스리는 나라로 발전하였다. 야곱의 자손은 애굽에 들어가서 애굽이 인큐베이터 역할을 하여 민족과 나라로 발전할 수 있었는데 반해 에돔은 독립적으로 일찍이 나라로 발전할 수 있었다. 외적인 면으로 보면 에서의 에돔이 야곱보다 더 많이 번영하였다 할 수 있다.

그러나 그들은 이스라엘에 왕이 세워진 이후 이스라엘에 종속적인 국가가 된다. 이후에 잠시 독립의 위치를 갖기도 하지만 마카비아 시대 때 완전히 종속되고 로마 시대 때 이스라엘에 흡수된다. 헤롯은 에돔의 나라가 아니라 이스라엘의 왕으로 있었지만 출신은 에돔이다. 작은 나라였고 이스라엘에 흡수된 나라 출신이기 때문에 그는 항상 자격지심과 반란에 대한 두려움이 있었다.

**36:32-33** 에돔 왕조의 특이한 것은 왕위가 세습되지 않았다는 것이다. 민주적으로 왕을 뽑은 것인지 아니면 피의 흘림을 통해 새로운 왕이 세워진 것인지 아니면 민족마다 돌아가면서 왕을 세운 것인지는 정확하지 않지만 그렇게 왕이 이어졌다.

**36:40 에서에게서 나온 족장들의 이름은 그 종족과 거처와 이름을 따라.** 40절-43절은 에서의 자손 결정판이다. 이후에도 살아남아 그들의 이름이 부족과 지역 이름이 된 사람들이다. 에서는 그렇게 후대에까지 이름을 남겼다. 흔히 '사람은 죽어 이름을 남긴다'고 말한다. 그러나 신앙인에게는 죽어 이름을 남기는 것이 의미가 없다. 세상에서의 이름이 아니라 천국에 이름을 남기는 것이 중요하다. 세상에서 아무리 번영하였어도 천국에 이름이 없다면 무슨 의미가 있을까? 에서를 보면 오늘날 신앙인이 생각난다. 에서가 고생한 것은 성경에 기록되어 있지 않다. 물론 그도 여러 어려움을 겪었을 것이다. 그러나 야곱만큼은 아니었을 것이다. 오늘날 신앙인들에게 에서와 야곱 중에 누구를 닮고 싶

은지 물어보면 에서라고 말할 것 같다. 에서처럼 무탈하고 번영하면 좋은 것으로 생각한다. 그러나 신앙인은 세상에 이름을 남기는 사람이 아니라 천국에 이름을 남기는 사람이 되어야 한다. 그것이 복이다.

# 37 장

창세기의 마지막 단락인 요셉 이야기가 시작된다. 앞(36장)에서 에서의 족보에 대해 이야기하였다. 그리고 이제 야곱의 족보에 대해 말한다. 화려하지 않지만 아주 자세히 말한다. 믿음의 족보이기 때문이다.

**37:1 야곱이 가나안 땅 곧 그의 아버지가 거류하던 땅에 거주.** 야곱은 아버지 이삭의 언약을 이어 갔다. 그래서 그의 족보 이야기는 앞선 에서의 족보와 달리 길게 이야기한다.

**37:2 야곱의 족보는 이러하니라.** 야곱의 족보 이야기는 대부분 요셉의 이야기다. 야곱 이후 언약의 계승은 12아들 모두가 하게 된다. 그런데 그 중심에 요셉이 있다. 언약 계승의 장자 역할을 한다. 그래서 이제 요셉 중심으로 이야기가 전개된다. 요셉의 특징을 한 사건을 들어 말한다. **그가 그들의 잘못을 아버지에게 말하더라.** 요셉은 '단, 납달리, 갓, 아셀'과 함께 양을 치고 있었는데 그때 그들이 잘못된 행동을 하면 아버지에게 말하였다. 형제가 잘못한 것을 말해야 할까 말아야 할까? 참 어려운 일이다. 요셉이 형제들의 잘못을 아버지에게 말한 것은 분명 조금은 투박하다고 말할 수 있다. 그러나 여전히 그것이 옳다. 거짓이 숨겨지는 것보다는 낫다.

**37:3 더 사랑하므로 그를 위하여 채색옷을 지었더니.** 야곱이 요셉에 대한 호의로

채색 옷을 지어 주었다. 아마 호의만이 아니라 권위에 대한 부여까지 한 것 같다. 야곱은 라헬에 대한 사랑과 르우벤에 대한 배신감 때문에 이미 요셉에게 그의 장자권과 같은 권위를 준 것으로 보인다. 그렇다면 요셉이 형들의 잘못을 아버지에게 말하는 것은 더욱더 합당하다 할 수 있다.

**37:4 그에게 편안하게 말할 수 없었더라.** 직역하면 '샬롬을 말할 수 없었더라'이다. 이것은 내적으로 '샬롬의 마음으로 샬롬을 말할 수 없었다'도 될 수 있고 아니면 외적으로 '고운 모양으로 인사말을 건네지 않았다'고 해석할 수도 있다. 요셉의 형들은 아버지가 요셉을 더 사랑함을 보았기에 요셉을 미워하였다. 요셉의 장자권을 못마땅하게 생각하였다. 그들은 자신들이 옳은 것을 행하는 것에 관심을 기울이지 않고 요셉이 사랑받는 것에 더 신경을 쓰고 싶어했다.

**37:6 내가 꾼 꿈.** 요셉의 형들이 요셉을 더욱 얄밉게 생각한 계기는 요셉의 꿈이었다. 그러한 꿈은 어디에서 왔을까? 하나님께서 주신 꿈일 것이다. 그런데 그러한 꿈은 또한 요셉이 비전을 가지고 사는 사람이었고 꿈을 가지고 사는 사람이었다는 것을 말해주기도 한다. 그는 할아버지 이삭(이 당시 그는 할아버지 이삭과 함께 살고 있었을 것이다. 요셉이 17세일 때 이삭은 168세다)을 통해 믿음에 대해 들었을 것이다. 그리고 아버지 야곱에게 믿음에 대해 많이 들었을 것이다. 그 과정에서 꿈을 가지게 된 것 같다.

**37:8 네가 참으로 우리의 왕이 되겠느냐.** 요셉의 형제들은 요셉의 꿈을 해석하고 비난하였다. 꿈은 '욕심의 표출'일 수 있고 아니면 '하나님의 뜻'일 수도 있다. 당시 꿈은 신적 계시의 중요한 수단이었다. 그렇다면 형제들은 요셉의 꿈에 대해 출처가 어디인지 잘 생각해 보아야 했다. 그러나 너무 쉽게 '요셉의 욕심'이라고 생각했던 것 같다. 비난하고 미워하였다. 그러나 요셉의 꿈은 하나님의 계시였다. 요셉이 말한 곡식은 이후에 관원들의 꿈에도 나온다. 요

셉의 곡식단은 이후에 요셉의 형제들이 곡식이 없을 때 자신들을 먹이는 역할을 하는 계시이기도 하다.

**37:9 해와 달과 열한 별이 내게 절하더이다.** 두 번째 꿈에서는 상징물이 바뀌었다. 그런데 '절하더이다'라는 면에 있어 같았다. 이번에는 요셉이 아버지에게도 이것을 말하였다. 곡식단에서는 아버지가 나오지 않았지만 이번에는 아버지(해)도 나오기 때문이다. 어떤 면에서 이것은 신탁과 같다. 그래서 요셉은 그것을 아버지에게 말할 수밖에 없었을 것이다. 요셉이 자신의 꿈을 말한 것이 어떤 면에 있어서는 미성숙하고 신중하지 못한 것처럼 보일 수도 있다. 그러나 진짜 그렇다면 그것 때문에 오히려 신탁이 가려지지 않고 전해질 수 있었다. 요셉이 꾼 꿈은 아버지와 형제들에게 전해져야 했다. 이것은 그들에게 나중에 그들이 가야 하는 길을 비추는 계시가 된다. 하나님의 섭리를 깨닫는 계시다. 그러니 여기에서 꼭 전해져야 한다.

**37:10 나와 네 어머니와 네 형들이 참으로 가서 땅에 엎드려 네게 절하겠느냐.** 야곱도 요셉의 꿈에 대해 책망하였다. 야곱은 죽은 라헬이 나오기 때문에 이 꿈을 더욱 신뢰할 수 없었을 것이라고 해석하기도 한다. 탈무드에서는 이 구절을 두고 '야곱은 라헬이 죽었는데 어머니(라헬) 이야기가 나오기 때문에 꿈은 전체가 맞는 것이 아니라 일부만 맞는 것이다'라고 해석한다. 유대인의 율법 해석서인 미드라쉬에서는 '달'에 대한 해석으로 빌하가 라헬을 대신하는 것이라고 말한다.

**37:11 아버지는 그 말을 간직해 두었더라.** 요셉의 형들은 끝까지 '시기'만 하였다. 그러나 야곱은 '그 말을 간직해 두었더라'고 말한다. 야곱이 비록 요셉을 책망하기는 했지만 요셉의 꿈에 대해 하나님의 계시로서의 가능성을 열어 둔 것이다.

**37:12 세겜.** 세겜은 헤브론에서 북쪽으로 80km 멀리 있는 지역이다. 이스라엘은 건기 때에 풀이 없기 때문에 풀을 찾아 멀리 특히 북쪽으로 가야 했다. 야곱은 아들들이 잘 있는지 걱정이 되어 요셉을 보냈다.

**37:13 너를 그들에게로 보내리라.** 이것이 그가 아주 오랫동안 요셉을 보지 못하게 되는 것인 줄 알았다면 그를 보내지 않았을 것이다. 야곱은 세겜에 가서 양을 치고 있는 아들들이 걱정이 되어 요셉을 보냈다. 세겜에 가 있는 아들들이 그의 아들이요 가족이기 때문이다. 야곱이 아들을 멀리 세겜에 보내고 요셉이 멀리 세겜까지 가는 것을 보면 야곱이나 요셉은 요셉의 형제들이 품고 있는 분노와 적의에 대해 전혀 예상하고 있지 않아 보인다. 물론 어느 정도 불만은 가지고 있는 것을 충분히 알고 있었을 것이다. 그러나 요셉에게 해코지를 할 정도로 적의를 가지고 있다고는 전혀 생각하지 않은 것 같다. 만약 그런 적의를 조금이라도 알아차렸으면 요셉을 결코 보내지 않았을 것이다.

**37:17 요셉이 그의 형들의 뒤를 따라 가서 도단에서 그들을 만나니라.** 요셉이 세겜에 도착하였을 때 그곳에 형들이 없었다. 가족의 마음이 아니었다면 그는 그냥 돌아가는 것이 자연스럽다. 그러나 그는 형을 찾아 20km떨어진 도단까지 갔다. 아들들이 어떻게 지내는지 걱정하는 아버지의 마음을 알기에 또한 요셉 자신도 형들이 잘 지내는지 궁금하기에 도단까지 찾아간 것이다.

**37:18 요셉을 멀리서 보고 죽이기를 꾀하여.** 요셉은 고급스러운 옷을 입었기 때문에 멀리서도 눈에 띄었을 것이다. 멀리서 동생 요셉의 모습이 보이면 반갑고 사랑스러워야 하는 것이 자연스럽다. 그런데 그들은 죽이기를 꾀하였다. 형들의 마음에 시기와 분노가 있었기 때문이다. 가족의 돌봄이라는 자연스러운 마음도 사람의 마음 안에 있는 뿌리 깊은 죄에는 미치지 못하는 것을 볼 수 있다. 사람의 죄가 기승을 부릴 때는 가족의 따스함이라는 것도 버리고 자

기 마음대로 행동하게 된다.

**37:19 꿈 꾸는 자.** 직역은 '꿈의 주인'으로 '꿈 전문가' 정도로 해석할 수 있다. 형제들은 요셉의 꿈에 마음이 많이 상한 것으로 보인다. 요셉의 꿈은 하나님께서 주신 계시였음에도 불구하고 그것에 마음이 상하였다. 때로 사람의 마음은 하나님의 말씀에도 상한다. 그렇게 사람의 마음은 믿을 것이 못된다. 내가 기분이 상하였다고 나쁜 것이 아니다. 자신의 마음을 돌아보고 하나님 앞에 복종하게 만들어야 한다.

**37:20 그를 죽여 한 구덩이에 던지고.** 어떻게 형제를 죽일 생각을 할 수 있을까? 그것이 사람의 마음 깊은 곳에 있는 죄악이다. 때로 죄악이 가족의 마음을 파괴한다. 가족을 파괴한다. 우리의 마음 속 깊은 죄악이 가족을 파괴하지 않도록 해야 한다. 가족이 파괴되면 결국은 자기 자신도 파괴된다.

**37:21 그의 생명은 해치지 말자.** 르우벤은 그들이 행하고자 하는 일이 악하다는 것을 알았다. 그래서 이번에는 '죽이지는 말자'고 말하며 구덩이에 넣은 후에 나중에 구하고자 하였다. 그러나 그는 조금 더 용기를 냈어야 했다. 가족의 마음을 파괴하고 인간성을 파괴한 명백한 잘못에 그것이 잘못인 것을 말했어야 한다. 가족의 마음조차도 인간의 악을 이길 수 없었다. 오늘날도 마찬가지다. 인간의 죄악이 가족의 마음을 깨트리고 결국 가족마저 깨트리는 것을 많이 본다. 가족의 마음은 세상을 지키고 가족을 지키는 최후 보루다. 우리의 죄악이 가족을 깨트리지 않도록 해야 한다. 가족을 깨트리는 마음이 들 때 그 마음을 떨칠 수 있어야 한다.

**37:25 그들이 앉아 음식을 먹다가.** 요셉은 웅덩이에 있는데 형제들은 한가하게 음식을 먹었다. 요셉은 웅덩이에서 계속 큰 소리로 호소하였을 것이다. 절규하였을 것이다. "그들이 서로 말하되 우리가 아우의 일로 말미암아 범죄하였

도다 그가 우리에게 애걸할 때에 그 마음의 괴로움을 보고도 듣지 아니하였으므로 이 괴로움이 우리에게 임하도다"(창 42:21) 이후에 이들은 애굽 총리 요셉 앞에서 서로 말한다. '그가 우리에게 애걸할 때에 그 마음의 괴로움을 보고도 듣지 아니하였으므로'라고 말한다. 요셉은 물 웅덩이에서 그렇게 형제들에게 호소하였다. 그런데 형들은 꿈쩍도 하지 않았었다.

**37:27 이스마엘 사람들에게 팔고 그에게 우리 손을 대지 말자.** 유다가 요셉을 죽이고 싶지 않아서 그런지 아니면 자신도 돈에 대한 욕심이 있어서 그런지는 잘 모른다. 그러나 그가 다른 형제들의 돈에 대한 욕심을 이용한 것은 분명하다. 동생 요셉의 애걸복걸하는 소리에 귀를 닫았던 사람들이 유다의 제안에 귀가 솔깃하여 바로 요셉을 상인들에게 노예 값을 받고 팔았다. 그것도 참 한심한 모습이다. 그러나 하나님께서 그들의 그러한 마음을 사용하셔서 요셉을 구하시고 하나님의 뜻을 이루어 가신다.

**37:35 내가 슬퍼하며 스올로 내려가 아들에게로 가리라.** 야곱은 죽고 싶었다. 죽어서 아들을 보고 싶었다. 야곱이 오랫동안 위로를 거절하고 슬퍼하였지만 만약 그가 진짜 더 이상 살아갈 이유를 느끼지 못하고 자살하였다면 어떻게 되었을까? 그는 이후에 요셉을 보게 되고 참으로 기뻐하게 될 것인데 그러한 모든 것을 잃을 것이다. 애통의 순간들이 그렇다. 그 때는 더 이상 즐거운 일이 없을 것 같다. 그러나 신앙인은 애통을 이겨야 한다. 우리에게는 늘 더 좋은 순간이 기다리고 있다. 선하신 하나님께서 그렇게 만들어 가신다. 그러니 더 이상 기쁜 일이 없을 것이라고 생각하지 마라.

**37:36 그를 애굽에서 바로의 신하 친위대장 보디발에게 팔았더라.** 야곱이 슬퍼하고 모든 위로를 거절한 채 아파하고 있을 때 요셉은 사실 애굽에 있었다. 비록 노예로 팔린 것이지만 그는 자신의 집안을 구하기 위해 애굽으로 온 것이

나 마찬가지였다. 단지 처음에는 요셉도 야곱도 그 이유를 모르고 있을 뿐이었다. 그렇다. 우리는 모른다. 우리가 어찌 이후의 일에 대해 알겠는가? 하나님의 선하신 계획을 알 수 있겠는가? 그러니 지금 나의 상황으로 모든 것을 판단하지 말라. 지금 상황이 아무리 어려워도 상황보다는 하나님을 더 신뢰하라. 선하신 하나님께서 이루어 가실 일을 믿고 바라보라.

# 38 장

창세기 38장은 37장과 39장 사이에 낀 이야기다. 요셉이 애굽에 종으로 팔려가서 그 이후의 이야기가 전개되는데 38장은 그 사이에 끼어 있는 '유다 이야기'다. 유다 이야기가 끼어 있는 것은 요셉이 애굽 생활을 하던 바로 그 시기에 야곱의 다른 아들들은 어떻게 살았는지를 대표적으로 보여주는 것이기도 하다. 38장의 유다 이야기는 요셉이 애굽에 종으로 갔을 때부터 야곱의 전체 가족이 애굽에 들어가는 때까지 약 22년간의 기간에 있었던 이야기다.
야곱의 아들들 중에 유다를 주인공으로 이야기하는 것은 르우벤과 시므온과 레위의 죄 때문이다. 또한 이 글을 기록하던 모세 때는 몰랐겠지만 글을 기록하게 하시는 하나님께서 다윗 시대부터 이어질 유다 자손 이야기가 중요하기 때문에 기록하게 하신 것일 것이다.

**38:1 그 후에.** 요셉을 애굽에 종으로 판 이후를 의미한다. 유다는 동생 요셉을 종으로 판 것에 대한 죄의식에 사로잡혀 있었을 수 있다. 그래서 아버지와 함께 할 수 없어 떠났을 가능성이 높다. '아둘람'은 아주 오랜 후에 유다 자손 다윗이 사울을 피해 도망하여 숨은 아둘람 굴 근처이다.

**38:6 다말.** 다말은 죄가 가득한 상황에서 유다의 집안을 이어주는 중요한 역

할을 한다. 죄가 가득한 상황에서 한 줄기의 빛이다.

**38:7 엘이 여호와가 보시기에 악하므로 여호와께서 그를 죽이신지라.** 하나님께서 악인을 죄 때문에 항상 바로 죽이시지는 않는다. 그런데 엘의 경우는 그의 악 때문에 죽었다. 모든 악은 반드시 책임이 따른다. 다말의 남편인 엘이 자신의 악 때문에 죽임을 당하였다는 사실은 죄의 심각성을 다시 깨닫게 한다. 사람들에게 악이 당장 병에 들게 하고 심각한 문제를 일으키는 것은 아니라 하여도 실제로는 어떤 병이나 문제보다 더 심각하게 영향을 끼친다. 엘의 죽음은 모든 악의 심각성을 대표적으로 드러내고 있다고 할 수 있다.

**38:9-10 오난.** 오난은 계대결혼을 통해 형수 다말에게 자신이 아들을 낳아주면 그 아들에게 장자권이 돌아가고 2배의 재산을 물려 받을 것이기에 자신에게 재산상 큰 손해가 된다고 생각하였다. 사실 형 엘이 살아있었으면 그것은 당연한 것이다. 그런데 자신이 아들을 낳게 해줌으로 그렇게 되면 손해라는 생각을 한 것 같다. 그래서 다말이 임신하지 못하도록 수를 썼다. 그 일이 하나님께서 보시기에 악하였다.

**38:11 셀라도 그 형들 같이 죽을까 염려함이라.** 당시 사회법으로는 유다는 셋째 아들을 다말에게 주어 첫째 아들의 씨를 이어가게 하여야 한다. 그러나 유다는 두 아들이 죽자 혼동을 느꼈다. 유다는 자신의 아들들이 죄 때문에 죽임을 당한 것을 몰랐다. 그래서 자신의 아들들이 아니라 다말에게 문제가 있어 아들들이 죽었을 가능성을 생각하였다. 어쩌면 자연스러운 생각이라 할 수 있다. **다말이 가서 그의 아버지 집에 있으니라.** 여인이 결혼할 때 지참금을 가지고 오는 이유는 이렇게 문제가 생겼을 때 그것으로 생활을 유지하기 위함이다. 그런데 유다는 다말을 친정 집에 보냈다. '내 아들 셀라가 장성하기를 기다리라' 는 거짓된 말과 함께 친정집에 보냈다. 이것은 유다의 잘못이다. 사회법을 어

긴 것이며 다말의 인생을 무너뜨리는 행위다. 유다는 그렇게 죄의 격동 속에 살고 있었다.

**38:14 셀라가 장성함을 보았어도 자기를 그의 아내로 주지 않음으로 말미암음이라.** 다말은 어려운 결정을 하였다. 시아버지 유다를 정체를 숨기고 유혹하기로 하였다. 다말의 결정 배경을 알아야 한다. 계대결혼 법에 의해 자신이 셀라의 아내가 되어야 한다. 주지 않고 있는 것은 유다가 잘못하고 있는 것이다.

**38:15 몇 년의 세월이 흘렀다.** 그 세월에 유다는 다말을 잊었다. 불쌍한 며느리 다말을 잊고, 자신의 약속을 잊고 자신의 삶을 살았다. 아내가 죽고 홀로 된 유다는 딤나에서 한 여인을 보고 창녀로 여겨 잠자리를 제안하였다. 그 시절 애굽에 종으로 팔려간 요셉은 종으로 있으면서도 여주인의 유혹을 위험을 무릅쓰고 거절하였다. 어려운 환경에서도 정결함을 지켰다. 그런데 유다는 지금 여건이 좋았다. 부유하게 잘 살고 있었다. 환경이 그를 유혹하는 것이 아니다. 그는 내면의 유혹 때문에 창녀와 잠자리를 같이하였다.

**38:16 그의 며느리인 줄을 알지 못하였음이라.** 유다는 순전히 탐색의 마음으로 다말과 잠을 자게 된다. 그는 자신의 정욕에 졌다. 그러한 일은 당시 그렇게 큰 일이 아니었을 것이다. 오늘날은 성매매가 사회법으로 죄가 된다. 그러나 당시에는 성매매가 사회법에 저촉되는 것이 아니었기에 그는 크게 개의치 않았을 것이다. 그러나 마음은 성매매에 대해 불편하였을 것이다. 사회법은 아니지만 인간 본연의 법을 어겼다.

**38:23 그로 그것을 가지게 두라.** 창녀가 가지고 간 도장과 끈과 지팡이를 더이상 찾지 말고 그냥 잃어버린 것으로 하자는 말이다. **우리가 부끄러움을 당할까 하노라.** 창녀를 찾다가 오히려 부끄러움만 당할 것 같다고 말한다. **내가 이 염소 새끼를 보냈으나 그대가 그를 찾지 못하였느니라.** 앞에 '보라'를 생략하고 번

역하였다. 그는 강조하여 '보라'고 말하며 자신은 하룻밤의 대가로 분명히 염소 새끼를 보냈는데 여인을 찾지 못하여 주지 못한 것이라는 것을 확인시켰다. 유다는 수수께끼 같은 그 날 밤의 사건이 그렇게 끝나기를 바랬다. 자신은 대가를 지불하기 위해 최선을 다하였으니 이제는 잊고 싶었다. 그런데 그 사건은 결코 잊혀질 수 없었다. 이후에 아주 크게 드러난다. 동네방네 소문이 다 날 정도로 드러나게 된다. 그리고 무엇보다 알아야 하는 것이 있다. 사람의 죄는 완전히 다 드러난다는 사실이다. 사람의 죄가 세상에서는 때로 잊힐 수 있다. 그러나 하나님 앞에서는 결코 잊히지 않는다. 사람 앞에 잊힌 죄는 하나님 앞에서 더욱더 깊이 기억되고 심판 받는다.

**38:24 석 달쯤 후에.** 그가 뿌려 놓은 죄가 싹이 텄다. **다말이 행음하였고 그 행음함으로 말미암아 임신하였느니라.** 이 말에 유다는 분노를 느끼고 '그를 끌어내어 불사르라'고 말한다. 다말의 죄는 무엇일까? 유다가 지목하는 대로 행음이었을까? 다말은 유다가 잘못하고 있음을 알고 있었지만 그를 대놓고 비난할 수는 없었다. 계대결혼법으로 셀라 다음은 누구일까? 당시 앗시리아 지역에 살던 힛타이트족 법에는 이런 법규가 있다. "한 사람이 아내가 있는데 그 남자가 죽으면 그의 형제가 그의 과부를 아내로 받아들일 것이요. 만약 형제가 죽으면 그의 아버지가 그녀를 받아들일 것이라." 당시의 사회법에서 계대결혼은 형제가 없으면 시아버지가 계대결혼의 법을 이어갈 책임이 있었다. 그러니 다말이 유다에게 계대결혼을 요구하는 것은 정당한 일이었다. 그런데 막연한 두려움으로 셀라를 주지 않은 유다가 자신이 계대결혼을 할리가 없다. 그래서 다말은 유다가 자신을 원하게 하여 계대결혼을 완성하였던 것이다. 당시 시대의 사회법은 계대결혼의 방식에 있어 시아버지와의 계대결혼까지 인정하였지만 이후에 기록된 성경은 시아버지와 며느리의 잠자리는 어떤 경우에도 불법으로 말씀한다. 그러나 그것은 이후에 기록된 법이다. 다말 때에 다말은 당시의 사회법에 따라 계대결혼을 하는 것이 그에게는 정당한 일이었다. 그의 남

편의 명예를 지키는 일이다.

다말의 꾀가 오늘날 우리들이 보기에는 매우 황당한 꾀다. 오늘날 사회법이나 성경의 법에 어긋난다. 그러나 당시 다말에게는 정당한 것이었고 어쩔 수 없는 것이기도 하였다. 그것을 아시는 하나님께서 다말을 긍휼히 여기셔서 그에게 자녀를 주시고 후에 다윗 왕의 계보에 들어간다. 이 세상은 필연적으로 일그러진 부분이 많다. 오늘날 당연히 여기는 것도 실제로는 죄가 되는 것들이 있다. 어그러진 세상에서 우리는 갈 길이 막막하다. 그러나 하나님께서 그러한 우리의 사정을 아신다. 일그러진 세상이라도 그 속에서 최선을 다하여 믿음의 길을 가고자 할 때 하나님께서 그를 긍휼히 여기실 것이다. 놀라운 일의 주인공이 될 수도 있다. 그러기에 세상이 아무리 어그러졌어도 포기하지 말아야 한다. **그를 끌어내어 불사르라.** 보통은 돌로 쳐 죽인다. 불사르는 것은 더욱더 처절한 사형방식이다. 유다의 분노가 매우 크다는 것을 볼 수 있다.

**38:26 그는 나보다 옳도다.** 다말은 계대결혼의 법을 잘 지켰고 유다는 지키지 않았다. 다말은 계대결혼의 법을 지키기 위해 최선을 다하였다. 나중에는 창녀취급을 받는 수치와 죽음의 위협을 무릅쓰고 계대결혼을 지키기 위해 힘을 다하였다. 반면 유다는 막연한 두려움으로 자신의 아들 셀라를 다말에게 주지 않았다. 그래서 다말은 계대결혼의 다음 순서인 유다의 아내가 되고자 하였고 유다로 인해 임신을 한 것이다. 유다가 '그는 나보다 옳도다'라고 말하는 것은 참 어려운 일이었다. 이미 다말을 불사르기 위해 사람들이 몰려들었다. 그것을 취소하는 것은 유다가 잘못하여 사람을 죽일 뻔하였다는 것이 된다. 다말이 가지고 있던 증표를 무시하고 그냥 조금만 침묵하면 다말은 이미 죽은 사람이 될 것이다. 죽은 자는 말이 없다. 그러나 유다는 용기를 내어 다말이 맞고 자신이 틀렸다고 말하였다. 매우 부끄러운 일이다. 수치스러운 일이다. 그러나 그가 만약 자신의 죄를 인정하지 않았다면 억울한 사람을 죽이는 것이며 또한 그 이후 그의 모든 삶은 깊은 나락으로 떨어졌을 것이다. **다시는 그를 가**

**까이하지 아니하였더라.** 이것은 다말과 잠자리를 다시 하지 않았다는 것을 의미한다. 계대결혼으로 이제 그의 부인이 되었는데 말이다. 이전에 그는 여인이 그리워 창녀를 찾았던 사람이다. 그러나 이제 그는 육정을 따르는 사람이 아니었다. 변한 것이다. 유다에게 이 사건과 자신의 죄 고백은 그의 삶에 가장 중요한 변화의 순간이었던 것으로 보인다. 망치로 크게 얻어맞았다고 할까? 유다는 이전에 동생 요셉을 애굽에 돈을 받고 팔았던 사람이다. 그러나 이후에 그가 애굽에 갔을 때 이렇게 말한다. "이제 주의 종으로 그 아이를 대신하여 머물러 있어 내 주의 종이 되게 하시고 그 아이는 그의 형제들과 함께 올려 보내소서" (창 44:33) '베냐민을 위하여 자신이 대신 애굽에서 종살이를 하겠다'고 말한다. 그는 완전히 바뀌어 있었다. 무엇이 그를 바꾸었을까? 오늘 본문의 사건일 것이다. 오늘 본문과 애굽에 양식을 가지로 간 사건 사이는 시간적으로 매우 가깝다. 그 사이에 오늘 사건이 있다. 유다는 부끄러운 면이 많았던 사람이다. 세상 눈치를 보며 비겁하고, 정욕적이며, 법을 빠져나갈 방법만 생각하였었다. 그러나 다말과의 사건 이후 변화의 큰 전환점을 돌았다. 하나님 앞에서 사는 용기의 사람이 되었다. 이 변화로 인하여 그의 삶과 후손은 영광의 길을 걷게 된다.

**38:28 쌍둥이를 낳았다.** 진통 끝에 한 아기가 나오려고 하였다. 손이 먼저 나왔다. 장자와 차남은 매우 큰 차이다. 그래서 혼동되지 않도록 하기 위해 산파가 실을 아기의 손에 맺다.

**38:29 베레스.** 놀라운 일이 일어났다. 아까 나오려던 아기는 다시 들어가고 다른 아이가 먼저 나왔다. '어찌하여 터트리고 나오느냐'의 뜻이다. 베레스는 태중에서 세라와 장남 경쟁을 하면서 이긴 것이다. 베레스는 이후 중요한 연결고리가 된다. 다윗의 조상이 된다. 예수님의 족보에도 들어간다. 사람들이 아기 때를 기억하지 못하지만 아기도 고유한 자아의식이 있는 것 같다. 나는

베레스의 이야기에서 인생에 대한 열심을 보아야 한다고 생각한다.

사실 사람들은 욕심을 가지고 있다. 그런데 그것을 이루지 못해 살다 보면 욕심이 많이 쇠퇴해진다. 그런데 문제는 헛되고 추한 욕심을 부리다가 끝난다는 것이다. 탐욕, 탐식, 탐색 등 욕심으로 찌들어 있다. 사람이 가져야 하는 욕심이 아니라 헛되고 거짓된 욕심이다. 자신의 길이 아니니 그 욕심을 채우지 못하고 꽃을 피우지 못하고 사그라진다. 거룩한 욕심을 가져야 한다. 최고의 욕심을 가져야 한다. 어떤 사람들은 자신들의 꿈은 참으로 소박한데 그것마저 안 된다고 하소연한다. 자신들이 평생 살 만한 작은 아파트만 있으면 되고, 평생 먹고 살 정도만 되고, 자식들만 문제없이 잘 살면 된다고 말한다. 여기에서 문제는 꿈이 너무 작다는 것이다. 욕심이 많아서 문제가 아니라 욕심이 없어서 문제다. 어찌 인생을 그렇게 탈 없이 늙어가고 탈 없이 죽는 것에만 관심을 가지는가? 그것은 우리를 향한 하나님의 뜻이 아니다.

꿈을 크게 가져야 한다. 그것이 우리를 향한 하나님의 뜻이다. 작은 아파트가 아니라 대궐보다 더 좋은 집이어야 한다. 자식들이 싸우지 않고 문제없이 사는 것이 아니라 인생의 목적을 알고 영원히 사는 존재가 되기를 꿈꾸어야 한다. 죽을 때까지 건강한 것이 아니라 영원히 살 꿈을 가져야 한다. 진짜 큰 꿈은 무엇일까? 하나님 앞에 섰을 때 '참 잘했다' 칭찬을 듣는 것이다. 내가 하나님 나라 백성이 되며, 내가 살아가는 시대만이 아니라 전 시대와 이후 시대 모든 사람과 경쟁하여 내가 가장 많이 하나님의 형상을 닮아 간 사람이 되고자 하는 꿈을 꾸어야 한다.

# 39 장

다시 요셉의 이야기로 돌아가 말한다. 애굽에 팔려간 요셉의 종살이에 대한 이야기다.

**39:1 요셉이 이끌려 애굽에 내려가매.** 요셉은 하루 아침에 야곱의 장손이요 부잣집 귀공자에서 애굽 사람의 종이 되었다. 제일 밑바닥 인생이 된 것이다. 모든 것이 낯설고 어려운 상황이다. 포기하고 싶은 상황이다. 그러나 요셉은 그곳에서 포기하지 않았다. 포기하지 않는 정도가 아니라 매우 성실히 일하였다.

**39:3 그의 주인이 여호와께서 그와 함께 하심을 보며.** 요셉에게 맡겨진 일은 대단한 일이 아니라 집안의 자질구레한 일이었을 것이다. 그러나 그는 그 일에 최선을 다하였다. 그가 최선을 다하여 일할 때 위대한 일이 된다. 그 일에 하나님께서 함께 하셨기 때문이다. 전능하신 하나님께서 애굽의 한 집안의 아주 작은 일에 함께하셨다. 하나님께서 함께 하시는 일인데 어찌 그 일을 작은 일이라 할 수 있을까? 위대한 일이다. 오늘날도 마찬가지다. 우리가 하는 일을 위대하게 하는 것은 그 일이 위대하기 때문이 아니라 '하나님께서 함께 하심' 때문이다. 지금 내가 하는 일이 아무리 작은 일이라도 하나님께서 함께하시면 위대한 일이 된다. 작은 일이라고 불평할 것이 아니라 하나님과 함께함으로 위대한 일을 하고 있는 사람이 되라.

**39:4 요셉을 가정 총무로 삼고.** 보디발은 요셉을 더욱 믿게 되었고 집안의 모든 일을 그에게 맡기게 되었다. 내가 사람 앞에서 일하면 사람의 일이 되고 하나님 앞에서 일하면 하나님의 일이 된다. 신앙인은 늘 하나님 앞에서 일하는 사람이 되어야 한다. 그에게 맡겨진 것이 무엇인지는 그리 중요하지 않다.

그가 일을 사람 앞에서 하는지 하나님 앞에서 하는지가 중요하다. 요셉은 보디발 때문이 아니라 하나님 때문에 성실히 일하였다. 보디발 앞이 아니라 하나님 앞에서 일하였기 때문에 무엇을 하든 어느곳에서 일하든 성실히 일하였고 그것이 보디발이 요셉을 믿고 맡기게 된 계기가 된 것이다. 오늘날 우리들이 무슨 일을 하든 하나님 앞에서의 일이 되어야 한다. 그러면 위대하고 아름다운 일이 된다.

**39:6 음식 외에는 간섭하지 아니하였더라.** 이것이 무엇을 의미하는지 분명하지 않다. 단순한 음식이라면 요셉에게 맡기지 않을 이유가 없다. 아마 '음식'은 보디발의 아내에 대한 완곡어법 표현일 수 있다. 아니면 종교적인 이유 때문에 음식을 외국인인 요셉에게 맡기지 않았을 수도 있다. 종교적인 이유보다 아마 아내에 대한 완곡어법 일 가능성이 더 높다.

**39:7 동침하기를 청하니.** 보디발의 아내가 요셉을 유혹하였다. 강요하였다. 요셉의 입장에서는 여인의 유혹에 넘어가기 쉽다. 보디발의 아내의 권위에 눌릴 수도 있다. 그러나 요셉은 이 유혹을 단호하게 이겨냈다.

**39:9 내가 어찌 이 큰 악을 행하여 하나님께 죄를 지으리이까.** 요셉은 보디발의 아내의 말을 들으면 그의 주인 보디발에게 큰 악을 행하는 것이며 또한 무엇보다 하나님께 큰 죄를 짓는 것이라 말하며 거절하였다.

**39:12 그의 옷을 잡고 이르되 나와 동침하자.** 매우 위험한 순간이었다. **요셉이 자기의 옷을 그 여인의 손에 버려두고 밖으로 나가매.** 요셉은 붙들린 옷을 버려두고 그 자리를 벗어났다. 요셉은 죄의 유혹을 뿌리쳤다. 그러나 상처 난 여인의 마음은 그를 가만 두지 않았다.

**39:16 그의 옷을 곁에 두고.** 여인은 상처 난 자존심을 만회하기 위해 대반전을

꾀하였다. 요셉이 성폭행하려고 하였다고 말하였다. 그가 요셉을 사랑하였으나 이제는 요셉을 파괴하려 한다. 요셉의 옷을 증거삼아 자신이 성폭행을 당할 뻔하였다고 주장하였다. '요셉의 옷'은 요셉이 동침을 피한 증거인데 오히려 반대로 그것을 성폭행의 증거로 삼았다.

**39:20 주인이 그를 잡아 옥에 가두니.** 결국 감옥에 가게 되었다. 요셉은 죄악을 행하지 않기 위해 피하였을 뿐이다. 그러나 그것에 대한 대가는 컸다. 의의 대가가 때로는 이렇게 고난일 때가 있다. 대가가 고난이지만 그것이 '의'이기 때문에 행해야 한다. 대가가 고난이라고 의를 포기해서는 안 된다. 보디발은 요셉이 자신의 아내를 성폭행하려고 하였다는 말을 듣고 요셉을 감옥에 보냈다. 조금 이상한 반응이다. 이 당시 감옥은 기결수에 대한 것이 아니라 미결수를 위한 장소다. 죄에 대해 어떻게 처결할지 정해지지 않았을 때 보내는 곳이다. 요셉의 경우는 여주인을 성폭행하려고 하였으니 바로 처형대에 오르는 것이 정상이다. 그러나 이상하게 보디발은 요셉을 처형하지 않고 감옥에 보냈다. 아마 보디발은 자신의 아내를 의심하는 마음을 가지고 있었던 것 같다. 평소 요셉의 행위를 알기 때문에 판단을 일시적으로 보류하였을 수도 있다. 그 이유가 무엇이든 요셉이 즉결 처형당하지 않고 감옥에 갔다는 것은 대단한 은혜다.

**39:21 여호와께서 요셉과 함께 하시고.** 감옥 안에서도 하나님이 그와 함께 하셨다. 전능하신 하나님이 감옥안에서도 그와 함께 하셨다. 그가 하나님이 정하신 의를 지켰기 때문이다. 하나님은 궁궐에 있는 사람과 함께 하고 감옥에 있는 사람과는 함께하시지 않는 것이 아니다. 하나님은 불의를 행하는 사람과 함께 하지 않으시고 의를 행하는 사람과 함께 하신다.

**39:22 간수장이 옥중 죄수를 다 요셉의 손에 맡기므로.** 간수장은 요셉을 믿었고 그에게 감옥의 여러 일을 맡겼다. 요셉은 이전에 아버지의 집에 있을 때도 아

버지의 사랑과 신임을 받아 장남으로 여김을 받았고 관리를 맡았었다. 보디발의 집에서도 인정을 받아 가정 총무가 되었다. 감옥에서도 인정을 받아 제반 사항을 맡아 관리하였다. 비록 그 자리는 갈수록 더 낮아졌지만 그는 자리의 낮아짐에 개의치 않고 최선을 다함으로 있는 자리에서 인정받았다. 분명 외적으로는 낮아지는 자리였다. 그러나 실상은 가장 높은 자리로 올라가는 지름길이었다. 그가 이후에 애굽의 총리가 된다. 만약 아버지의 집에 계속 있어 애굽의 종으로 팔려가지 않았다면 아무리 많은 노력을 하여 올라가도 결코 올라갈 수 없는 자리이다. 그가 계속 낮은 자리로 내려갔지만 여전히 의를 따라 살아갔기 때문에 의의 주인이신 하나님께서 그를 그 자리에 오르게 하셨다.

# 40 장

**40:1 술 맡은 자와 떡 굽는 자가...애굽 왕에게 범죄한지라.** 요셉이 감옥에 있는 동안 감옥 밖 애굽 궁정에서 사건이 있었다. 그들은 요셉과 전혀 상관없는 사람들이었다. 그러나 세상을 통치하시는 하나님께서 그들을 감옥에 보내셔서 요셉과 상관 있는 사람이 되게 하셨다. 요셉의 감옥 생활이 길어졌다. 이 당시 감옥은 형벌을 위해 있는 것이 아니라 형벌을 정하기 전 임시로 있는 곳이다. 그런데 이상하게 요셉은 감옥 생활이 길어졌다. 아내 때문에 이러지도 저러지도 못하는 보디발이 그냥 미루고 있었던 것으로 보인다. 보디발과 그의 아내 사이에서 애꿎게 요셉만 감옥생활이 길어졌다. 감옥생활은 그의 황금 같은 젊은 시절을 낭비하게 하고 있는 것처럼 보인다. 그러나 길어진 감옥생활은 그 기간 왕의 두 장관이 감옥에 오기 위해 준비된 시간이었다.

**40:3 왕의 중요한 신하가 감옥에 갇혔다.** 요셉이 있는 감옥에 들어왔다. 이

만남과 그들의 꿈에 대한 해석은 요셉의 인생에서 중요한 3번의 꿈과 해석에서 2번째의 꿈 이야기다. 요셉이 감옥에 오지 않고 보디발의 집 총무로 계속 있었다면 그는 결코 그 이상으로 올라갈 수 없었을 것이다. 그런데 감옥에 있게 되어 애굽의 총리로 올라갈 수 있는 도약의 단계로 2명의 중요한 사람을 만나게 하셨다.

**40:4 친위대장이 요셉에게 그들을 수종들게 하매.** 보디발은 왕의 중요한 신하를 '요셉이 수종들게' 하였다. 요셉은 보디발의 행위가 매우 못 마땅할 수 있다. 자신을 감옥에 넣어 놓고 이제 왕의 신하들을 수종들라니. 그러나 요셉은 못 마땅하게 생각하기 보다는 그들을 열심히 섬겼다. 비록 감옥에 있는 것도 억울하고 왕의 신하들을 수종드는 것도 마음 내키는 일은 아닐 수 있어도 그는 하나님의 섭리를 신뢰하였기에 그 앞에 있는 이들을 사랑하였다. 섬겼다. 살다 보면 우리도 마음에 안 드는 곳에 있을 수 있다. 억울한 곳에 있을 수도 있다. 그러나 우리는 그곳을 사랑해야 한다. 우리가 할 수 있는 일은 사랑하는 것이다. 미워하는 것은 우리의 선택사항이 아니다. 그러기에 우리가 어떤 이유로 그곳에 있든 그곳 사람들을 사랑해야 한다. 섬겨야 한다.

**40:6 그들에게 근심의 빛이 있는지라.** 어느 날 요셉은 그들의 얼굴빛이 다르다는 것을 알았다. 요셉이 그들을 성심껏 섬겼기 때문에 얼굴빛이 다르다는 것을 바로 발견할 수 있었을 것이다. 만약 그가 발견하지 못하였다면 그냥 넘어갔을 것이다. 그가 세상을 사랑하였기에 다음 단계로 갈 수 있는 중요한 단계가 시작된다.

**40:7 어찌하여 오늘 당신들의 얼굴에 근심의 빛이 있나이까.** 요셉은 친절한 사람이었다. 세상을 사랑하기에 할 수 있는 자세이며 질문이다.

**40:8 우리가 꿈을 꾸었으나 이를 해석할 자가 없도다.** 그들은 평소 중요한 꿈을

꾸면 제사장들이나 지혜자를 찾아 꿈 해석을 들었을 것이다. 그런데 지금은 감옥에 있으니 그 꿈을 해석해줄 사람이 없어 답답하였던 것이다. **해석은 하나님께 있지 아니하니이까 청하건대 내게 이르소서.** 요셉은 하나님의 뜻을 찾는 사람이었고 꿈을 통해 하나님께서 말씀하실 때 그것을 해석할 줄 아는 마음을 가지고 있었던 것으로 보인다. 기록된 말씀이 없던 이 시대 꿈은 하나님의 뜻을 듣는 매우 중요한 수단이었다. 요셉은 평소에 하나님의 뜻과 마음에 관심을 많이 가지고 있기 때문에 꿈을 통한 하나님의 인도하심에 분별력이 있었던 것 같다.

**40:13 바로가 당신의 머리를 들고 당신의 전직을 회복시키리니.** 바로는 생일이나 왕 즉위식에 죄인들을 복직시키는 경우가 있었는데 그러한 전통에 따라 술 맡은 관원장은 복직될 것임을 말해주었다.

**40:14 당신이 잘 되시거든 나를 생각하고.** 요셉은 술 맡은 관원장이 감옥에서 나가게 되면 자신이 억울하게 감옥에 오게 된 것을 기억해 줄 것을 요청하였다. **내 사정을 바로에게 아뢰어 이 집에서 나를 건져 주소서.** 보디발이 요셉을 감옥에 넣었기 때문에 요셉을 풀어줄 권력은 오직 바로에게 있음을 알고 바로에게 요청을 해 달라고 말하였다. 아마 술 맡은 관원장은 그렇게 하겠다고 약속하였을 것이다.

**40:19 바로가 당신의 머리를 들고 당신을 나무에 달리니.** 떡 굽는 관원장이 자신의 꿈 해석을 요청하였을 때의 답이다. 요셉은 정확한 꿈 해석을 통해 그들이 가야 할 길을 가르쳐주었다. 요셉은 바른 지식으로 바른 길을 제시하였다. 사람들을 섬겼다.

**40:21 술 맡은 관원장은 전직을 회복하매.** 술 맡은 관원장은 이전처럼 왕 가까이에서 왕을 보필하게 되었다. 참으로 기쁜 일이 일어났다. 감옥에 있는 요셉

도 그 소식을 들었을 것이다. 그리고 내심 기대를 하였을 것이다.

**40:23 술 맡은 관원장이 요셉을 기억하지 못하고.** 술 맡은 관원장은 요셉과의 약속을 지키지 않았다. '기억하지'(자카르)'라는 단어는 14절에서 두 번이나 언급한 단어다. 이 본문의 핵심 단어다. 기억하다, 언급하다 등의 뜻을 가지고 있다. 14절에서 요셉은 왕에게 자신의 사정을 언급해 달라고 부탁하였다. 술 맡은 관원장은 처음에는 왕에게 말하려고 했을지도 모른다. 그러나 요셉처럼 이름도 없는 종의 사정을 왕에게 말한다는 것이 사실 말이 안 되는 일이다. 이전에는 약속을 하였지만 약속을 지키는 것은 어려운 일이다. 그것은 왕에게 너무 작은 일이기 때문이다. 자신에게도 너무 작은 일이다. 그래서 시간이 가면서 그냥 잊어버렸다.

한편 요셉은 술 맡은 관원장이 약속을 지키기를 기다렸을 것이다. 자신의 억울한 사정을 긍휼히 여기는 마음을 가지고 자신의 사정을 바로에게 말해주기를 기다렸을 것이다. 하루, 이틀 처음에는 기대를 가지고 기다렸을 것이다. 그러나 결국 좋은 소식은 오지 않았다. 요셉의 마음이 어떠했을까? 매우 낙심하였을 것이다. 그리고 2년이 흘러간다. 요셉의 2년을 생각해 보라. 어떤 마음이었을까? 어찌 보면 지옥 같이 보낼 수 있다. 그에게는 어떤 희망도 없는 상태이기 때문이다. 그러나 그는 지옥 같은 2년이 아니라 여전히 활기찬 2년을 보낸 것 같다. 그의 감옥에서의 생활은 어쩌면 수많은 사람을 만나게 되고 애굽에 대한 많은 지식을 갖게 된 수업 시간이 되었던 것 같다. 그러기에 이후에 감옥에서 나가서 애굽의 총리로 통치할 수 있는 지혜를 가질 수 있었을 것이다. 결국 2년 후 좋은 소식을 듣게 된다. 그는 어떻게 2년을 활기차게 보낼 수 있었을까? 비록 술 맡은 관원장이 그의 은혜를 잊었지만 요셉의 입장에서는 술 맡은 관원장을 섬겼고 사랑하였기 때문에 그가 할 일은 그것으로 충분하다고 생각하였기 때문이다. 우리가 해야 하는 일은 '사랑하는 것'이다.

# 41장

바로가 꿈을 꾸어 꿈 해석을 위해 요셉이 바로에게 나가는 이야기다.

**41:1 만 이 년 후에 바로가 꿈을 꾼즉.** 바로가 꿈을 꾼 것은 요셉의 꿈 이야기 3번째의 것으로서 매우 중요한 역할을 한다. 그런데 왜 2년이라는 시간이 흐른 후 바로가 꿈을 꾸게 된 것일까? 그 동안 요셉은 감옥에서 고생을 하고 있는데 말이다. 바로가 2년 후 꿈을 꾸어야 하는 이유는 요셉에게 2년이 필요하였기 때문이다. '만 이년 후'라고 말한다. 그에게 2년이 꼬박 필요하였던 것이다. 마치 그 날이 다 끝나기를 하나님께서 기다리신 것 같이 보인다. 요셉이 기다린 것이 아니라 하나님께서 기다리신 것이다. 겉으로 볼 때 요셉의 2년은 허송세월처럼 보인다. 너무 힘든 고통의 시간처럼 보인다. 그러나 2년은 요셉이 30세가 되는데 필요한 시기였다. 이후에 이스라엘의 제사장이 30세부터 일하는 것처럼 30대는 중요한 일을 하는데 적당한 나이다. 만약 요셉의 나이가 20대라면 바로가 그를 총리로 세우는 것을 망설였을 수 있다. 요셉의 감옥에서 2년은 아마 그가 총리로 준비되는 기간으로도 필요하였을 것이다. 그는 더 많이 지혜로워야 한다. 감옥에서 다양한 사람들을 만나 다양한 지식을 쌓는 기간이 되었을 것이다. 총리로 일할 수 있는 지식을 배우는 인생학교가 되었던 것이다. 그의 감옥 2년은 그렇게 낭비되는 인생이 아니라 세워지는 기간이었던 것이다. 만약 그 2년을 요셉이 부정적 자세로 맞이하였다면 배움의 시간이 아니라 괴로움의 시간이었을 것이다. 그러나 사랑하는 자세로 맞이하였기에 2년은 자신도 모르게 준비하는 시간이 되었던 것이다.

**41:5 다시 잠이 들어 꿈을 꾸니.** 바로는 2가지 꿈을 연속으로 꾸었다. 암소 꿈과 벼 이삭 꿈이다. 비슷한 2가지 꿈을 그 날 저녁에 연속으로 꿨기 때문에 바로는 이 꿈이 보통 꿈이 아니라고 생각하였다.

**41:8 해석하는 자가 없었더라.** 바로는 신하들에게 꿈을 해석하도록 시켰다. 그런데 이상하게 해석할 수 있는 사람이 없었다. 보통은 억지로라도 해석하는 사람이 있기 마련인데 이번에는 없었다. 사안이 중요한 것처럼 보였기 때문일 수 있고 그들의 해석을 하나님께서 막으신 것 같기도 하다.

**41:9 내가 오늘 내 죄를 기억하나이다.** 술 맡은 관원장은 꿈 해석이 중요하지만 아무도 꿈 해석을 하지 못하는 과정에서 자신에게 기막힌 꿈 해석을 해주었던 요셉을 생각했다. 만약 그가 요셉의 요청대로 2년 전에 요셉의 억울함을 바로에게 말하였다면 이상한 사람 취급받을 수 있다. 그런데 지금 요셉의 이야기를 하는 것은 그가 드러나는 기회이기도 합니다. 만약 요셉이 꿈 해석을 잘하면 그 일에 자신이 도움을 준 것이니 자신도 드러날 수 있는 기회이기 때문이다.

**41:14 요셉이 곧 수염을 깎고 그의 옷을 갈아 입고 바로에게 들어가니.** 이러한 변화는 이후 요셉의 변화를 예고한다.

**41:16 하나님께서 바로에게 편안한 대답을 하시리이다.** 요셉은 꿈을 꾸게 하고 해석하시는 분은 오직 하나님이심을 믿었다. 하나님께서 꿈이라는 매개체로 하나님의 통치를 알리셨고 하나님의 사람 요셉은 그것을 해석하여 하나님의 통치를 드러나게 할 것이다.

**41:17 내가 꿈에.** 바로는 자신의 꿈을 잘 기억하고 있었다. 보통은 꿈 내용을 잘 기억하지 못한다. 바로의 경우는 아주 특이하였기에 잘 기억한 것 같다. 17절-24절은 앞의 내용과 거의 같다. 그럼에도 불구하고 성경은 이것을 그대로 반복하여 기록하고 있다. 이것은 꿈의 중요성을 의미한다. 이 꿈은 요셉과 애굽과 야곱의 집안과 이스라엘의 미래를 열어가는 아주 중요한 전환점이 된

다.

**41:25 바로의 꿈은 하나라.** 꿈에 대한 정확한 해석이다. 두번째 '하나님이 그 가 하실 일을 바로에게 보이심이니이다'라고 말하였다. 꿈은 하나님께서 주신 것이며, 하나님이 하실 일을 보여주신 것이라 해석하였다. **하나님이 그가 하실 일을 바로에게 보이심이니이다.** 이 구절이 반복하여 나타난다. 즉 강조하여 말 하는 것이다.

**41:32 꿈을 두 번 겹쳐 꾸신 것은 하나님이 이 일을 정하셨음이라.** 한 가지를 의 미하는데 두 가지 종류로 꿈을 꾼 것은 하나님께서 하실 일이 이미 정해졌고 '하나님이 속히 행하실 것'이라고 말하였다. 애굽은 바로를 신으로 여기는 경 향이 있다. 그런데 요셉은 만물의 통치자 되시는 하나님이 다스리며 그 하시 는 일을 바로에게 보이신 것이라고 말하였다. 요셉의 꿈 해석을 받아들일지 말아야 할지는 바로가 정해야 한다. 그런데 요셉의 꿈 해석은 듣는 사람들이 반문을 못하도록 매우 명료하게 이해되었다. 요셉이 이런 확신을 가지고 꿈 해석을 한 것은 어쩌면 하나님께서 그에게 미리 말씀하신 것이 있기 때문일 가능성이 높다. 그래서 이렇게 단언하며 하나님의 이름으로 해석을 할 수 있 었던 것 같다.

**41:33 명철하고 지혜 있는 사람을 택하여.** 하나님께서 하실 일을 보여주셨다. 7년 간의 풍년과 흉년이라는 계획이다. 그렇다면 이제 그것을 잘 대비하는 명철과 지혜가 필요하다. 그에 맞는 사람을 선택하여 대비해야 두 번째의 7년 흉년을 잘 넘어갈 수 있다고 말하였다.

**41:34 일곱 해 풍년에 애굽 땅의 오 분의 일을 거두되.** 아주 구체적으로 계획까지 말 하였다. 풍년의 때에 매년 1/5을 저장해 둘 것을 권하였다. 이 수치가 어떻게 나왔는지는 모르지만 저장 능력과 흉년의 때에 먹을 양까지 요셉이 어느 정도

계산하여 나온 수치라는 것을 추측할 수 있다.

**41:35 바로의 손에 돌려 양식을 위하여 각 성읍에 쌓아 주게 하소서.** 바로가 감독관에게 권리를 주어 양식을 모으고 저장하도록 하라고 권면하였다.

**41:36 흉년에 대비하시면 땅이 이 흉년으로 말미암아 망하지 아니하리이다.** 본래 7년의 풍년이 있어도 대비하지 않으면 이후의 7년의 흉년에 나라가 망할 것이다. 그런데 풍년의 때에 흉년 7년을 미리 준비하면 나라가 망하지 않고 보존될 것이다. 이것은 나라의 흥망성쇠가 달린 매우 중요한 일이라는 것을 말하고 있다.

**41:37 그의 모든 신하가 이 일을 좋게 여긴지라.** 종이 총리로 올라서는 것은 매우 드문 일이기는 하지만 때때로 일어나는 일이다. 그런데 이렇게 중간 단계 없이 바로 총리가 되는 경우는 매우 드문 일이다. 요셉은 이미 애굽의 신하들과의 관계가 있었기 때문에 더욱더 어려운 상황이었다. 바로의 신하 중에는 분명히 보디발도 있다. 보디발은 요셉의 보복이 두려울 수도 있다. 자신이 감옥에 넣은 사람이다. 그런데 그도 요셉을 총리로 세우는 것을 좋게 여긴 것 같다. 그도 요셉을 신뢰하였다는 뜻일 것이다. 요셉이 그동안 보디발을 원수 보듯이 하지 않았기 때문일 것이다. 자신을 억울하게 감옥에 넣은 사람이라고 철천지원수라고 생각한 것이 아니라 보디발의 연약함을 있는 그대로 받아들였던 것이다. 보디발을 원수처럼 대하지 않았기 때문에 보디발은 요셉이 왕의 총애를 받는 것을 두려워하지 않아도 되었던 것이다.

**41:38 하나님의 영에 감동된 사람을 우리가 어찌 찾을 수 있으리요.** 하나님께서 주신 꿈을 정확히 해석하여 애굽을 구하게 되었으니 바로가 생각하기에 요셉은 '하나님의 영에 감동된 면에 있어 가장 유능한 사람'이었다. 그래서 그를 최고 직위의 자리까지 올려주었다.

**41:41 총리.** 요셉은 애굽에서 종으로 살고 있었다. 나중에는 감옥에서 죄수로 있었다. 그런데 갑자기 총리가 되었다. 아주 크게 성공한 것이다. 이전에 누가 그것을 상상이나 했겠는가? 참으로 놀라운 반전이다. '총리'라는 직함에 대해 생각해 보자. 히브리어 성경에는 '총리'라는 단어는 없다. 직역하면 '내가 너를 애굽의 온 땅 위에 세운다'이다. 이것을 당시의 '총리'로 보아야 할지 아니면 '곡물 담당 장관'으로 보아야 할지에 대해서는 정확하지 않다. 바로가 그에게 대해주는 내용은 총리가 더 어울릴 것 같기도 하지만 곡물을 담당하는 측면에서의 이인자라는 면에서는 충분히 '곡물 담당 최고 책임자'도 가능하다. 나는 곡물 담당 최고 책임자가 더 맞다고 생각한다. 애굽의 법률이나 전통 등을 전혀 모르는 사람을 그런 모든 것을 관장하는 총리에 세우는 것은 어울리지 않기 때문이다. 그러나 우리는 편의상 총리로 지칭하면서 말씀을 살펴보겠다.

**41:42** 요셉은 종이었는데 갑자기 애굽의 총리가 되었다. 사람들은 주로 그것을 성공이라 생각할 것이다. 그러나 신앙인에게는 그렇지 않다. 그것이 성공이라면 당시 바로는 더 성공한 사람이다. 애굽의 장관들이 성공한 사람들이다. 화려한 자리가 성공을 담보하지 못한다. 그가 그 자리에 있음으로 사람들이 기근에서 구함을 얻게 되는 것이 참으로 성공이다. 사람을 유익하게 해야 한다. 우리가 어느 자리에 있어 그곳에서 사람들을 유익하게 할 때 성공한 자리다. 만약 그 자리가 자신의 안위만 위해 있는 자리라면 어찌 그 자리를 성공이라 말할 수 있을까? 그 자리에 있음으로 다른 사람들을 위하고 구할 때 성공한 자리가 된다. 내가 그 자리에 있어 주변 사람이 유익하게 되고 무엇보다 구원을 아는 유익까지 얻게 된다면 가장 행복한 자리가 된다

**41:45 애굽 온 땅을 순찰하니라.** 요셉은 애굽의 총리가 되어 일을 하였다. 그 자

리에 오르면 하고 싶은 일이 많을 수 있다. 무엇보다 형들의 불의를 심판해야 할 것 같다. 보디발과 그의 아내의 불의에 대해서도 심판해야 할 것 같다. 그가 살아오면서 겪은 수많은 불의와 부당함에 대해 보복하고 심판하는 것이 당연할 것 같다. 그러나 그는 그러한 불의를 심판하지 않았다. 과거에 거쳐 간 사람들의 불의에 대한 심판이 아니라 그에게 지금 맡겨진 사람들을 사랑하기 위해 일을 하였다. 그 앞에는 사랑하고 섬겨야 할 사람들이 있다. 그들을 위해 일하였다. 그가 지금 일하는 대상은 야곱 집안 사람들도 아니고 이방인 애굽 사람들이다. 하나님을 믿지 않는 사람들이다. 그러나 그는 그 앞에 있는 사람들을 힘을 다하여 섬긴다. 이후에 그들의 기근을 막기 위해서다.

41:48 풍년의 풍성함은 낭비되기 쉽다. 그러나 요셉은 흉년이 있음을 알기에 풍년의 곡물이 낭비되지 않도록 성읍에 쌓아 두었다.

41:49 **곡식이 바다 모래 같이 심히 많아 세기를 그쳤으니.** 풍년의 때에 곡물이 너무 많았다. 흉년을 생각하지 않으면 이렇게 많은 곡물을 저장하는 것이 아주 어리석어 보일 정도로 많았을 것이다. 그래서 저장하는 요셉을 보고 이상하게 생각하였을 것이다. 그러나 풍년의 곡물은 흉년을 생각하면 더욱더 많이 저장해야 한다. 요셉은 그렇게 흉년을 생각하면서 열심히 저장하였다.

41:51 **장남의 이름을 므낫세라 하였으니.** 므낫세는 '잊다'에서 나온 단어다. '나를 잊게 하신 분'이라는 뜻을 가질 수 있다. 요셉은 그에게 주어진 자리에서 최선을 다하며 살았다. 그러나 그 과정에 그에게 주어진 상처는 당연히 받았을 것이다. 요셉의 경우 상처가 곪아 터지지는 않았다. 그는 믿음으로 상처를 잘 이겨냈다. 그런데 상처는 상처로 가지고 있었을 것이다. 요셉은 장남을 낳고 기쁨으로 '므낫세'라고 이름을 지었다. **내 모든 고난과 내 아버지의 온 집 일을 잊어 버리게 하셨다.** 그가 지금까지 겪은 많은 고난과 가나안에 있는 아버지에 대한

그리움과 형제들에 대한 아픈 기억들을 아들을 얻는 순간 진정으로 잊을 수가 있었다. 태양 빛 아래에 나가기 전에는 형광등이 매우 밝다. 어둠 속에 있을 때는 그 불 빛이 전부처럼 보인다. 그러나 태양이 비치면 그 불빛은 있으나 없으나 한 것이 된다. 요셉은 아들을 낳고 그 기쁨이 커서 이전의 아픔은 충분이 잊을 수 있는 것이 되었다.

**41:52 에브라임...하나님이 나를...번성하게 하셨다.** 요셉이 또 아들을 낳았다. 요셉은 둘째 아들을 낳고 풍성함을 누리고 있는 자신을 돌아보면서 하나님께서 풍성하게 하셨음을 고백하고 있다. 에브라임을 낳고 그가 그동안 힘들게 섬겼는데 이제 섬김의 열매도 맛보게 하시는 하나님께 감사하면서 고백하는 말이다. 살아가는 것이 모두 고생일 때가 많다. 그러나 그 과정을 잘 극복하면 또한 풍성하게 하시는 것을 경험하게 된다. 혹 겉으로의 풍성함은 아닐지라도 수고의 열매가 맺는 것을 볼 수 있다. 수고의 열매를 볼 때 참으로 넘치는 기쁨이 있다. 오늘 신앙인들이 땀 흘리며 섬기고 사랑하는 것을 열매로 맺는 것을 경험하게 될 것이다. 그래서 조금 더 힘을 내 사랑하고 수고하는 것이 필요하다. 열매를 맺을 때의 기쁨이 매우 커서 모든 수고를 상쇄할 것이다.

**41:54 요셉의 말과 같이 일곱 해 흉년이 들기 시작하매.** 실제로 흉년이 들었다. 지독한 흉년이 시작된 것 같다.

**41:56 애굽 땅에 기근이 심하며.** 기근이 매우 심하여 이전에 풍년의 때에 남아돌던 음식을 다 먹고도 부족하여 사람들은 이내 기근에 시달렸다. 그래서 요셉이 창고를 열어 곡식을 팔아야 했다. 만약 요셉이 풍년의 때에 곡물을 저장하지 않았으면 벌써 기근으로 굶어 죽는 사람이 생겼을 것이다. 요셉은 애굽의 사람들을 기근으로 인한 죽음에서 구원하고 있는 것이다.

**41:57 각국 백성도 양식을 사려고 애굽으로 들어와.** 애굽만 기근이 있는 것이

아니었다. 인근의 다른 나라에도 기근이 있었다. 애굽에 기근이 있으면 다른 나라들은 더 심하였을 것이다. 애굽에 양식이 있다는 소문을 듣고 인근 나라에서 사람들이 와서 양식을 사갔다. 요셉이 흉년을 대비하였기 때문에 인근의 다른 나라 사람들 까지도 목숨을 구할 수 있었다.

# 42 장

요셉의 형들이 애굽에 와서 양식을 구하는 이야기다.

**42:6 그 앞에서 땅에 엎드려.** 애굽의 모든 지역 곡물 최고 담당자였던 요셉이 가나안에서 온 사람들을 직접 대하고 있다. 최고 담당자가 별볼일 없는 가나안 사람들을 직접 만난다는 것이 조금 이상하다. 아래 사람들이 하는 것이 더 맞을 것 같다. 이것은 아마 요셉이 의도적으로 가나안에서 오는 사람들을 만나고 있기 때문일 것이다.  그는 가나안에서 형들이 올 것을 예상하고 기대하고 기다린 것 같다.

**42:9 요셉이 그들에게 대하여 꾼 꿈을 생각하고.** 요셉이 기다리던 형들이 왔다. 그들은 요셉을 알아보지 못하고 절하였다. 그들의 절을 보면서 요셉은 자신이 22년 전에 꾸었던 꿈을 생각했을 것이다. 그들의 절은 요셉이 22년 전에 꾼 꿈의 성취였다. 요셉은 이 일을 통해 하나님의 뜻이 성취되고 있음을 생각하였을 것이다.
요셉이 처음 꿈을 꾸었을 때 그것이 어떻게 이루어질지에 대해서는 전혀 생각이 없었을 것이다. 단지 하나님께서 주신 꿈이요 계시였을 뿐이다. 그런데 때가 되니 아주 분명하게 그대로 실현되었다. 인생은 아는 길을 가는 것이 아니다. 모르는 길을 하나님께 순종하면서 가는 것이다. 모르는 길에서 만나는 수

많은 모르는 일에 대해 아는 것처럼 행동하지 말아야 한다. 힘든 상황을 만났다고 마치 아는 것처럼 그곳을 피하려고만 하고 쉬운 길을 만나면 마치 그 길이 옳은 것처럼 착각하지 말아야 한다. 무지를 인정하고 하나님의 뜻이 이루어지기를 묵묵히 소원하며 있는 곳에서 최선을 다해야 한다. **너희는 정탐꾼들이라.** 형들을 보고 바로 이런 말을 한 것 같다. 즉흥적인 지혜일 수도 있고 아니면 이전부터 형들을 만나게 될 오늘을 생각하면서 수없이 많이 생각하고 만들어낸 세밀한 계획일 수도 있다. 아마 세밀한 계획 같다. 요셉은 왜 형들을 정탐꾼으로 몰았을까? 요셉이 결코 잊을 수 없었던 22년 전의 물 웅덩이 사건을 재연하기 위한 것으로 보인다.

**42:11 한 사람의 아들.** 그들이 한 사람의 아들로서 정탐꾼이 아니라 식량을 구하기 위해 온 평범한 사람이라는 것을 말하였다. 자신들을 '확실한 자들이니'라고 말한다. 이것은 '정직한 자니'라는 뜻이다. 자신들은 정직한 사람으로 그들이 말하는 것에 거짓이 없음을 강조하는 말이다. 그들이 진정 정직한 자일까? 그들이 동생 요셉을 판 사람들로서 진정 정직한 사람이라고 할 수 있을까? 요셉은 옛날 사건을 말하면서 그들이 정직한 자가 아니라 불의한 자라는 것을 말하고 싶을 수도 있다. 그러나 요셉은 그들이 지금은 정직한 자가 되었음을 증명할 수 있는 기회를 주고자 하였다.

**42:13 우리들은 열 두 형제로서 가나안 땅 한 사람의 아들들이라.** 위험을 느낀 요셉의 형들이 자신들이 한 아버지의 아들임을 증명하기 위해 묻지도 않은 말을 막 쏟아냈다. 한 명은 아버지와 함께 있고 한 명은 없어졌다고 말하였다.

**42:15 너희 막내 아우가 여기 오지 아니하면 너희가 여기서 나가지 못하리라.** 막내 동생이 있다고 하였으니 실제로 그 동생이 있는지 확인하여 그들의 말이 진실임을 증명할 수 있도록 동생을 데려오라 하였다.

동생을 데려오라 한 것은 아마 요셉의 치밀한 계획인 것으로 보인다. 이전에 형들이 배다른 동생인 자신을 돈 받고 팔았다. 그때의 고약한 성품이 남아 있을까 생각하였을 것이다. 그때의 모습이 그대로 남아 있다면 형들을 용서하는 것이 쉽지 않을 것이다. 형들을 그냥 용서하는 것이 제일 쉽다. 그러나 요셉은 형들이 자신의 동생 베냐민을 어떻게 하는지를 보고자 하였다. 이전에는 자신을 팔았지만 이번에도 자신들의 안위를 위해 베냐민을 파는 행동을 할 것인지 그렇지 않은지 보고자 하였던 것 같다. 그래서 막내 동생 베냐민을 데려오라 명하였다. 요셉과 베냐민이라는 이름만 바뀔 뿐이지 비슷한 상황을 만들어서 형들이 어떻게 하는지 보고자 하였다. 자신에게 했던 것과 같이 행할지 아니면 시간과 더불어 진짜 옳은 사람으로 변하였는지를 보고자 하였다. 시간이 지났는데 형들은 어떻게 행동할까?

**42:19 한 사람만 그 옥에 갇히게 하고 너희는 곡식을 가지고 가서.** 요셉은 형들이 자신들의 말이 맞음을 입증하기 위해 가나안에 가서 동생을 데리고 오라고 말하였다. 대신 한 사람은 볼모로 남아 감옥에 있어야 했다. 요셉의 형들은 애굽에서 갑작스럽게 당한 일에 매우 당황하였을 것이다. 너무 억울한 일이었다. 자신들은 결코 스파이가 아니다. 그런데 애굽의 총리는 그들을 의심하였다. 한 명이 감옥에 남아 있어야 하고 가나안에 돌아가 동생을 데리고 다시 와야 한다. 너무나 억울하고 무서운 상황에서 그들은 왜 그들이 이러한 상황을 맞이하게 되었는지를 서로 말하였다.

**42:21 서로 말하되 우리가 아우의 일로 말미암아 범죄하였도다.** 그들은 22년 전에 그들이 행했던 잘못을 잊지 않고 있었다. 그 일을 요셉은 더욱더 잊지 못하고 있었겠지만 형들도 잊지 않고 있었던 것이다. 그것이 범죄인 것을 알고 있었기 때문이다. 한 사람만의 생각이 아니다. **그가 우리에게 애걸할 때에 그 마음의 괴로움을 보고도 듣지 아니하였으므로 이 괴로움이 우리에게 임하도다.** 그

때 요셉의 괴로움을 생각하지 않고 자신들의 마음대로 범죄를 범하였기 때문에 지금 애굽의 총리가 자신들의 괴로움을 생각하지 않고 스파이 혐의를 뒤집어 씌우고 동생을 데려오라고 막무가내로 말하고 있다고 생각하였다.

**42:22 내가 너희에게 그 아이에 대하여 죄를 짓지 말라고 하지 아니하였더냐...그의 핏값을 치르게 되었도다.** 애굽의 총리가 앞에 있는 무서운 상황에서 그들이 웅성거리며 말하였다. 급박한 상황에서 르우벤의 조금 긴 말은 그가 이것을 얼마나 마음에 담고 있었는지를 대변한다. 요셉의 형들은 그렇게 요셉을 팔아먹은 것에 대해 마음 깊이 죄의식을 갖고 있었다. 그것이 아팠고 그것이 두고두고 기억할 만큼 큰 죄라는 것을 알고 있었다. 그런데 죄는 죄라고 알고 있는 것으로 족하지 않다.

**42:24 그들을 떠나가서 울고 다시 돌아와서.** 그는 형들에게 분노가 아니라 다른 감정을 가지고 있었다. 그의 눈물은 과거에 대한 회상만이 아니라 형들에 대한 형제애 등 때문에 눈물을 참지 못하였을 것이다. **시므온을 끌어내어 그들의 눈 앞에서 결박하고.** 요셉은 형들이 자신들의 죄를 인식하고 있다는 것을 알았다. 그러나 요셉의 계획은 여기에서 멈추지 않았다. 회개는 죄를 인식하는 것으로 끝나는 것이 아니기 때문이다. 죄에서 돌이켜야 회개다. 그래서 요셉은 마치 22년 전의 물 웅덩이에 있는 자신처럼 동생 베냐민을 웅덩이에 넣고 형들이 어떻게 대하는지를 살펴봄으로 그들이 진정 회개하였는지를 살펴보고자 하였다. 그것은 요셉을 위한 것이 아니라 형들을 위한 것이었다. 형들에게 회개의 기회를 제공하는 것이다. 그래서 그가 계획한 일을 멈추지 않고 진행하였다.

**42:25 각 사람의 돈은 그의 자루에 도로 넣게 하고.** 요셉의 형들은 식량을 얻어 가나안으로 돌아가게 되었다. 식량만 준 것이 아니라 식량을 사려고 가지고 온 돈도 다시 넣어주었다. 이후에 동생 베냐민을 물 구덩이에 넣어두는 것과

같은 처지로 만들기 위해서다. 요셉의 형들의 죄를 추가하여 이후에 베냐민을 애굽에 종으로 남게 하게 할 때 이유가 되게 하기 위함 일 것이다. 그렇게 요셉은 형들을 시험하는 순간으로 이끌어갔다. 형들은 요셉이 계획한 시험을 잘 통과할까? 시험을 준비하고 있는 요셉도 그것이 매우 궁금하였을 것이다. 그러나 그것이 너무 필요하였기 때문에 시험의 장소로 형들을 안내하고 있다.

**42:28 내 돈을 도로 넣었도다.** 분명히 애굽에서 준 식량 값이 자루에 도로 담겨 있었다. 그렇다면 그들은 도둑이 되는 것이다. **그들이 혼이 나서 떨며.** 그들은 애굽에서 정탐꾼으로 몰려 감옥에 3일 동안 갇혀 있었다. 애굽의 총리 앞에서 머리도 들지 못하고 말을 하던 두려움과 감옥의 두려움 게다가 이제는 도둑으로 몰리게 되었으니 돈을 발견하였을 때 느낄 두려움은 참으로 말로 표현할 수 없을 정도였을 것이다. **하나님이 어찌하여 이런 일을 우리에게 행하셨는가.** 그들은 이 일이 하나님의 섭리 가운데 일어난다는 것을 알았다. 조금은 원망스러운 마음이었을 것이다. 자신들이 정당하다고 생각하기 때문이다.

**42:29** 요셉의 형들은 두려움 가운데 집에 와서 이제 아버지에게 설명할 차례가 되었다. 29절-34절은 앞에서 일어났던 사건을 아버지 야곱에게 설명하는 이야기다. 앞에서 일어난 사건인데 반복되는 일을 말하는 긴 설명이 성경에 그대로 기록되었다. 답답하고 막막한 상황을 그대로 반영하는 것 같다. 요셉의 형들에게 참으로 어렵고 답답한 상황이었다.

**42:35 각 사람의 돈뭉치가 그 자루 속에 있는지라.** 베냐민을 데리고 가서 자신들의 진실함을 증명하고 시므온을 데리고 와야 한다. 그런데 그들이 지불한 곡식 값이 자루 안에 있었다. 그렇다면 그들은 완전히 도둑이 된 것이다. 그들이 애굽에 간들 어쩌면 시므온은 이미 처형이 되었고 그들마저 처형될지 모른다. 모든 일이 예상치 못하게 흘러가는 상황에서 가장 소중한 베냐민을 애굽

에 보낸다는 것은 너무 위험한 일이었다.

**42:36 요셉도 없어졌고 시므온도 없어졌거늘 베냐민을 또 빼앗아 가고자 하니.** 야곱의 입장에서는 지금 이미 두 아들을 잃은 것이다. 베냐민까지 잃을 수는 없다고 말하였다.

**42:37 내가 그를 아버지께로 데리고 오지 아니하거든 내 두 아들을 죽이소서.** 그는 자신의 두 아들을 담보로 하며 베냐민을 꼭 데리고 오겠다고 말하였다. 이전에 르우벤은 요셉을 구하려고 했었다. 그러나 마음뿐이었다. 그런데 이번에는 자신이 가장 사랑하는 두 아들을 담보로 시므온을 구하고자 하였다. 르우벤이 많이 성숙해졌다는 것을 볼 수 있다. 그것은 아마 그가 이전에 요셉을 구하지 못한 것에 대한 깊은 아픈 마음이 있기 때문일 것이다.

# 43 장

식량을 구하기 위해 두 번째 애굽에 가는 이야기. 시므온이 애굽의 감옥에 갇혀 있었지만 야곱의 반대 때문에 요셉의 형들은 애굽에 다시 가지 못하였다. 그런데 얼마 지나지 않아 식량이 떨어졌다.

**43:2 곡식을 다 먹으매 그 아버지가 그들에게...가서 우리를 위하여 양식을 조금 사오라.** 모두 굶어 죽게 생겼으니 애굽에 가서 곡식을 사오는 방법밖에 다른 길이 없었다.

**43:3 아우가 너희와 함께 오지 아니하면 너희가 내 얼굴을 보지 못하리라.** 베냐민과 함께 가지 않으면 곡식을 사 오기는커녕 정탐꾼으로 몰려 목숨을 부지하기 어려

울 것이다.

**43:6 어찌하여 너희에게 또 다른 아우가 있다고 그 사람에게 말하여 나를 괴롭게 하였느냐.** 사람들이 흔히 하는 과거에 대한 원망이다. 과거를 원망만 하는 사람이 있다. 아예 과거에 대한 원망에 갇혀 있는 사람도 있다. 그런데 야곱은 다행히 과거에 대한 원망이 한탄 수준에서 멈추었다.

**43:7 아우를 데리고 내려오라 할 줄을 우리가 어찌 알았으리이까.** 애굽 총리가 요셉이요 그가 베냐민을 데려오라고 말할 줄을 어찌 상상이나 할 수 있었겠는가? 몰라서 일어난 과거의 일에까지 책임을 묻고 원망한다면 답이 없다.

**43:9 내가 그를 위하여 담보가 되오리니.** 유다는 베냐민을 다시 데려오는 일에 자기 자신을 담보하겠다고 말하였다. 이전에 자신의 두 아들을 담보로 하였던 르우벤의 호소를 야곱이 듣지 않았었다. 그러나 유다의 호소에는 마음을 움직여 결국 베냐민을 보내게 된다.

**43:11 그러할진대 이렇게 하라 너희는 이 땅의 아름다운 소산을 그릇에 담아가지고 내려가서.** 어쩔 수 없이 베냐민을 보내야 하는 야곱의 마음이 나타난다. 그가 할 수 있는 일은 지극히 작아 애굽 총리에게 주는 예물을 챙기는 것밖에 할 수 있는 것이 없었다. 총리가 기뻐하기에는 턱없이 작은 것이겠지만 그는 할 수 있는 최선을 다하였다. 참으로 가련한 모습이다.

**43:13 네 아우도 데리고 떠나 다시 그 사람에게로 가라.** 마음이 얼마나 아팠을까? 어쩔 수 없는 일임을 알기에 담대히 결단하였다. 그리고 하늘을 바라본다.

**43:14 전능하신 하나님께서...은혜를 베푸사...다른 형제와 베냐민을 돌려보내게 하시기를 원하노라.** 베냐민과 지금까지 눈을 감고 있었던 사실에 미안하여 차마 이름도

말하지 못하고 있는 시므온도 다시 돌아오기를 간절히 기도하고 있다. **내가 자식을 잃게 되면 잃으리로다.** 어쩔 수 없는 상황에서 야곱은 모든 것을 내려놓았다. 그가 자기 목숨보다 더 사랑하는 아들 베냐민까지 내려놓았다. 아들 베냐민의 죽고 사는 것도 오직 하나님께 달려 있음을 믿었기 때문이다. 그가 손에 쥐고 있을 수 있는 것은 아무것도 없다. 모든 것은 오직 하나님의 것이다. 내가 가지고 있는 것을 내 것으로 착각하지 말라. 단지 지금 가지고 있는 것일 뿐이다. 관리자다. 하나님의 뜻이라 생각되면 아무리 사랑하는 것이라 할지라도 내려놓아야 한다. 믿음으로 담대히 내려놓아야 한다.

**43:15 베냐민을 데리고 애굽에 내려가서 요셉 앞에 서니라.** 베냐민을 본 요셉은 그들에게 더이상 정탐꾼 이야기를 하지 않았다. 대신 그들을 조용히 다른 곳으로 안내하도록 하였다.

**43:16 이 사람들을 집으로 인도해 들이고...나와 함께 먹을 것이니라.** 요셉은 식사를 대접하고 싶은 호의와 아직은 풀어야 할 문제 때문에 그들을 자신의 집으로 안내하도록 하였다. 요셉의 형제들은 일단 자신들이 정탐꾼이라는 것에 대해 의심이 풀린 것 같은데 그들을 다른 곳으로 안내하는 것에 의아한 생각이 들었다.

**43:18 두려워하여 이르되 전번에 우리 자루에 들어 있던 돈의 일로 우리가 끌려드는도다.** 그들은 이전에 돈이 돌아온 것이 문제가 되었다고 생각하였다. **우리를 잡아 노예로 삼고.** 그들이 한 일은 아니지만 돈이 돌아온 일이 노예로 잡혀가기에 충분한 일이라 생각하였다. 그래서 그 누명을 벗기 위해 책임자로 보이는 사람에게 자신들의 억울함을 호소하였다.

**43:23 너희 돈은 내가 이미 받았느니라.** 요셉의 형제들 자루에 돈이 있었으면 '그것은 너희의 하나님이 주신 것이요 나는 너희가 준 돈을 이미 받았었다'라고

말하였다. 이렇게 하여 요셉의 형들은 도둑 누명까지 없음을 깨닫게 되었다.

**43:24 발을 씻게 하며 그들의 나귀에게 먹이를 주더라.** 발을 씻을 물을 주는 것과 나귀에게 먹이를 주는 것은 손님에 대한 호의다. 요셉의 형제들은 모든 문제가 풀렸고 호의를 받고 있다는 것을 느끼게 되었다. 그러나 진짜 모든 문제가 풀렸을까?

사실 요셉의 형제들에게 이런 호의가 베풀어진 것은 두 가지 목적이 있었다. 첫째는 요셉이 자신의 친 동생 베냐민과 배 다른 형제들에게 식사를 대접하려는 호의다. 식사를 대접하는 자체가 요셉에게는 매우 큰 기쁨이었을 것이다. 두 번째는 눈속임이다. 요셉은 자신의 형제들에게 진짜 회개를 할 수 있는 기회를 주고자 하고 있다. 그것을 위해 마지막 단계가 남아 있다. 그 상황을 만들기 위해 경계심을 풀 필요가 있었다. 그래서 경계심을 풀도록 호의를 베풀고 있는 것이다. 애굽에서 요셉과 형제들의 긴 이야기는 회개의 열매를 맺는 것이 얼마나 중요한지와 그것의 과정이 얼마나 중요한지를 보여준다.

**43:27 노인이 안녕하시냐 아직도 생존해 계시느냐.** 요셉에게 가장 궁금한 것일 것이다. 지난 22년 동안 아버지를 얼마나 보고 싶었을까? 노년의 아버지를 빨리 뵙고 싶고 자신이 효도하기 전에 돌아가실까 걱정도 되었을 것이다.

**43:28 머리 숙여 절하더라.** 아주 높은 사람을 향해 공경의 의미로 절을 두 번 하였다. 26절에서 그들이 절하였었다. 그들은 처음부터 두 번 절하려고 하였는데 그들이 처음 절하였을 때 요셉이 기다리지 못하고 끼어들어 그들에게 아버지의 생존여부와 안녕을 물었던 것이다.

**43:29 자기 어머니의 아들 자기 동생 베냐민을 보고...소자여 하나님이 네게 은혜 베푸시기를 원하노라.** 아버지의 안부를 묻고 나서 그의 눈은 베냐민에게서 눈을 떼지 못하였을 것이다. 얼마나 보고 싶었던 동생인지. 불쌍한 동생인지. 그러나 아직

은 자신이 요셉인 것을 말하지 못하고 베냐민에게 '하나님의 은혜가 임하기를 원한다'는 말을 건넸다.

**43:30 아우를 사랑하는 마음이 복받쳐 급히 울 곳을 찾아...울고.** 눈물을 참으려고 무지 노력했을텐데 베냐민의 눈을 보면서 말을 하는 순간 눈물을 참을 수 없어 급히 옆 방으로 가서 울고 나왔다.

**43:31 얼굴을 씻고 나와서.** 이 당시 애굽의 높은 사람들은 눈화장을 하였다. 요셉이 눈물을 흘릴 때 얼굴이 범벅이 되었을 것이다. 그래서 급히 눈 화장을 고치고 나왔다.

요셉의 마음은 아버지를 만나도 수없이 만났을 것이다. 속으로 아버지를 만나는 순간을 얼마나 그렸을까? 상상하고 또 상상하였을 것이다. 생각속에서는 베냐민을 끌어안고 목놓아 울기를 수없이 했을 것이다. 그러나 모든 것을 참았다. 하나님께서 이 일을 통해 이루기를 원하시는 일이 무엇인지를 생각했기 때문이다. 그는 오직 하나님의 기뻐하시는 일을 위하여 자신의 감정을 철저히 조절했다. 자신이 하고 싶은 일을 철저히 인내하였다. 인내하고 또 인내하였다.

**43:34 베냐민에게는 다른 사람보다 다섯 배나 주매.** 왜 그랬을까? 베냐민이 사랑스럽기 때문에 그랬을 수도 있다. 그런데 그것보다 과거를 재연하기 위함인 것으로 보인다. 이전에 아버지 야곱이 자신에게 형제들보다 더 좋은 옷을 입히고 더 사랑하였다. 그것 때문에 형제들이 시기하였었다. 이제 요셉은 베냐민에게 더 많은 음식을 주어 형제들이 그것을 어떻게 보는지 살펴보고자 하였던 것 같다. 여전히 시기하는지 살펴보는 것이다. **그들이 마시며 요셉과 함께 즐거워하였더라.** 요셉은 형제들에게 많은 술을 주었다. 요셉의 형제들은 요셉이 히브리어를 말할 줄 아는 것을 모른다. 그들은 술을 먹으면서 자신들의 마음의 이야

기를 할 것이다. 요셉은 그들의 대화에 무관심한 것처럼 연기하였을 것이다. 그러나 그의 귀는 온통 그들이 무슨 대화를 하는지에 쏠려 있었다. 무엇보다 그들이 베냐민이 지금 특별 대접받는 것을 보고 또 시기하고 조롱하며 미워하는지 그렇지 않은지를 듣고자 하였을 것이다.

그가 지금 모든 감정을 억누르고 있는 이유는 자기 자신을 위한 것이 아니었다. 만약 자기 자신을 위한다면 그는 당장 자신이 요셉인 것을 알렸을 것이다. 얼마나 멋있을까? 형제들은 자신을 팔았지만 자신은 이렇게 애굽의 총리가 되었다고 하는 것이 더 멋있을 것이다. 형들의 악함과 자신의 선함이 비교되고 대조된다. 형들이 악하면 악할수록 자신의 선함은 더욱더 드러난다. 형들의 악함을 용서하는 것이기 때문에 요셉의 뛰어남이 드러나는 것이다. 그러니 지금 요셉이 자신의 정체를 드러내는 것이 제일 좋을 것 같다. 그가 감정을 억누르며 인내하는 것은 그가 사랑하는 아버지를 위한 것도 아니다. 잘못하면 연로한 아버지 야곱이 돌아가실 수도 있다. 아마 그것이 요셉의 마음에 제일 큰 짐이었을 것이다. 아버지는 아들 요셉이 죽은 줄 알고 있다. 그것 때문에 평생을 마음에 큰 짐을 안고 살고 있었다. 일 분 일 초라도 아버지 야곱에게 자신이 살아있음을 빨리 알리고 싶을 것이다. 아버지 야곱도 그것을 들으면 얼마나 기뻐할까?

사랑하는 동생 베냐민을 위한 것인가? 결코 아니다. 베냐민은 자신의 어머니를 태어나면서 잃었다. 얼굴도 모른다. 같은 어머니에게 나온 유일한 형인 요셉이 어느 날 비명횡사했다. 형을 보고 싶은 마음이 얼마나 강했을까? 만약 형이 지금 이렇게 애굽의 총리로 있다는 것을 안다면 얼마나 좋아할까? 지금 요셉이 그의 정체를 늦추는 것이 동생 베냐민에게는 결코 유익한 시간이 아니다. 요셉의 연기와 인내는 오직 형들을 위한 것이다. 형들에게 회개할 기회를 주는 것이다. 형들이 진짜 회개하였는지를 시험함으로 기회를 주기 위함이다. 혹 시험에 실패하여도 그가 형들에게 어떻게 하지는 않을 것이다. 그러나 시험에 합격하면 형들도 조금은 떳떳하고 그도 형들을 더 편하게 볼 수 있을 것이다. 요셉이 이렇게 힘든 인내를 하고 있는 이유는 오직 하나님의 기뻐하시는 뜻을 위해서 일 것이다. 성경이 이렇게 길게 이 사건을 다루고 있는 것은 이것이 중요하기 때문이다. 하나님께서 우리에게 인생을 주신 것은 하나님의 뜻을 이루도록 하기 위함이다.

# 44 장

**44:2 내 잔 곧 은잔을 그 청년의 자루 아귀에 넣고.** 요셉은 베냐민의 자루 안에 자신의 은잔을 넣게 하였다. 애굽의 총리에게 성대한 식사를 대접받은 그들은 경계심을 풀었던 것 같다.

**44:5 내 주인이 가지고 마시며 늘 점치는 데에 쓰는 것이 아니냐.** '점 치는 데에 쓴다'는 것은 그만큼 요셉에게 매우 중요한 물건이라는 것을 강조하기 위해 말하는 것으로 보인다.

**44:10 발견되면 그는 내게 종이 될 것이요 너희는 죄가 없으리라.** 은잔이 발견되는 사람만 종으로 삼겠다는 말이다.

**44:12 나이 많은 자에게서부터 시작하여 나이 적은 자에게까지 조사하매.** 르우벤의 자루부터 풀었다. 놀랍게도 그 안에 돈이 들어 있었다(1절). 깜짝 놀랐을 것이다. 다리가 후들거렸을 것이다. 그런데 요셉의 청지기는 돈에 대해서는 말도 하지 않고 그냥 넘어갔다. **잔이 베냐민의 자루에서 발견된지라.** 놀랍게도 베냐민의 자루에서 은잔이 발견되었다. 너무 놀라운 일이다. 어찌 이런 일이 벌어졌을까? 요셉의 형제들은 모두 놀라고 두려워하였다. 순간 요셉의 형제들 마음은 여러 가지를 생각할 수 있다. 왜 그런지는 모르지만 자신들의 자루에서도 돈이 나

왔다. 그들은 속으로 '죽었다'하고 생각했을 것이다. 자루 하나하나가 열릴 때마다 돈이 나왔다. 형제들은 모두 얼굴이 사색이 되었을 것이다. 그런데 무슨 일인지 요셉의 청지기는 돈에 대해 전혀 말하지 않고 '은잔'만 찾았다. 형제들의 자루를 하나씩 다 열었는데 마지막 자루인 베냐민의 자루에서 '은잔'이 나왔다. 형제들 입장에서는 은잔이 베냐민의 자루에서 나온 것이 자신들의 자루에서 돈이 나온 것을 희석시킬 아주 좋은 절호의 기회일 수 있다. 형제들에게는 다른 사람의 자루가 아니라 자신의 자루에서 돈이 나온 것에 대해 신경이 제일 많이 쓰였을 것이다. 사람은 남의 자루가 아니라 나의 자루에 신경을 쓰는 존재다. 자신의 자루에 돈이 있는 것이 분명 문제가 될 것이라 생각하였을 것이다. 그런데 베냐민의 자루에서 은잔이 나오는 순간 자신의 자루에 있는 돈 문제는 수면 아래로 내려갈 수 있겠다 싶어 안심하는 마음이 드는 것이 사람의 얄팍한 마음이다. 그러나 요셉의 형제들은 자신들의 자루에서 은잔이 나오지 않은 것에 대해 안심하고 있지 않았다. 자신들의 자루에서 나온 돈 문제가 관심 밖으로 멀어지는 것에 대해 안심하고 있지만은 않았다.

**44:13 그들이...성으로 돌아 가니라.** 요셉의 청지기는 '은잔이 발견된 자만 종으로 삼는다' 말하였다. 그러나 그들은 모두 같이 요셉의 집이 있는 곳으로 갔다. 죽음의 자리로 갔다. 지금 빨리 그곳을 떠나야 혹시 나중에라도 문제삼을지 모르는 자신들의 자루에서 나온 돈 문제를 해결할 수 있다. 그러나 그들은 동생 베냐민을 홀로 두지 않고 함께 성으로 돌아갔다. 그들이 함께 성으로 돌아간 것은 동생 베냐민의 문제를 베냐민의 문제로만 두지 않고 자신들의 문제로 인식하고 해결하고자 하는 마음을 가지고 있기 때문일 것이다. 22년 전 요셉의 문제는 자신들이 구덩이에 넣었었다. 그리고 팔았다. 이번에는 자신들이 아니라 베냐민이 스스로 문제를 자초한 것 같다. 베냐민이 실제로 욕심 때문에 은잔을 훔쳤을 수도 있다. 자신들도 매우 위험하다. 그러나 형들은 베냐민을 버리지 않았다. 그들은 그동안 인격적인 성숙을 하였던 것이다. 이전에 요

섭에게 했던 잘못에서 회개했던 것이다.

**44:16 어떻게 우리의 정직함을 나타내리이까.** 그들은 은잔을 훔치지 않았다. 그러나 베냐민의 자루에서 은잔이 나왔다. 그들은 억울하였지만 훔치지 않았음을 증명할 방법이 없었다. **하나님이 종들의 죄악을 찾아내셨으니.** 유다는 지금 자신들이 억울한 일을 당하고 있는 것은 '그들의 과거의 죄에 대해 하나님께서 물으시는 것'이라고 말한다. 과거의 어떤 죄인지는 구체적으로 말하지 않았지만 억울하게 노예로 팔려갔던 요셉에 대한 죄를 염두에 두고 하는 말일 것이다. **다내 주의 노예가 되겠나이다.** 억울하지만 애굽 총리의 노예가 되겠다 말한다. 우리도 살다보면 때로는 억울하게 당하는 일이 있을 것이다. 그러나 그때 유다의 말처럼 과거에 우리가 지은 죄에 대한 것을 생각해 보면 어쩌면 그것이 당연할 수도 있다. 유다는 억울하게 당하는 일에서 억울한 것만 생각하지 않고 자신들의 과거의 죄를 생각하면서 오늘의 억울한 일을 담담히 받아들이고 있다.

**44:17 잔이 그 손에서 발견된 자만 내 종이 되고.** 요셉은 다른 사람은 종이 될 필요가 없고 오직 베냐민만 종이 되면 된다고 말하였다. 베냐민만 애굽에 남아 종이 되면 되는 순간이다. 요셉의 다른 형들이 잘못한 것은 없다. 그들이 베냐민을 억지로 그렇게 하는 것도 아니다. 요셉의 형들은 어떻게 할까? 가장 중요한 순간이다. 이 순간이 그들의 인생 전체에서 가장 중요한 순간일 수 있다.

**44:22 그 아이는 그의 아버지를 떠나지 못할지니 떠나면 그의 아버지가 죽겠나이다.** 아버지 야곱이 베냐민을 편애하고 있음을 말한다. 요셉을 편애한 것보다 더 많이 편애하는 것 같다. 이전에 요셉의 형들은 요셉을 편애하는 아버지 때문에 더욱더 요셉을 미워하였고 노예로 팔았었다. 그러나 지금은 달랐다.

**44:33 주의 종으로 그 아이를 대신하여 머물러 있어 내 주의 종이 되게 하시고.** 유다는 걱정하는 야곱과 사랑하는 동생 베냐민 때문에 자신이 대신 종으로 남겠다고

제안하였다. 유다가 애굽에서 종이 되는 것이 결코 쉬운 일이 아님을 잘 알고 있을 것이다. 부유한 집안의 장자와 비슷한 역할을 하고 있던 유다가 애굽의 노예가 된다는 것은 참으로 비참한 일이다. 그러나 그것이 아버지 야곱이 죽고 동생 베냐민이 애굽에서 종으로 있는 것보다는 낫다고 판단하였고 자신의 모든 것을 희생하여 베냐민을 구하고자 하고 있다.

유다가 자신이 종으로 남겠다고 말할 때 모든 문제가 풀렸다. 요셉은 아마 이 말을 가장 듣고 싶었을 것이다. 이것을 위해 지난 몇 달간 긴 시험이 있었다. 이 말을 듣고 나서야 요셉은 자신의 정체를 드러내도 된다고 생각하게 된다. 유다의 호소는 그가 22년 전에 요셉을 팔던 모습에서 이제는 동생 베냐민을 지키기 위하여 자신을 희생하는 모습으로 바뀌었다는 것을 증명한다. 그는 확실히 과거의 죄로부터 회개하였다. 이 호소가 그의 회개의 열매다. 이러한 회개의 열매는 이전의 모든 죄를 이기고 극복하게 한다. 인생은 회개의 열매를 맺는 시간이 되어야 한다. 과거의 죄에서 미래의 회개의 열매로 바뀌는 삶이 되어야 한다.

# 45 장

**45:1 형제들에게 자기를 알리니.** 요셉은 유다의 말을 듣고 드디어 자신의 정체를 알렸다. 유다의 호소로 그들이 시험을 잘 통과한 것이다.

살다 보면 많은 못난 과거가 만들어진다. 하지 말았어야 하는 일이 있다. 그런 부끄러운 과거가 없는 사람이 없다. 그것이 참으로 아프다면 오늘 사랑하면서 살라. 오늘 그 일이 다시 일어나면 다시는 그렇게 못난 과거를 만들지 않을 사람으로 더욱더 훈련하며 살라. 유다는 22년 만에 과거에 그가 요셉을 팔았던 사건과 비슷한 순간을 만났다. 아니 조금 더 어려운 상황이었다. 그러나 그는 그 동안 훈련되어 있었다. 그래서 베냐민을 위해 자신을 희생할 줄 아는 사람이 되었고 그 희생의 자세가 문제를 풀었다. 요셉과 그 형제들의 쌓인 문제가 풀리고 관계가 회복되었다.

**45:2 요셉이 큰 소리로 우니.** 요셉은 총리의 체면에도 불구하고 감정을 억제하지 않고 큰 소리로 울었다.

**45:3 놀라서 대답하지 못하더라.** 그들에게는 요셉이 애굽 총리라는 사실이 매우 놀라웠을 것이다. 애굽 총리가 요셉이라는 사실을 몰랐을 때보다 더 두려움을 갖게 되었을 것이다.

**45:5 당신들이 나를 이 곳에 팔았다고 해서 근심하지 마소서 한탄하지 마소서.** 요셉이 생각해도 형들이 근심하고 한탄하는 것이 당연했다. 그래서 그들을 안심시킨다. **하나님이 생명을 구원하시려고 나를 당신들보다 먼저 보내셨나이다.** 요셉은 인간의 완악한 마음만이 아니라 이 일을 통해서 놀라운 일을 이루시는 하나님을 보았다. 다시 생각해 보니 자신이 노예로 팔린 일이 애굽의 총리가 되어 가족을 살리는 놀라운 일로 이어졌음을 보았다. 요셉은 하나님의 섭리를 보면서 형들에게도 하나님 앞에서 하나님의 섭리를 보며 감사할 것을 말한다. 자신과 형제들이 하나님 앞에 엎드릴 때 하나님의 은혜를 보게 되면 인간의 죄 때문에 미워하고 두려워하는 것에 머물지 않을 것이다.

**45:11 흉년이 아직 다섯 해가 있으니...아버지를 봉양하리이다.** 요셉은 하나님의 은혜로 아버지까지 봉양할 수 있게 되었으니 아버지를 모시고 오라고 말한다. 형들이 회개하였을 때 요셉은 더이상 과거에 머무르지 않았다. 미래를 보았다. 하나님께서 주시는 은혜의 미래를 준비하였다.

**45:15 형들과 입맞추며 안고 우니.** 그는 형들과 안고 울었다. 그것이 형제의 정

이다. 이전에는 종으로 팔았었다. 그러나 그때는 연약하여 그랬던 것이다. 그러한 부족한 점이 해결되면 형제는 이렇게 서로를 그리워하고 반가워하며 우는 것이 정상이다. 죄가 사랑을 가려 그렇지 이 땅에 있는 모든 사람은 서로 사랑해야 하는 사람들이다. 얼마나 사랑스러운지 모른다. 죄가 드러나면 죄만 보인다. 그래서 밉게 보인다. 그러나 실제로는 사랑스러운 사람이다. 그러니 나와 그 사람의 허물을 이기고 사랑하는 관계로 발전시켜 가야 한다.

**45:16 바로와 그의 신하들이 기뻐하고.** 기근 2년 째인 상황에서 요셉은 애굽의 보배와 같은 존재였을 것이다. 요셉이 없었으면 그들은 굶주리고 아사하는 사람들이 생겼을텐데 요셉 때문에 풍족하였다. 국가가 부강해졌다. 그러니 요셉의 형제들이 왔다는 소식에 매우 기뻐하였다. 부인이 좋으면 처갓집 기둥에도 절을 하는 것과 같다.

**45:18 가족을 이끌고 내게로 오라 내가 너희에게 애굽의 좋은 땅을 주리니.** 온갖 특혜를 제공하였다.

**45:21 요셉이 바로의 명령대로 그들에게 수레를 주고 길 양식을 주며.** 요셉은 형들에게 기쁨으로 모든 좋은 것을 주었다.

**45:22 베냐민에게는 은 삼백과 옷 다섯 벌을 주고.** 모든 문제가 풀렸다. 이런데 여전히 요셉이 다른 형제들과 베냐민을 차별대우하고 있다. 그러나 이것은 요셉의 마음이다. 동생을 향한 그 마음을 시기할 것이 아니라 받아들여야 한다. 그것이 나이 먹고 성숙했을 때 받아들일 수 있는 용납이다. 사람의 마음이 모든 사람을 향해 같을 수는 없다. 그러한 차이를 인정해야 기쁨을 빼앗기지 않는다. 천국은 모든 사람이 똑같은 것이 아니라 차이를 인정함으로 행복이 있을 것이다. 상급이 달라도 어느 누구도 불평하지 않을 것이다.

**45:26 요셉이 지금까지 살아 있어 애굽 땅 총리가 되었더이다.** 요셉이 살아 있다는 말에 야곱의 마음이 얼마나 기뻤을까? 요셉은 애굽으로 노예로 팔려갔을 때 죽고 싶었을 것이다. 그러나 그는 살아 있어 훗날을 도모하였다. 야곱은 더욱더 그러하였다. 그는 아들의 죽음 소식에 식음을 전폐할 정도로 많이 힘들었다. 죽고 싶었다. 그러나 살아 있어 이렇게 요셉을 다시 만나게 되었다. 애굽 총리가 되어 있는 요셉을 만날 수 있게 되었다. 살다 보면 죽고 싶을 때가 있다. 참으로 힘들어 사는 것보다 죽는 것이 훨씬 더 편할 것 같은 순간들이 있다. 그러나 신앙인은 생명이 있다는 것은 '살아라'는 하나님의 명령이라는 것을 기억해야 한다. 내가 보기에는 미래에 희망이 없어 보이지만 하나님께서 '살라'고 하시니 살아야 한다. 하나님께서 '살라'하시는 것은 미래에 '좋은 날이 있다'는 것을 의미한다. 더 좋은 날을 소망하라. 소망할 수 없어도 소망하라. 믿음으로 소망하라.

**45:28 이스라엘이 이르되 족하도다.** 야곱은 이제 죽어도 여한이 없을 정도로 기뻐하고 있다. 이렇게 기쁜 날이 기다리고 있었다. 오늘날 우리들에게도 말로 표현할 수 없는 기쁜 날이 기다리고 있다. 신앙인은 반드시 기쁜 날을 보게 될 것이다. 오늘 슬픈 날로 마치면 안 된다. 신앙인은 그 백성이 기뻐하기를 원하신다. 그래서 우리를 기쁘게 하실 것이다. 모든 희망이 끊긴 것 같아도 걱정하지 마라. 하나님은 모든 것을 하실 수 있다. 하나님 앞에서 좋은 날을 희망하라. 반드시 좋은 날을 보게 될 것이다.

# 46 장

**46:1 이스라엘이 모든 소유를 이끌고 떠나.** 아마 야곱은 헤브론에 거주하고 있었던 것 같다. 브엘세바는 또 하나의 거점이었다. 모든 가족을 이끌고 브엘세바까지 왔지만 그의 마음은 여러가지로 복잡하였을 것이다.

요셉이 살아 있다는 소식을 들었다. 그것은 기적이다. 야곱이 전혀 생각하지 못했던 기적이요 그의 생전에 가장 기쁜 소식이었을 것이다. 그는 당연히 요셉을 만나러 가야 한다. 또한 지금 가나안은 극도의 기근으로 인하여 어려움을 겪고 있다. 그런데 애굽의 바로가 수레까지 보내 자신과 가족을 초청하였다. 그는 당연히 애굽으로 가야한다고 생각하였을 것이다. 그러나 애굽으로 가기 위해 브엘세바까지 오면서 수많은 생각을 하였을 것이다. 무엇보다 그가 어렸을적 할아버지 아브라함으로부터 들은 '언약'에 대한 것이 가장 크게 걸렸을 것이다. 그는 그 언약을 위해 지금까지 살아왔다. 하나님께서 아브라함에게 가나안을 주시겠다고 약속하셨다. 야곱은 그것을 꿈꾸며 장남의 자리를 탐하기까지 하였다. 그는 하란에 다녀왔다. 그러나 가나안을 꿈에도 잊은적이 없다. 그런데 지금 그 가나안을 떠나야 했다. 지금 가면 언제 돌아올 수 있을까 생각하였을 것이다. 이것이 진정 하나님의 뜻일까 생각하였을 것이다. 기도하고 또 기도하였을 것이다. **브엘세바에 이르러 그의 아버지 이삭의 하나님께 희생제사를 드리니.** 그는 하나님께 예배를 드렸다. 그리고 또한 하나님의 뜻을 간절히 찾았을 것이다. 요셉이 살아있음에 감사하고 애굽으로 갈 수 있음에 감사하였을 것이다. 그러나 이 모든 일이 진정 하나님의 뜻인지 물었을 것이다.

**46:2 그 밤에 하나님이 이상 중에 이스라엘에게 나타나.** 하나님께서 야곱을 긍휼히 여기셔서 그에게 임하셨다. 하나님은 자신의 백성을 결코 잊지 않으신다. 사랑으로 함께 하신다. 고민하는 야곱을 사랑스럽게 보시면서 특별한 방식으로 임하여 보이셨다. **야곱아 야곱아.** 반복하여 부르신다. 얼마나 사랑스러운 부름인

지. 야곱이 하나님의 뜻을 구하며 브엘세바에서 예배할 때 그 모습이 참 사랑스러웠나 보다. 그래서 이렇게 부르신다.

**46:3 애굽으로 내려가기를 두려워하지 말라.** 애굽으로 내려가는 것은 하나님께서 계획하신 일이고 이끄시는 길이다. 그러기에 애굽으로 내려가는 것이 혹여나 언약을 어기는 것은 아닌지 걱정할 필요가 없다고 말씀하신다. 모르는 곳이라도 걱정할 필요가 없다고 말씀하신다. **내가 거기서 너로 큰 민족을 이루게 하리라.** 애굽에 내려가는 목적이다. 애굽에 내려가서 이스라엘을 큰 민족으로 키우시기 위해 내려가도록 하시는 것이다. 그러니 애굽에 내려가는 것을 걱정하지 말고 감사함으로 내려가야 한다.

**46:4 내가 너와 함께 애굽으로 내려가겠고.** 얼마나 큰 위로의 말씀인지. 하나님께서는 야곱을 위해 더 많은 것을 알려주셨다. **반드시 너를 인도하여 다시 올라올 것이며.** 야곱 자신이 살아 생전 가나안으로 돌아오는 것은 아니다. 그러나 이후에 그의 시신은 헤브론에 묻히게 된다. 또한 그는 죽었으나 그의 자손이 가나안에 다시 돌아옴으로 이것을 이룬다. 또한 마지막으로 그가 새하늘과 새 땅으로서의 나라에 참여함으로 이 약속을 이루게 된다. 신앙인은 죽어도 죽은 것이 아니요 이후에 부활하여 영원히 살게 될 것이기 때문에 모든 약속은 죽은 자로서가 아니라 산자로서 영원한 나라로 이어지는 약속이다. **요셉이 그의 손으로 네 눈을 감기리라.** 얼마나 소박하고 실제적이고 따스함이 있는 약속인가? 야곱이 이 땅에서 생을 마칠 때 '요셉이 그의 눈을 감긴다'는 것은 매우 평안하고 돌봄을 받는 가운데 죽는다는 것을 의미한다. 이것은 이 땅을 살다가 임시적으로 생을 마치는 모든 사람의 소망일 것이다. 이 말씀을 읽으면서 자신도 그렇게 되기를 잠시 기도하라.

**46:5 야곱이 브엘세바에서 떠날새.** 앞에서 헤브론을 떠날 때와 지금 브엘세바에서

떠날 때는 마음이 많이 달랐을 것이다. 지금은 콧노래가 저절로 나왔을 것이다. 하나님 앞에서 감격의 눈물이 나왔을 것이다. 글을 읽고 있는 우리도 눈물이 나오지 않는가? 하나님의 뜻을 알면 행복하다. 발걸음이 가볍다. 인생이 감격의 눈물을 흘리는 장소가 된다. 길을 떠날 때 그의 눈에 하나님이 보이지는 않지만 그는 하나님과 함께 가고 있음을 확실히 알고 있다. 우리 인생길이 그래야 하지 않을까?

**46:8 애굽으로 내려간 이스라엘 가족의 이름은 이러하니라.** 야곱의 가족이 애굽으로 내려갔다. 애굽으로의 이주는 인큐베이터에 들어가는 것과 같다. 야곱의 가족 70명은 400년 이후에 60만명이 되어 가나안에 다시 돌아올 것이다. 가족이 민족이 된다. 하나님께서 가족을 민족으로 키우시기 위해 애굽에 들어가게 하신 것이다.

야곱의 가족은 사실 많은 문제를 가지고 있었다. 그러나 그들은 문제를 극복하였다. 그들이 요셉을 노예로 판 것은 가장 치명적인 실수였다. 그러나 요셉의 동생 베냐민을 버리지 않고 자신이 대신 희생하고자 한 유다의 헌신은 그들이 과거의 죄를 잘 극복하였다는 것을 대표적으로 보여준다. 그렇게 극복함으로 그들은 민족으로 자랄 수 있는 기반이 되었다. 든든한 기반이 되었다. 오늘날 어떤 가족을 보면 완전 콩가루 같은 집안도 있다. 어떻게 그런 문제들이 다 있을까 싶다. 그러나 야곱의 가족이 그런 문제를 극복하고 하나님의 선택된 민족으로 자라가는 기반이 되었던 것처럼 우리도 놀랍게 변할 수 있다. 중요한 것은 문제가 아니라 극복하는 것이다. 과거에는 문제가 있었어도 오늘 그 문제를 극복한 사람이 되어야 한다.

**46:12 유다의 아들 곧 엘과 오난.** 이들도 애굽에 내려간 야곱의 가족에 포함된다. 아마 이들만 가나안에서 죽은 사람일 것이다. 그런데 가나안에서 죽은 사람 이름까지 포함하고 있다. 죽었으나 야곱의 가족으로 인정을 받는 것이다. **베레**

**스의 아들은 헤스론과 하물이요.** 이들은 아직 태어나지 않은 이들이다. 아마 베레스의 나이를 생각할 때 애굽에 가서 낳은 자식일 것이다. 그렇게 미래의 아들인데도 포함하고 있다. 미래의 아들은 이들만 포함되어 있다. 이후에 중요한 역할을 하기 때문일 것이다. 성경은 때로 과거와 미래를 마치 현재처럼 오간다. 죽은 자와 산자와 미래의 사람이 미래의 천국에서는 모두 함께 살기 때문인 것 같다. 사실 신앙인은 모두가 하나다. 과거의 사람도 현재의 사람도 미래의 사람도 모두가 하나다. 그러한데 오늘 함께 살고 있는 사람은 오죽하겠는가? 신앙인이 서로 하나가 되고 서로를 돕는 것은 매우 유익하다.

**46:26** 야곱의 가족으로 가나안에서 애굽에 이른 사람이 66명이었다.

**46:27 야곱의 집 사람으로 애굽에 이른 자가 모두 칠십 명.** 야곱과 요셉과 그의 두 아들까지 합하여 70명이라 말하는 것 같다. 그렇게 모든 사람이 총 70명이다. 그 안에 비록 여성의 이름은 빠져 있지만 그것은 여성에 대한 차별이 아니다. 남성의 대표성을 말하는 것일 뿐이다. 그러한 대표성은 신약에서도 이어진다. 그러나 대표가 아니라고 중요한 것이 아닌 것은 결코 아니다. 숫자에 포함되지 않았어도 모두가 소중한 사람들이다.

**46:29 그에게 보이고 그의 목을 어긋맞춰 안고 얼마 동안 울매.** 야곱과 그의 일행이 가나안을 떠나 애굽 고센 땅에 이르렀다. 이에 요셉은 아버지 야곱을 만나기 위해 고센에 갔다. 야곱에게 요셉은 참으로 귀한 아들이었다. 그를 장남으로 세웠다. 그렇게 17년을 살았다. 애지중지하면서 말이다. 그리고 22년 전에 죽은 줄 알았다. 그런데 이렇게 야곱 앞에 나타났다. 얼마나 감격스러웠을까?

**46:30 내가 네 얼굴을 보았으니 지금 죽어도 족하도다.** 야곱은 요셉을 보았으니 이제 더 이상 다른 욕심이 없다는 말이다. 야곱은 욕심이 많은 사람이었다. 그러나 그는 이제 하나님의 마음 안에서 자신의 자리를 찾았다.

**46:31 내가 올라가서 바로에게 아뢰어 이르기를.** 요셉은 가족을 바로에게 소개할 것이다. 이때 그의 마음은 어땠을까? 요셉은 당시 애굽의 영웅이었다. 그가 총리이든 곡물 담당 최고 책임자이든 현재 애굽에서는 기근에서 그들을 구원한 영웅이었다. 어느 곳을 가든 요셉에게 잘 보이고 칭찬하였을 것이다. 요셉의 가족이 왔다. 일반적인 마음으로는 애굽의 화려함에 비해 못난 가족을 부끄러워할 수 있다. 가족을 조금 더 높여 보이고 싶고 자신의 체면을 살리고 싶은 마음이 들 수 있다. 자신의 체면과 위상을 위해서. 그러나 요셉의 마음은 달랐다. 요셉은 가족이 바로를 만나는 중요한 순간에 자신을 높이고 가족을 높이는 것이 아니라 하나님의 언약을 생각한 것 같다. 하나님의 마음을 생각한 것이다. 이 일을 통해 이루고자 하시는 하나님의 뜻이 무엇일까? 아주 명백하였다.

**46:34 어렸을 때부터 지금까지 목축하는 자들이온데 우리와 우리 선조가 다 그러하니이다.** 목축을 강조하는 이유가 무엇일까? **애굽 사람은 다 목축을 가증히 여기나니 당신들이 고센 땅에 살게 되리이다.** 애굽 사람이 '가증히' 여기기 때문에 그것을 숨기는 것이 아니라 오히려 그것을 강조하여 말하라 하였다. 목축하는 사람을 강조하는 이유가 무엇일까? 하나님의 마음, 하나님의 뜻을 알기 때문이다. 야곱의 가족은 애굽에 계속 살기 위해 온 것이 아니다. 성공하기 위해 온 것이 아니다. 하나님께서 그들에게 가나안을 주셨다. 그러기에 애굽 사람과 섞이지 않는 것이 좋다. 마침 애굽 사람은 목축하는 사람을 천하게 여겨 함께 하려고 하지 않았다. 그래서 목축을 강조하여 말하라 하였다.

요셉은 애굽에서 높은 사람이다. 그렇다면 그의 가족이 높은 신분을 유지하며 사는 것은 전혀 어렵지 않다. 가족의 일부는 그것을 원할 것이다. 그러나 그렇게 애굽에 동화되어 살아가면 다시 가나안으로 가기 힘들어진다. 요셉은 그들이 가나안에 다시 가야한다는 하나님의 마음을 생각하였다. 요셉은 애굽의 총리로 있었지만 바로의 마음이 아니라 하나님의 마음에 시선을 기울였다. 야곱의 가족이 편안하게 사는 것도 중요하지만 그보다 야곱의 가족을 향한 하나님의 마음이 무엇인지에 더욱더 귀를 기울였다. 그래서 이후에 가나안으로 다시 갈 수 있도록 가나안에서 가장 가까운 위치의 고센 땅에 이스라엘이 살게 하고 있다. 요셉의 마음이 세상의 성공이나 편안함이 아니라 오직 하나님의 마음을 바라보고 있다. 그가 그렇게 하나님의 마음에 귀 기울였기 때문에 이스라엘은 400년 동안 60만(남성 20세 이상)이나 되는 민족으로 자라게 된다. 그렇지 않았으면 벌써 이전에 견제를 받아 민족으로 자랄 수가 없었을 것이다. 요셉이 하나님의 마음에 귀 기울임으로 하나님의 위대한 계획이 성취된다.

# 47 장

요셉의 가족이 바로를 만나는 이야기다.

**47:3 너희 생업이 무엇이냐...종들은 목자이온데 우리와 선조가 다 그러하니이다.** 요셉이 그들에게 일러준대로 대답하였다. 1절-4절은 앞에서 요셉이 형들을 만나 바로를 만나 말할 때 이렇게 말하라고 말한 내용이 그대로 나온다. 반복된다는 것은 이것이 중요함을 의미한다. 형제들도 요셉을 통해 애굽 사람들이 목축하는 사람을 천하게 여긴다는 것을 알았다. 그들이 애굽에서 천하게 보이고 싶지 않은 마음이 있을 수 있다. 그러나 그들도 이제 성숙한 사람들이었다. 그들도 세상 사람들의 시선이 아니라 하나님의 시선을 생각하였다. 그들도 요셉의 마음에 동의하였다는 것을 의미한다. 그들에게는 애굽 사람들의 시선이 아니라 하나님의 시선이 중요하였다.

**47:4 종들이 이곳에 거류하고자 왔사오니.** 이방인으로서 잠시 머물고자 왔다는 의

미다. 요셉의 형제들은 애굽에서 편안하고 화려하게 살고자 하는 마음이 없다. 단지 가나안에 기근이 있어 잠시 애굽에 온 것임을 말하였다. 동생 요셉이 애굽의 총리이니 동생 가까이에서 곧 왕궁 가까이에서 살고 싶은 마음을 말해도 전혀 이상하지 않을 것이다. 그것은 또한 도시의 편안함과 화려한 생활이 될 것이다. 그러나 그들은 개발되지 않은 목초지였던 고센 땅에 머물고자 하였다.

**47:6 고센 땅에 거주하고 그들 중에 능력 있는 자가 있거든 그들로 내 가축을 관리하게 하라.** 요셉의 형제들이 요구한 고센 땅은 바로가 허락하기에 어렵지 않은 곳이었다. 바로는 그들이 욕심이 없음이 의아했을 것이다. 사람들은 바로 앞에 오면 어떤 벼슬이든 얻으려 하고 더 편한 곳을 찾았다. 그런데 요셉의 형제들의 요구는 오히려 낮은 곳을 찾았다. 바로는 그들의 요구에 덧붙여 왕실의 가축을 관리하는 벼슬까지 내렸다.

**47:7 야곱이 바로에게 축복하매.** 야곱이 애굽의 절대군주 바로를 만났다. 그의 만남은 축복으로 시작하여 축복으로 마친다. 이 축복이 바로가 보기에는 인사말과 같은 것일 수 있다. 그러나 야곱은 하나님의 이름으로 축복하는 자로서의 축복의 의미를 조금 더 가지는 것으로 보인다. 아브라함이 복의 근원이 되었듯이 야곱은 하나님의 백성으로서 그가 거하게 될 곳의 왕인 바로를 축복해 주었던 것이다.

**47:8 네 나이가 얼마냐.** 바로가 나이를 묻는 것은 특이한 일이었다. 바로에게 사람들의 나이는 별로 중요하지 않기 때문이다. 야곱의 나이가 기념비가 될 정도로 많은 것도 아니었다. 그런데 축복하는 야곱의 말에서 단순한 인사말이 아니라 축복권자의 위엄을 본 것 같다.

**47:9 내 나그네 길의 세월이 백삼십 년이니이다.** 야곱은 자신의 인생을 '나그네'로 규정한다. 이 말에서 야곱은 그 또한 애굽에 어떤 욕심이 없음을 내비치고 있

다고 말할 수 있다. 이 땅에 와서 지나가는 인생임을 말한다. 바로가 보기에는 도인과 같은 말이었을 것이다.

47:13-22은 요셉의 가족이 애굽에서 생활하는 이야기 사이에 끼어 있다. 요셉이 애굽에서 펼친 정책에 대한 이야기다.

**47:13 기근이 더욱 심하여 사방에 먹을 것이 없고.** 기근이 심하였다. 7년 기근이기 때문에 땅은 더욱더 황폐화되었을 것이다. 만약 야곱의 가족이 가나안에 머물렀다면 그들도 기근에 아사하는 사람이 많았을 것이다. 애굽에 있었기 때문에 그들은 번영할 수 있었다. 야곱의 가족을 보호하고 민족으로 자라가게 하시기 위해 애굽으로 부르신 하나님의 특별한 섭리를 볼 수 있다.

**47:14 애굽 땅과 가나안 땅에 있는 돈을 모두 거두어들이고.** 기근이 심하였을 때 야곱 가족도 돈을 가지고 왔었다. 기근이 계속 이어지자 애굽과 가나안 전체 지역의 돈이 모여들었고 결국 사람들에게 돈이 다 떨어질 지경이 되었다.

**47:16 돈이 떨어졌은즉 내가 너희의 가축과 바꾸어 주리라.** 돈이 떨어진 사람들은 가축을 가져와 식량과 바꾸었다.

**47:19 우리 몸과 우리 토지를 먹을 것을 주고 사소서.** 사람들은 돈과 가축이 떨어지자 그들에게 남은 마지막으로 자신의 몸과 토지까지 양식을 위해 팔고자 하였다. 기근이 얼마나 심한지를 볼 수 있다.

**47:20 애굽의 모든 토지를 다 사서 바로에게 바치니.** 요셉은 토지를 사서 자신의 배를 불린 것이 아니다. 모두 바로에게 돌렸다. 그러면 그것이 바로만 부요하게 한 것일까? 아니다. 백성들에게 큰 유익이 되었을 것이다. 토지가 왕의 것이 되면 백성들은 모두 소작농이 되기 때문에 손해가 되는 것 같다. 그러나 최소

한 이 당시에는 그렇지 않았다. 백성들에게 매우 유익하였다. 인권이 보장되지 않던 이 시기에는 일반 지주보다 왕이 훨씬 더 관대한 지주가 되었을 것이다. 땅이 왕의 소유가 됨으로 부의 재분배가 훨씬 더 용이하게 되었다. 지주의 횡포를 막을 수 있었다. 이후 400년 후에도 이때의 토지법이 지속될 정도로 실제적이었고 효과적이었다.

**47:24 오 분의 일을 바로에게 상납하고 오 분의 사는 너희가 가져.** 토지가 국가의 것이 되었는데 그것을 경작하는 세금으로 1/5을 걷었다. 토지가 국가의 것이 되었음에도 불구하고 국가의 것이 되기 전보다 오히려 더 적은 액수를 바치는 것 같다. 오늘날 개인의 재산에도 부가세가 최소한 1/10이다. 매우 적은 토지세를 받았다는 것을 볼 수 있다. 요셉의 때와 비슷한 주전 18세기 바벨론은 함무라비에게 수확량의 2/3 또는 1/2을 세금으로 냈다. 우리나라도 조선 시대에 소작농이 소작료로 보통 1/2을 냈다. 과할 때는 4/5를 뜯어가는 경우도 있었다. 그러니 요셉의 토지법은 소작농들에게 매우 유리한 법이었다.

**47:25 주께서 우리를 살리셨사오니...우리가 주께 은혜를 입고.** 그들은 요셉에게 매우 고마워했다. 생명의 은인이나 마찬가지였다. 그들이 잘 살 수 있는 법을 세웠다.

**47:26 오늘날까지 이르니라.** '오늘날'은 창세기를 기록한 모세 시대를 말할 것이다. 요셉이 세운 토지법이 400년이 지난 후에도 애굽에서 그대로 시행되었다. 그동안 바로(왕)가 많이 바뀌었다. 왕조도 6번 정도 바뀌었다. 그런데도 불구하고 요셉이 세운 토지법이 그대로 존속한다는 것은 바로와 백성 모두 매우 만족하였다는 것을 방증한다.

**47:27 생육하고 번성하였더라.** 이것은 창조 명령이다. 신앙인은 세상에서 생육하고 번성하는 것이 기본이다. 이것이 생명 없는 세상과는 다른 생육과 번성이

다. 욕심으로 이루어 가는 생육과 번성이 아니라 믿음으로 이루어가는 생육과 번성이어야 한다. 야곱의 가족이 애굽에서 생육하고 번성하였다. 믿음 안에서 생육하고 번성하였기 때문에 더욱더 가치가 있다. 그들의 생육과 번성은 정확히 하나님의 뜻을 성취하는 것이었다.

**47:29 죽을 날이 가까우매.** 야곱은 자신이 죽을 때가 가까운 것을 알았다. 그는 아브라함 때부터 이어온 언약의 계승과 성취에 대해 많은 생각을 하였을 것이다. 어쩌면 야곱 이후 시대는 애굽에서 잘 살고 있음으로 인해 언약을 잊어버릴 수도 있다.

**47:30 애굽에서 메어다가 조상의 묘지에 장사하라.** 야곱의 가족이 지금은 애굽에서 잘 살고 있고 생육하고 번성하고 있다. 그러나 그들이 살아가야 할 곳은 가나안이다. 그것을 기억하도록 하기 위해 야곱은 자신의 매장지는 애굽이 아니라 가나안이어야 한다고 말하였다.

**47:31 그가 맹세하니.** 요셉은 아버지에게 엄숙히 맹세하였다. 요셉 또한 가나안을 꿈꾸고 있었을 것이다. **이스라엘이 침상 머리에서 하나님께 경배하니라.** 이 부분은 70인역 본문과 신약(히브리서)까지 관련하여 다양한 해석이 가능하다. '침상 머리에서'는 침상을 말할 수도 있고 아니면 지팡이를 말할 수도 있다. 노구의 불편한 몸으로 일어나 지팡이를 의지하여 마지막 힘을 내어 행동하고 있는 것일 수 있다. '하나님께 경배하니라'고 되어 있다. 히브리어 본문은 대상이 명시되어 있지 않다. 그래서 하나님께 경배하였을 수도 있고 요셉에게 감사표시를 하였을 수도 있다. 언약 성취라는 관점에서 자신의 시신이 가나안에 매장되기를 원하였고 요셉이 그것을 약속하자 감사하며 하나님께 감사 찬양을 하였을 수 있고 아니면 아들 요셉에게 하는 것일 수도 있다. 아들이지만 그렇게 약속을 해 주는 것에 감사하며 또한 이전에 요셉의 꿈에서 아버지가 아들에게 절

하는 것에 대한 성취를 생각하며 요셉에게 구부려 예를 표현한 것일 수도 있다.

# 48 장

**48:1 어떤 사람이 요셉에게 말하기를 네 아버지가 병들었다 하므로.** 야곱의 가족은 고센 땅에 살았다. 요셉은 여전히 애굽의 중요한 인물로 아마 궁정이 있는 수도에 살고 있었을 것이다. 아버지가 병들었다는 말을 듣고 두 아들을 데리고 아버지를 찾아갔다.

**48:3 가나안 땅 루스에서 전능하신 하나님이 내게 나타나.** 야곱은 요셉에게 벧엘(루스)에서 그에게 오셔서 말씀하신 하나님의 말씀을 전하였다. 아마 요셉은 수없이 들었을 것이다. 그러나 야곱은 다시 말한다. 아무리 다시 말해도 부족한 것이기 때문이다. 그는 지금 애굽의 화려함이 아니라 하나님이 약속하신 언약을 생각하고 있다. 애굽이 아무리 좋아도 하나님께서 약속하신 땅은 가나안이다.

**48:4 네게서 많은 백성이 나게 하고 내가 이 땅을 네 후손에게 주어.** 야곱은 요셉에게 그들이 살아야 하는 곳은 가나안이며 하나님께서 많은 백성을 약속하셨다고 말하였다.

**48:5 네가 낳은 두 아들 에브라임과 므낫세는 내 것이라.** 요셉의 두 아들을 자신의 양아들로 삼겠다는 말이다. 이것이야 말로 이상한 이야기다. 물론 비슷한 시기의 함무라비 법전을 보면 손자를 양아들로 삼는 이야기가 있다. 그런데 요셉의 경우가 이상한 이유는 지금 야곱보다 요셉이 훨씬 더 잘 살고 있기 때문이다. 야곱은 늙었다. 이제 죽음을 앞두고 있다. 요셉은 애굽의 총리다. 야곱

보다 훨씬 더 많은 재산과 명예를 가지고 있다. 그런데 야곱이 손자인 요셉의 아들을 양자로 삼는다고 말한다. 참으로 이상한 모습이다. 그래서 야곱이 요셉에게 벧엘에서 하나님께서 말씀하신 것을 다시 이야기한 것이다. 야곱은 하나님의 약속에 근거하여 말하고 있다. 하나님께서 앞으로 행하실 일을 생각하면서 말하고 있다. 하나님께서 앞으로 행하실 일을 생각하면 요셉의 두 아들이 요셉의 두 아들이 아니라 야곱의 양자로 있는 것이 더 유익할 것이다.

**48:6** 요셉이 두 아들 외에 또 다른 아들을 낳았는지는 성경에 나와 있지 않다. 그 이후의 아들은 유산을 받음에 있어서는 따로 지파를 형성하는 것이 아니라 에브라임과 므낫세 지파의 아래로 들어간다고 말한다. 야곱의 아들로 완전히 흡수되는 것이다. 어떠하든지 상관없이 중요한 것은 요셉의 두 아들 므낫세와 에브라임이 야곱의 양아들이 되어 '르우벤과 시므온처럼' 가나안에서 몫을 받는다는 것이다. 곧 에브라임은 르우벤의 장자의 자리를 차지하게 된다. 요셉은 자신의 두 아들이 야곱의 양자가 되었기에 그가 받아야 하는 두 몫을 받은 것이다. 게다가 에브라임이 이스라엘의 실질적인 리더 지파가 된다. 장남의 역할을 한다.

**48:7** 그의 사랑하는 아내 라헬이 가나안에서 죽었다. 그러니 그의 마음은 더욱더 가나안에 있었다. 게다가 요셉은 라헬이 낳은 장남이다. 그래서 야곱은 요셉의 두 아들이 자신의 두 아들이 되어 그렇게 아들을 낳고 싶었던 라헬의 소원을 더 풍성하게 성취하고 가나안을 더 기억하도록 하기를 원했다. 두 손자를 자신의 양자로 삼음으로 '너희들의 할머니가 가나안에서 죽으셨다'에서 '너희의 어머니가 가나안에서 죽으셨다'가 된다.

**48:8 이들은 누구냐.** 아마 어떤 '의식'의 시작으로 보인다. 임직식을 할 때나 위임식을 하면서 이름을 확인하는 것과 같다.

**48:9 내가 그들에게 축복하리라.** 야곱은 늙고 병중에 있으며 이제 곧 죽음을 맞이하게 될 것이다. 그러나 그는 마지막 힘을 내어 요셉의 두 아들을 자신의 아들로 양자 삼는 일을 하고 있다. 그렇게 함으로 야곱은 '12+1지파'가 된다. 레위는 성전의 일을 하도록 따로 세워질 것이기 때문에 땅 분배를 하지 않고 따로 떼어 놓는다. 그래서 실질적으로는 12지파라고 말한다. 야곱은 마지막 힘을 다하여 가나안에서 일어날 일을 미리 준비하고 있다. 400년 후에 일어날 일을 준비하였다. 야곱의 준비대로 450년 후에 가나안에서 땅 분배를 한다. 그때 중요한 지파가 에브라임과 므낫세다.

**48:11 네 얼굴을 보리라고는 생각하지 못하였더니...네 자손까지도 보게 하셨도다.** 야곱은 놀라운 하나님의 은혜와 섭리를 감사하며 말한다. 야곱은 요셉이 죽은 줄 알았다. 그런데 하나님께서 미리 애굽에 보내셔서 기근을 극복할 길을 주신 것이었다. 지금 야곱의 가족이 애굽에 살고 있다. 그런데 놀라운 하나님의 은혜와 계획으로 그들은 가나안에 가게 될 것이다. 그때를 위해 하나님께서 야곱에게 요셉의 두 아들을 양자로 삼으시게 하기 위해 요셉에게 미리 두 아들을 주셨다. 그리고 지금 그렇게 요셉의 두 아들을 자신의 아들로 삼으며 축복하고 있다. 그래서 더욱더 놀라며 찬양하고 있다. 그 두 아들이 이후에 가나안에 들어갈 날을 바라보며.

**48:12 두 아들을 물러나게 하고.** 가까이에서 입맞추던 상태에서 절하기 위해 뒤로 물러나는 것을 말한다. 절을 한 후 요셉은 자리 정돈을 하였다.

**48:13 왼손으로는 므낫세를 이스라엘의 오른손을 향하게 하여.** 그의 장남인 므낫세를 그가 왼손으로 잡고 에브라임을 오른손으로 잡고 갔다. 맞은편에 있는 야곱이 축복할 때 그래야 므낫세에게 오른손을 얹어 축복할 수 있기 때문이다. 오른손은 더 큰 힘을 상징하기 때문에 아버지가 편하게 므낫세에게 오른손으로 축복하도록 하기 위한 세심한 배려다.

**48:14 므낫세는 장자라도 팔을 엇바꾸어 얹었더라.** 야곱이 손을 엇바꾸어 얹었다. 결국 에브라임 머리 위에 자신의 오른 손을 얹었다.

**48:15 그가 요셉을 위하여 축복하여 이르되.** 손은 에브라임과 므낫세 머리 위에 얹었지만 그들이 요셉의 아들들 이기 때문에 요셉을 축복하는 것과 같다. 요셉을 향한 축복이 그 아들들에게 가는 것이다. 야곱은 그가 할 수 있는 모든 축복으로 그들을 축복하였다.

**48:17 아버지가 오른손을 에브라임의 머리에 얹은 것을 보고 기뻐하지 아니하여.** 요셉은 아버지가 착각하여 손을 어긋나게 올린 것이라 생각하였다. 아버지 야곱은 눈이 보이지 않았기 때문에 그럴 수 있다. 순식간에 일어난 일에 요셉이 당황하여 재빠르게 야곱의 손을 바꾸고자 아버지에게 말하였다.

**48:19 나도 안다 내 아들아 나도 안다.** 야곱은 반복하여 말하며 그가 에브라임 머리에 오른 손을 얹은 것은 눈이 보이지 않아서나 다른 착각이 있어서가 아니라 그가 에브라임 손에 오른 손을 얹고자 하여 그렇게 한 것이라 말한다.

**48:20 이스라엘이 너로 말미암아 축복하기를 하나님이 네게 에브라임 같고 므낫세 같게 하시리라.** 므낫세도 큰 복을 받을 것이다. 가나안 땅 정복에서 므낫세도 요단강 오른편과 왼편에 큰 땅을 차지한다. 그런데 므낫세보다 에브라임이 더 큰 복을 받을 것이다. 여호수아가 에브라임 지파이며 그 이후에도 에브라임은 북이스라엘의 멸망 전까지 가장 큰 지파였다. 이전에 이삭은 장남 에서가 아니라 야곱에게 장자권의 축복을 하였다. 야곱의 계략으로 속아서 그렇게 하였다. 그것은 이삭이 하나님의 뜻을 제대로 보지 못하여 일어난 일이기도 하였다. 지금 야곱은 아버지 이삭처럼 눈이 보이지 않았지만 영의 눈은 떠 있어서 에브라임에게 오른손을 얹고 기도해야 한다는 것을 알았다. 그래서 상식을 넘어

에브라임 위에 오른 손을 얹고 축복하였다.

**48:21 나는 죽으나 하나님이 너희와 함께 계시사.** 야곱은 자신의 일이 아니라 하나님의 인도하심에 더 많은 관심을 가졌다. 자신은 죽으나 하나님께서 그들을 인도하실 것을 말하였다. **너희의 조상의 땅으로 돌아가게 하시려니와.** 야곱은 하나님께서 이스라엘 백성을 가나안 땅으로 이끄신다는 것을 전혀 의심하지 않았다. 하나님께서 이스라엘 백성을 가나안 땅에 이끄실 것이다. 야곱은 가나안 땅을 마음에 품고 있었다. 비록 그는 지금 애굽에 있지만 마음은 가나안 땅에 있었다. 지금 애굽이 편하지만 하나님께서 가나안을 주시겠다 하셨기 때문에 가나안 땅을 마음에 두고 있었다. 언약은 가나안 땅을 넘어 천국에까지 이어진다. 가나안 땅을 '젖과 꿀이 흐르는 땅'으로 말한다. 목축과 농사를 짓기 좋은 땅이라는 말이다. 그런데 목축과 농사만 생각한다면 고센 땅이 더 좋았다. 아브라함이 가나안 땅에 온 것은 '젖과 꿀이 흐르는 땅'이기 때문이 아니라 하나님의 말씀하신 땅이었기 때문이다. 이스라엘 백성이 가나안 땅에 가야 하는 이유는 그곳이 하나님께서 약속하신 땅이기 때문이다. 약속하신 땅이기 때문에 그곳에서 하나님과 동행하는 곳이 된다. 천국으로 이어지는 땅이 된다.

**48:22 내가 네게 네 형제보다 세겜 땅을 더 주었나니.** '세겜 땅'은 세겜 땅, 한 몫 더, 산 비탈 등으로 해석 가능하다. 나는 복합적이라고 생각한다. 시제도 과거로 되어 있다. 이것은 미래에 가나안 땅 분배에서 요셉에게 한 몫 더 주는 것을 말하는 것일 것이다. 요셉은 두 아들 즉 에브라임과 므낫세가 땅을 분배 받기 때문에 두 몫이 된다. 게다가 그들 각 지파는 땅의 면적도 더 넓게 받는다. 또한 세겜은 므낫세 지파의 몫이 된다. 그래서 실제적으로 세겜 성을 의미할 수도 있다. 가나안 땅 분배는 미래의 일이다. 그런데 마치 과거의 일처럼 말한다. '빼앗은'이라는 말도 그렇다. 그래서 이것을 과거에 르우벤과 시므온이 세겜 성 학살을 의미하는 것으로 해석하기도 한다. 그러나 그렇지 않을 것이

다. 미래의 일이지만 확실한 사실을 과거형(완료형)을 사용할 때가 있다. 미래의 일이지만 가나안 땅 정복과 분배가 확실하기 때문에 그렇게 말하는 것이다. 야곱은 아직 가지도 않은 가나안 땅에 대해 말한다. 땅의 분배를 말한다. 어떤 사람은 미래의 일로 축복하는 것이 무슨 의미가 있을지 모르겠다고 생각할 수 있다. 그러나 여기에서 그가 그렇게 축복하는 것은 매우 중요하였다. 미래의 큰 일들이 그의 축복대로 된다. 야곱은 450년 후의 일을 마치 지금 그가 가지고 있는 것처럼 말하였다. 사실 천국 또한 그러하다. 완성된 천국은 미래의 일이지만 우리에게는 현재와 거의 같다. 천국을 생각할 수 있고 가슴에 품을 수 있으며 누릴 수 있다.

# 49 장

야곱이 아들에게 축복하는 이야기다.

**49:1 너희가 후일에 당할 일을 내가 너희에게 이르리라.** 28절에서는 '축복하였으니'라고 말한다. 야곱은 아들들에게 마지막 축복기도를 하고 있다. **너희가 후일에 당할 일.** 야곱이 말하는 축복은 예언적 성격을 가지고 있다. 야곱은 그가 자식들의 미래를 예언하는데 어떻게 말할까? 그가 하고 싶은 말을 늘어놓을까? 아니면 어떤 기준으로 말할까? 야곱에게 축복은 단지 좋은 말이 아니었다. 오늘날 사람들이 축복기도를 한다고 하면 대부분 좋은 말만 생각한다. 그러나 야곱이 하나님의 이름으로 축복하는 이것은 그 축복에 책임을 가지고 있었다. 정확한 축복기도를 해야 한다. 야곱이 말하는 예언의 특징은 자식들의 과거를 반영하고 있다는 것이다. 그들이 살아온 과거와 살고 있는 현재의 모습과 살아갈 미래가 모두 하나로 이어져 있음을 볼 수 있다. 미래는 갑자기 나타나는 것이 아니라 과거와 오늘이 만들어가는 것이다. 오늘 서울에서 부산에 가는 기차를

타면 2시간 후에 부산에 도착한다는 것을 알 수 있다. 미래의 일이지만 거의 정확히 맞춘다. 물론 가는 길에 사고가 날 수도 있다. 그러나 대부분은 거의 정확하다. 만약 부산을 가는 기차를 탔는데 강릉에 도착할 것이라고 추측할 수는 없다. 미래를 예측하고 예언하는 것은 그렇게 과거와 현재에 근거를 두고 있어야 한다. 과거와 현재와 미래는 모두 하나로 이어져 있다. 그러기에 복된 미래를 만나고 싶은 사람은 오늘을 잘 만들어야 한다. 미래에 복받을 수 있는 삶을 오늘 살아야 미래에 복을 받는다. 그러기에 미래에 무엇인가 좋은 일이 일어나기를 바란다면 점 집에 다닐 것이 아니라 그 돈으로 오늘 착한 일을 하고 열심히 준비하는 것이 중요하다.

**49:2 너희는 모여 들어라.** 축복기도를 듣는 것이 중요하다. 그래야 더 좋은 길을 분별하고 갈 수 있기 때문이다. 오늘 지금의 모습으로 살면 미래에 어떤 사람이 될지를 생각할 줄 알아야 한다. 미래에 다른 사람이 되고 싶다면 오늘의 나를 바꾸어야 한다. 바꿀 기회는 오늘에만 있다. 그러기에 지금 나를 기준으로 지금 이렇게 살면 미래에 내가 어떻게 될지를 잘 생각해 보아야 한다.

**49:3 너는 내 장자요.** 고대 세계에서 장자는 매우 중요하다. 위풍이 월등하고 권능이 탁월한 것이 맞다. 그러나 르우벤은 그것을 잃었다.

**49:4 물의 끓음 같았은즉.** '터져 나오는 물줄기 같아'(공동번역)로 번역하는 것이 좋을 것 같다. 그것은 댐에 있을 때는 잔잔하다가 댐이 터지면 물길을 걷잡을 수 없는 경우와 같다. **네가 아버지의 침상에 올라 더렵혔음이로다.** 어머니 레아 때문인지 아니면 장남의 특권 과시 때문인지 르우벤은 조금 다르기는 하지만 그의 작은 어머니라 할 수 있는 빌하와 동침하였다. 당시 야곱은 집안을 위해 말하지 않았지만 엄청난 죄다. 야곱은 그것을 간직하였다가 미래를 말해야 하는 마지막 순간에 르우벤에게 말하고 있다. 그의 그러한 큰 죄 때문에 르우벤은

야곱의 장남이 될 수 없었고 그의 지파는 탁월할 수 없게 되었다.

**49:5 시므온과 레위는...그들의 칼은 폭력의 도구로다.** 둘째와 셋째인 시므온과 레위에 대해서는 함께 묶어서 말하였다. 그들이 과거에 세겜성에서 세겜 사람들을 학살한 것 때문에 하는 말이다. 오래전에 일어난 일이지만 야곱은 그것이 시므온과 레위에게 가장 중요한 과거임을 말한다. 그리고 그것 때문에 그들의 미래도 어두울 것이다.

**49:7 그 노여움이 혹독하니 저주를 받을 것이요.** 시므온과 레위의 노여움이 심했다. 그들의 잘못된 과거는 마땅히 재앙을 받아야 한다. **그들을 야곱 중에서 나누며 이스라엘 중에서 흩으리로다.** 어떤 면에서 있어 그들은 그들의 몫을 상속받지 못한다는 의미다. 야곱의 축복기도대로 시므온 지파는 가나안 정복에서 유다 지파 안에 뿔뿔이 흩어져 도시를 할당 받았다가 이후에는 그마저 다 잃어버리게 된다. 레위 지파 또한 그렇다. 이후에 레위 지파는 그래도 성막과 제사를 위해 그렇게 되기는 하지만 땅 분배를 받지 못하고 다른 지파 안에 도피성과 작은 땅만 분배 받으며 흩어져 살게 된다.

**49:8 유다야 너는 네 형제의 찬송이 될지라.** 유다가 형제의 칭찬과 칭송을 듣게 될 것이라 말한다. **네 원수의 목을 잡을 것이요 네 아버지의 아들들이 네 앞에 절하리로다.** 이것은 왕에 대한 축복기도다. 유다의 자손에서 왕이 나올 것이라는 말이다.

**49:10 규가 유다를 떠나지 아니하며.** 왕의 지팡이가 유다 자손 가운데 계속 있게 될 것을 말한다. **실로가 오시기까지 이르리니 그에게 모든 백성이 복종하리로다.** '실로'에 대한 다양한 해석이 있지만 하나로 모여지는 결론은 이것이 메시야의 우주적 통치를 의미한다는 것이다. 유다의 자손에서 메시야가 오시며 그 메시야는 또한 새하늘과 새 땅의 주인이라는 뜻이다. 유다에 대한 축복기도가 엄청나다.

왕과 메시야의 조상이 되니 참으로 놀라운 축복기도라고 할 수 있다. 유다는 어떻게 하여 이렇게 엄청난 축복기도의 대상이 되었을까? 그의 지난 과거가 가장 큰 영향을 미쳤을 것이다. 유다의 위로 세 명의 형인 르우벤과 시므온과 레위는 과거의 죄 때문에 심각하게 책망받는 축복기도를 들었다. 그런데 유다는 과거 때문에 아주 큰 영화로운 축복기도를 들었다.

**49:17 단.** 단 지파는 어떤 면에서는 라헬의 첫 아들이다. 라헬이 준 여종 빌하에게서 낳은 첫아들이기 때문이다. 실제로 단은 많이 번창하기도 한다. 그런데 독사로 비유한다.

**49:18** 이 구절은 단 지파에 대한 축복기도 중에 나온 말이지만 단 지파에게만 속한 이야기가 아니라 재앙에 가까운 축복기도를 받는 모든 아들들 때문에 감탄사처럼 나온 말이다. 아들들의 재앙을 말하다 보니 야곱은 참 기가 막혔을 것이다. 이것을 마지막 축복기도로 하고 있는 모습이 너무 안타깝고 아프기도 하였던 것 같다. 그래서 자식들을 향하던 축복기도를 갑자기 1인칭으로 바꾸어 하나님 앞에서의 자신의 마음을 고백한다. '여호와여 나는 주의 구원을 기다립니다'라고 말한다. 축복기도 전체에서 '여호와'의 이름을 부르는 것이 한 번 나온다. 자식들의 앞날이 캄캄하였다. 그러나 결국 그들을 구원하실 하나님을 바라보며 하나님께서 구원하실 것을 바라는 마음을 가득 담아 고백하고 있다. 이름 없는 사람들, 작은 사람들은 '왜 나를 이렇게 만드셨습니까'라고 말할 수 있다. "왜 나만 이렇습니까?" 그렇게 말하면서 항의하기도 한다. 사실 이런 작은 지파들의 후손들이 무슨 죄가 있겠는가?
오늘날 때로 답답할 때가 있다. 태어날 때부터 부자인 사람이 있고, 공부는 많은 경우 노력보다 태어날 때의 능력이 많이 좌우하는 것 같다. 물론 노력도 필요하지만 그것 보다 타고나는 것이 더 많은 부분을 차지하는 것 같다. 누가 세상을 공평하다고 말할 수 있을까? 세상은 분명 불공평하다. 불공평 속에서 공평하게 하실 수 있는 유일한 한 분이 있으니 하나님이다. 우리는 공평의 방법도 내용도 모른다. 그러나 공평하신 하나님께서 공평하게 하실 것이다. 그러기에 우리가 할 수 있는 것은 세상에 대한 불만이 아니라 감사하는 것이다. 자신에게 주어진 것을 감사하고 내가 할 수 있는 최선을 만들어 가는 것이다. 인생에서 가장 중요한 것은 '구원'이다. '나는 주의 구원을 기다리나이다'에서 '구원'은 히브리어로 '예수아'이다. 우리의 구원을 위해 이 땅에 오신 예수님의 이름이 히브리어로 '예수아'이다. 발음이 정확히 같다. 예수님은 모든 사람에게 주신 하나님의 가장 위대한 선물이다. 예수님의 대속으로 주어진 구원은 세상에서 가장 큰 선물이다. 예수님을 가장 큰 선물로 생각하는 사람에게는 다른 것이 작아 보일 것이다. 다른 것이 여전히 크게 보이는 것은 예수님을 가장 큰 선물로 보지 않기 때문이다. 예수님의 구원을 가장 큰 선물로 보지 않기 때문이다. 하나님의 구원을 보면 세상은 공평해질 것이다. 하나님의 구원을 가장 중요하게 여기면 그렇다.

**49:22 요셉은 무성한 가지...가지가 담을 넘었도다.** '담을 넘었도다'는 그 풍성함이 자신의 지파를 넘어 다른 지파에까지 넘치게 영향을 주는 것을 의미한다. '가지' 대신에 망아지(새번역)나 '나귀'로 번역하기도 한다. 직역하면 '생육하는 자녀'다. 하나님께서 창조하시고 '생육하고 번성하라'라고 말씀하실 때의 '생육'이다. 열매가 많으니 '포도나무 가지'로 생각하기도 하고 아니면 뒤 구절과 연결하면 힘이 세고 전쟁에 능한 '말'로 생각할 수도 있다. 이러한 생육은 이 땅의 사람을 향한 하나님의 기본적인 생각이고 주시는 복이다. '복'을 바라는 것은 창조질서다.

**49:25 하늘의 복과 아래로 깊은 샘의 복과 젖먹이는 복.** 번성함을 위해 하늘에서 적당한 비를 내리고 샘을 주시며 자녀를 많이 낳을 수 있도록 복을 주시는 것을 의미한다. **네 아버지의 하나님께로 말미암나니.** 이것은 언약의 하나님을 의미한다.

요셉의 조상들은 하나님과 언약을 맺었다. 그 언약을 따라 살고 언약을 따라 복을 주시는 것이다. '기복주의'는 복을 바라는 지극히 정상적인 마음이고 좋은 마음이다. 그러나 그것이 때로는 가장 큰 문제가 되는 것은 언약의 하나님이 아니라 세상의 복만을 생각하기 때문이다. 신앙인이 하나님의 이름으로 복을 빌면서도 언약이 아니라 세상 사람들의 복처럼 빌기 때문이다. 우리는 언약을 따라살 때 주어지는 복을 간구해야 한다.

**49:27 이리라 아침에는 빼앗은 것을 먹고 저녁에는 움킨 것을 나누리로다.** 베냐민 족속의 호전성을 말한다. 베냐민은 싸움 잘하는 지파였다. 그들은 이스라엘 안에서도 문제를 일으킨다. 그러나 그들의 싸움의 능력은 이스라엘 민족에게 유익을 끼치기도 한다. 사사 에훗이나 사울 왕 등이 그러하다.

**49:28 각 사람의 분량대로 축복하였더라.** 베냐민을 축복한 내용을 보면 확실히 알 수 있다. 그렇게 사랑스러웠던 아들인데도 불구하고 정확히 축복한다. 야곱이 아들들을 축복한 내용을 보면 오늘날의 축복이 어찌해야 하는지를 볼 수 있다. 무조건 좋은 말이 아니라 상황을 정확히 파악하고 정직하게 말해야 한다. '긍정적인 말'은 세상에서는 무조건 좋은 말을 하는 것이다. 그러나 믿음 안에서는 그를 향한 하나님의 정확한 뜻을 알고 현재의 정확한 상태를 말해주는 것이 진짜 긍정적인 말이다. 정확한 현실인식이 현재를 넘고 미래를 넘어 아름다운 사람이 될 수 있는 기회를 제공하기 때문이다.

**49:29 내가 내 조상들에게로 돌아가리니.** 이것은 가나안의 독특한 매장문화를 기반으로 한 말이다. 가족묘다. 마치 동굴에서 가족이 살고 있는 것처럼 동굴 안에 작은 홈을 파서 그곳에 작아진 뼈를 넣어둔다. 수많은 가족의 뼈가 다 들어갈 수 있다. 마치 큰 거실(첫 1년 동안 시신이 부패되고 작은 뼈만 남는 시기까지 두는 큰 돌 걸상)을 중심으로 각각의 방에 들어가 있는 것 같다. 그런

데 이것은 매장문화만이 아니라 죽음 이후의 삶을 바라보고 있는 것으로 보는 것이 맞다. 왜 가나안에 있는 묘지에 들어가고 싶어할까? 그 묘지가 화려한 것도 아니다. 좋은 곳도 아니다. 애굽에는 더 좋은 묘지가 아주 많다. 가나안에 장사되고 싶은 것은 가나안이 약속의 땅이기 때문이다. 하나님께서 약속하셨다.

**49:33 숨을 거두니.** 파란만장했던 야곱이 생을 마쳤다. 오직 언약만을 남기고 죽었다. 오늘 우리들도 살아갈 때는 파란만장한 것 같다. 그런데 죽을 때는 언약만이 남는다. 언약만이 남게 해야 한다. 영원한 언약을 꿈꾸며 영원한 나라라는 언약을 간직하고 마치는 생이 참으로 복되다. 축복을 마치고 죽는 그의 모습이 가장 복된 모습이다.

# 50 장

야곱이 죽어 가나안에 장사하는 이야기다.

**50:3 애굽 사람들은 칠십 일 동안 그를 위하여 곡하였더라.** 애굽은 바로를 위해서는 72일을 곡하고 중요한 인물을 위해서는 70일을 곡하였다. 야곱에 대한 애굽인의 인식을 볼 수 있다.

**50:5 나로 올라가서 아버지를 장사하게 하소서 내가 다시 오리이다.** 야곱이 죽은 시기는 요셉이 훌륭하게 활동한 14년의 풍년과 흉년의 기간이 마치고 또 12년이 흐른 때다. 지금 요셉의 위상은 이전의 흉년 때와는 조금 다를 것이다. 요셉은 아버지를 가나안에 장사 지내도록 허락을 얻기 위해 다른 신하들에게 요청하였다. 이것이 매우 어려운 일이다. 멀기도 하고 수많은 사람이 함께 가야

하기 때문이다. 그러나 애굽의 바로는 허락하였다. 요셉에 대해 매우 우호적 마음을 가지고 있었기 때문이다. 400년 후 출애굽 때는 이스라엘 백성이 가나안에 가는 것을 바로가 허락하지 않는다. 그때는 바로가 이스라엘 백성을 구박하였고 또한 그들이 떠나는 것조차 허락하지 않고 반대하였다. 그때는 관계가 완전히 깨져 있어 이스라엘이 나가야 했고 바로는 경제적 이득 때문에 이스라엘 백성을 보내지 않으려 할 것이다.

**50:7-8 바로의 모든 신하와 바로 궁의 원로들과...요셉의 온 집과 그의 형제들.** 요셉과 야곱의 집안 사람들에 대한 우호적 마음으로 애굽의 많은 사람들이 함께 가나안에 갔다. **어린 아이들과 양 떼와 소 떼만 고센 땅에 남겼으며.** 출애굽 때에 바로는 어린 아이들을 남겨두고 가라고 말한다. 볼모로 잡아 놓기 위한 생각이었다. 적대적 관계였기 때문이다. 그러나 지금은 요셉이 자발적으로 어린 아이와 가축을 남겨 두고 갔다. 우호적 관계이기 때문이다. 그들이 다시 돌아올 것이기 때문에 여행하기 어려운 어린 아이들까지 데려갈 필요가 없었다.

**50:9 병거와 기병이 요셉을 따라 올라가니.** 우호적 관계 속에서 요셉 일행을 보호하기 위해 애굽의 군대가 움직였다. 그러나 이후 출애굽 때는 가나안에 가는 것을 막고 공격하기 위해 군대가 따라왔다.

**50:10 요단 강 건너편 아닷 타작 마당에 이르러.** 이곳이 어디인지는 정확하지 않다. 그런데 조금 이상하다. 애굽에서 헤브론에 이르는 가장 짧은 길은 해안길이다. 그런데 그 길을 두고 멀리 왕의 대로로 돌아서 요단강을 건넌 것으로 보인다. 왜 멀리 요단강을 건너게 되었는지는 나오지 않는다. 아마 해안길에 군사적 위험이 있었기 때문인 것으로 보인다. 애굽이 강대국이니 군사적 위험을 싸워서 이길 수도 있겠으나 그렇게 하지 않고 조금 더 쉽게 돌아서 왕의 대로로 가는 것을 선택한 것으로 보인다. 그런데 놀랍게도 그 길은 400년 후에 이스

라엘의 출애굽 경로와 매우 비슷하다. 하나님께서 국제적 정세까지 섭리하셔서 요셉 일행이 400년 후의 출애굽 경로로 미리 가게 하셨다고 생각할 수 있다. 지금은 애굽과 이스라엘이 우호적 관계다. 지금은 이스라엘 백성들이 애굽에서 더 생육하고 번성하여야 한다. 그러나 400년 후는 다르다. 그때는 애굽이 적대적으로 돌아설 것이며 반드시 다시 나와야 한다. 가나안이 이스라엘의 언약의 땅이기 때문이다.

**50:11 아닷 타작 마당의 애통을 보고 이르되 이는 애굽 사람의 큰 애통이라.** 애굽의 화려한 복장을 한 사람들이 시골 가나안에 와서 울고 있으니 사람들이 보기에 매우 이상했을 것이다. 가나안 사람들이 보기에만 이상한 것이 아니라 아마 함께 온 애굽 사람들이 보기에도 이상했을 것이다. 장지인 헤브론에 도착한 것도 아니다. 아직 가야 할 거리가 멀다. 그런데 요단강을 건너자 이렇게 며칠을 통곡을 하고 있으니 그 모습이 매우 이상하였다. 그러나 요셉 일행은 그곳이 가나안 땅이기 때문에 울었을 것이다. 아버지 야곱이 그렇게 꿈에도 그리던 땅이다. 하나님의 언약의 땅이다. 아직 헤브론에 도착하지 않았지만 가나안 땅에 도착하였다는 사실 자체가 감격스러운 일이다. 가나안이라는 것이 중요하지 헤브론 막벨라 굴이라는 것이 중요한 것이 아니다. 이스라엘은 400년 후에 다시 요단강을 건너게 될 때 그때도 크게 기뻐할 것이다. 그때는 하나님께서 약속하신 가나안 땅에 살기 위해 온 것이기 때문이다. 지금은 잠시 장사하기 위해 왔다. 그러나 요셉은 그들의 후손이 언젠가 반드시 그곳에 다시 오게 된다는 것을 알았다. 그래서 가나안 땅에 왔을 때 만감이 교차하였을 것이다. 그들이 요단강을 건너 그렇게 울면서 400년 후의 출애굽 여정 연습이 하이라이트를 이루었다. 이제 400년 후에 출애굽하여 다시 그대로 그 길을 따라오는 것만 남았다.

**50:15 요셉이 혹시 우리를 미워하여 우리가 그에게 행한 모든 악을 다 갚지나 아니할까.**

요셉의 형제들은 그들이 요셉에게 행한 악을 야곱이 살아 있을 때는 아버지 때문에 용서한 것같이 하였지만 실제로는 마음 속에 품고 있을지 모른다고 생각하였다. 충분히 그렇게 걱정할 만하다.

**50:19 내가 하나님을 대신하리이까.** 요셉은 이미 그들의 형들을 용서하였다. 진심으로 용서하였다. 또한 그 일에 하나님의 세밀한 섭리가 있음을 알았다. 그러니 어찌 형제들을 향하여 그들의 과거의 죄를 다시 묻겠는가?

**50:20 당신들은 나를 해하려 하였으나 하나님은 그것을 선으로 바꾸사.** 이것은 마치 에덴동산에서의 사탄의 악을 생각나게 한다. 사탄은 아담과 하와를 미혹하여 악을 행하게 하였다. 그러나 하나님께서 그것을 선으로 바꾸셔서 많은 백성을 구원하시는 일을 하고 계신다.

세상에 죄가 들어왔다. 그것은 분명히 악이다. 세상은 죄로 인하여 많은 아픔이 있다. 요셉이 형들의 악으로 인하여 많은 아픔을 경험하게 된 것과 같다. 그러나 창세기는 그렇게 악의 시작만이 아니라 악을 극복하는 대속의 시작도 말씀하고 있다. 역사의 주인이신 하나님께서 요셉의 형들의 악을 선하게 바꾸셔서 야곱의 가족을 구원하고 이스라엘 민족으로 키우는데 사용하고 계신다. 그것처럼 이 세상에 죄가 들어와 많은 아픔이 있다. 그러나 그곳에 하나님의 섭리가 있다. 요셉처럼 믿음으로 살기만 한다면 그곳을 하나님께서 바꾸실 것이다.

이 세상은 죄가 많지만 긍휼이 많으신 하나님께서 통치하고 계신다. 그래서 믿음으로 사는 이들을 사용하셔서 세상의 악을 선으로 바꾸고 계신다. 신앙인은 이제 그것을 꿈꾸어야 한다. 세상의 악을 보면서 한탄만 하고 있을 것이 아니라 하나님의 구원이 이루어지고 있는 섭리를 믿고 믿음으로 세상을 바꾸는 일에 작은 도구가 되어야 한다.

**50:23 에브라임의 자손 삼대를 보았으며.** 증손자까지 보았다. 증손자들까지 함께하며 행복한 시절을 보내고 죽었다. 요셉의 모습은 인류를 창조하시고 하나님께서 말씀하신 '생육하고 번성하라'(창1:28)를 제한적이나마 이룬 모습이다. 완전한 모습은 아니었지만 믿음으로 '생육하고 번성하는 모습'을 어느정도 이루었다. 요셉 주변에 죄가 많았다. 형제들의 죄와 애굽에서의 사회전반의 죄가 가득하였다. 그러나 그럼에도 불구하고 그런 모든 죄를 넘어 생육하고 번성할 수 있었다.

요셉의 생육하고 번성한 모습은 이 땅을 살아가는 모든 신앙인의 모습이어야 한다. 우리가 살아가는 이 세상도 여전히 많은 죄가 있다. 그러나 요셉보다 더 못한 환경은 아닐 것이다. 우리도 요셉처럼 이 세상의 죄를 넘어 생육하고 번성할 수 있다. 그러기에 세상의 죄만 탓할 것이 아니라 일어나 생육하고 번성의 길을 가야 한다. 죄가 가로막을 때마다 일어나 다시 시작해야 한다. 생육하고 번성하는 것은 인류를 향한 하나님의 뜻이다. 그러기에 그 뜻을 따라 우리도 생육하고 번성해야 한다.

**50:24 하나님이 당신들을 돌보시고.** 강조된 문장이다. 요셉은 자신이 이스라엘 백성들을 돌본 것이 아니라 하나님이 돌보신 것을 알고 있었다. 그래서 자신이 이제 떠나도 하나님께서 그들을 돌보실 것이기 때문에 염려할 필요가 없다. 그리고 한 가지 더 명심할 것이 있다. **이 땅에서 인도하여 내사 아브라함과 이삭과 야곱에게 맹세하신 땅에 이르게 하시리라.** 요셉은 이스라엘 백성을 하나님께서 약속하신 땅인 가나안에 이르게 하실 것을 알았다. 가나안 땅은 그의 마음 중심에 늘 간직하고 있었다. 비록 그의 시대에 가나안 땅에 가지는 못하였지만 그 땅은 하나님께서 약속하신 땅이다. 몸이 애굽에 있었지만 가나안에 있는 것보다 더 많이 익숙하고 더 많이 사랑하였다. 하나님께서 약속하신 땅이기 때문이다.

**50:25 내 해골을 메고 올라가겠다 하라.** 요셉은 자신의 해골만이 아니라 이스라엘

민족과 함께 출애굽하기를 원하였다. 그래서 이스라엘 민족이 출애굽할 때 자신의 해골을 함께 가지고 갈 것을 유언하였다. 그는 400년 후에 헤브론이 아니라 세겜에 묻히게 된다. 헤브론이 중요한 것이 아니라 약속의 땅 가나안이 중요하기 때문에 가나안 땅 어느 곳에 묻혀도 그에게는 동일한 것이다.

요셉은 애굽에서 생육하고 번성하였다. 그런데도 불구하고 가나안 땅에 대한 약속을 강하게 붙잡고 있었다. 그는 세상에서 생육하고 번성하였어도 약속의 땅을 놓치지 않았다. 아니 오히려 더욱더 강하게 붙잡았다. 세상의 생육과 번성이 그렇다. 신앙인의 생육과 번성은 약속의 땅을 놓치는 성공이 아니라 약속의 땅을 더욱더 강하게 붙잡는 성공이 되어야 한다. 그래야 진정한 성공이다. 세상의 성공에 취해 새하늘과 새 땅에 대한 열망하는 마음이 약해진다면 실패다.

요셉이 형들에게 하나님의 섭리에 대해 말하는 것을 보았다. 하나님이 역사의 주인이다. 비록 세상에 죄가 많이 들어와 아픈 일들이 있다. 그러나 그럼에도 불구하고 하나님께서 다스리고 계신다. 믿음의 사람들이 하나님의 뜻을 좇아간다면 하나님께서 세상의 악을 선으로 바꾸어 주실 것이다.

요셉이 성공하였다. 그의 성공은 세상에 취한 성공이 아니라 새하늘과 새 땅을 더욱더 바라보는 성공이었다. '심령이 가난한 자'였다. 늘 하나님 나라를 소망하라. 우리에게는 새하늘과 새 땅이 본향이다. 그 날은 주님의 새창조가 완성되어 모든 것이 다시 시작하는 영화로운 나라다. 그래서 요셉은 이 땅에서의 삶을 마치는 죽음이 전혀 슬프지 않았다. 영화로운 나라에서 다시 시작될 것이기 때문이다.